本书受中央高校基本科研业务费资助

ZHONGGUO XIANGCUN ZHENXING
FAZHAN LILUN YANJIU BAOGAO

中国乡村振兴发展理论研究报告

贾　晋　　申　云　　李雪峰　　雷俊忠
董进智　　代坤宏　　陈　晖　　赵俊梅　○ 著
肖　建　　高远卓　　彭方颖　　李　佳
郑　博

西南财经大学出版社
Southwestern University of Finance & Economics Press
中国·成都

图书在版编目(CIP)数据

中国乡村振兴发展理论研究报告/贾晋等著. —成都:西南财经大学出版社,
2020. 12
ISBN 978-7-5504-4512-3

Ⅰ.①中… Ⅱ.①贾… Ⅲ.①农村—社会主义建设—研究报告—中国
Ⅳ.①F320.3

中国版本图书馆 CIP 数据核字(2020)第 161740 号

中国乡村振兴发展理论研究报告

贾 晋 申 云 李雪峰 雷俊忠
董进智 代坤宏 陈 晖 赵俊梅 著
肖 建 高远卓 彭方颖 李 佳
郑 博

策划编辑:李晓嵩 李特军
责任编辑:李晓嵩
责任校对:杜显钰
封面设计:何东琳设计工作室
责任印制:朱曼丽

出版发行	西南财经大学出版社(四川省成都市光华村街 55 号)
网 址	http://www.bookcj.com
电子邮件	bookcj@foxmail.com
邮政编码	610074
电 话	028-87353785
照 排	四川胜翔数码印务设计有限公司
印 刷	四川五洲彩印有限责任公司
成品尺寸	170mm×240mm
印 张	14.75
字 数	256 千字
版 次	2020 年 12 月第 1 版
印 次	2020 年 12 月第 1 次印刷
书 号	ISBN 978-7-5504-4512-3
定 价	88.00 元

乡村发展的历史转型

　　在中华五千年历史的时光长河中，一年甚至十年不过是沧海一粟。许多影响深远的变革和转型都不是一朝一夕发生的，思想的累积和实践的推进都需要经历岁月的打磨。但历史的发展却不完全是线性的，关键的变革和转型犹如酝酿多年的火山一样，往往在某一段或者某一个时间点突然爆发。长时间积累的变革力量在短时间爆发，又往往决定着很长时间的历史走向。

　　2020 年是全球发展历史进程中极不容易的一年。新型冠状病毒肺炎疫情"黑天鹅"事件触发全球政治经济局势剧烈震荡，全球经济陷入整体性衰退，未来发展具有很强的不确定性。其影响远超 2008 年美国次贷危机引发的全球经济衰退。更为重要的是，国际政治博弈日益显化为一股"逆全球化"浪潮。当今世界正面临百年未有之大变局，全球经济面临发展秩序的重塑和发展范式的转型。

　　2020 年又是中国发展历史进程中极不平凡的一年。发展的成就进一步凸显出中国共产党的领导和中国特色社会主义的制度优势。脱贫攻坚战圆满收官，在全球减贫史上谱写出辉煌成就。小康社会建设目标全面完成，我国综合国力和国际竞争力显著增强。生态污染防控取得显著成效，"绿水青山就是金山银山"的发展理念深入人心。公共服务和社会保障全面提高，人民群众生活水平明显提升。抗击新型冠状病毒肺炎疫情取得重要战略成果。面对中华民族伟大复兴的大局，中国经济也面临着发展格局的重构和发展模式的转型。

2020 年必将是继往开来的关键之年。中国全面开启建设社会主义现代化强国的历史征程，进入"十四五"规划、2035 年远景目标谋划未来发展的历史方位。在纷繁复杂的国际政治形势下，保持发展定力，坚定发展信心，唯有坚持全面深化改革，通过改革来激发国内经济大循环新的发展动能。

中国的改革开放肇始于乡村，农村改革为城市的改革和发展提供了原始的驱动力，开启了中国的城镇化进程。但长期以来，城市的发展和乡村的衰败却构成了中国城乡二元结构的发展鸿沟。21 世纪以来，中央连续数年的"一号文件"持续聚焦"三农"问题，将城乡关系调适作为政策调适主线。2017 年，我国又开启了乡村振兴战略的伟大征程。在完成脱贫攻坚任务，全面转向实施乡村振兴战略的历史关口，让我们进一步思考：乡村振兴之路应该如何走？未来的乡村将走向何方？

黄宗智在《中国的隐性农业革命》一书中提出，随着城市收入水平的提升和食物消费结构的改变，中国的农业结构正在发生显著的转型。之所以称之为"隐性"的农业革命，其原因在于这种转型主要来自消费结构变迁的市场力量驱动，并且驱动力量的来源主要是城市。如果深入思考城市对乡村的需求变化，除了食物消费结构变迁对农业结构的影响外，基于对乡村自然生态环境和人文历史文化的价值回归诉求也日益显化。除了传统农产品外，生态产品和文化产品逐渐成为城市居民需求的重点。外部驱动力量的变化对乡村人口、经济、社会的影响无疑是巨大的，不仅是农业革命的问题，更是乡村发展的转型。从驱动力量的来源看，乡村转型的动能主要来自乡村外部，来自城市，甚至来自其他区域的城市以及国外。

从国际乡村转型和重构的规律看，乡村往往经历了从生产性乡村，到消费性乡村，再到功能性乡村的转型和发展。功能性乡村意味着乡村必然依据不同的功能导向出现分化。部分乡村主要提供生产产品，部分乡村主要提供文化产品，部分乡村主要是人群的特殊居住和消费场所，部分乡村又主要承担农产品的生产职责，部分乡村成为某一个特色产业的发展集聚地。从一般概念来讲，城市和乡村的体制机制界限已经并不明显，甚至可以说是模糊的，仅仅能够从人口分布的密度来区分。

我国地域辽阔，自然资源禀赋和经济社会发展的双重差异叠加，使得乡村发展水平差异巨大。面临乡村振兴的历史重任，乡村未来发展肯定会呈现多元化的特点，转型和发展的范式必然也是多元的。近年来，在一系列强农惠农政策下，公共财政投入乡村的力度加大，乡村基础设施和公共服务水平明显提升。这不仅为返乡下乡人口提供了居住和发展的公共资源基础，也为生态资源的价值转化和乡村文化的历史传承提供了资本沉淀形成的转化平台。基础设施的改善为乡村多元化转型提供了重要的基础条件。同时，人口在城乡之间的流动和迁徙也出现了许多新的特点，部分都市圈区域的乡村出现逆城镇化的现象，部分特色资源禀赋乡村出现城乡人口的"候鸟式"流动，部分乡村出现返乡下乡人口的聚集，部分乡村由于村镇的合并重组形成区域内部人口的流动。这些变化趋势和城镇化进程引发的人口流动趋势相互叠加，使得未来城乡间及乡村内部人口流动的复杂性明显增强。不同的人口迁徙趋势形成的资源要素结构为多元化乡村转型提供了不同的思路。更为重要的是，总量超过约 2.4 亿的户籍和工作生活地分离的农民工何去何从，依然具有很大的不确定性。这也极大地影响了乡村的转型发展。

我国《乡村振兴战略规划（2018—2022 年)》中将村庄划分为集聚提升类、城郊融合类、特色保护类和搬迁撤并类，这为我国未来乡村发展转型提供了有益的指向。从系统工程的角度讲，乡村系统"要素-结构-功能"的系统性变革和转型可能沿着这样几个方向展开：一是城乡融合转型。城市郊区的乡村受城市发展的辐射带动，基础设施和公共服务达到城市水平，部分乡村融入城市，成为城市的一部分。部分乡村保留乡村的生产、生活、生态特点，但主要承担服务城市经济社会发展的功能。二是聚集发展转型。一些重点镇、村随着人口的聚集，基础设施和公共服务投入力度加大，成为乡村的区域中心，这部分乡村主要承担辐射和服务周边乡村居民的功能。三是特色发展转型。一些乡村由于特色文化和旅游资源丰富，作为休闲旅游和消费目的地吸引大量短期旅游、观光人口，主要承担旅游和文化消费目的地的功能。四是生态保护转型。部分处于生态脆弱或自然保护区域的乡村，主要承担生态涵养功能。五是供给保障转型。部分粮食和主要农产品主产区通过生产性基础设施水平的提升和新型经营主体的培育，主要承担粮食及其他主要农产品供给保障功能。

多元化的乡村转型方向昭示着乡村振兴路径的多元化。2020 年，随着脱贫攻坚任务的完成，我国的"三农"政策将全面转向乡村振兴。如果说脱贫攻坚主要解决"底线保障"问题，那么乡村振兴就要解决"高线发展"问题。乡村发展的转型在 2020 年这个特殊的历史时期拉开了序幕，可以预见的是，在政府和市场双重作用下，一场乡村发展的伟大变革即将发生在神州大地上。如果说因为年龄的原因，我们没能亲身经历 40 年前那场农村改革引发的乡村巨变，只能在理论的梳理中体会变革力量的话，现在我们有幸能够处在这个关键的历史时间点去总结规律，研判趋势，用理论和实践的双重视角去感受与触摸这场时代转型和变革。

　　一代人有一代人的使命，一代人有一代人的收获。身处中华民族伟大复兴大局之中，于大局中寻找发展之路，我们任重道远。

贾晋

2020 年 10 月于成都

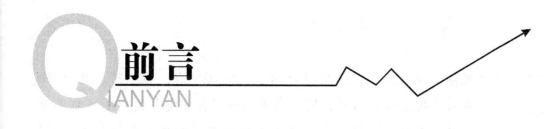

前言
QIANYAN

　　农业和农村的现代化是中国现代化建设的重要基石。党的十九大报告首次提出乡村振兴战略，提出了"产业兴旺、生态宜居、乡风文明、治理有效、生活富裕"的二十字方针，明确了"强、富、美"的总任务，成为实现农业农村现代化的重要抓手。处在"百年未有之大变局"的关键时期，推进乡村振兴发展，不仅是关系全局性、长远性、前瞻性的国家总体布局，也是促进城乡融合发展，破解社会主要矛盾的重要战略部署。

　　乡村振兴发展指数研究是建立在团队前期工作基础上的。2018年6月，在西南财经大学召开的"乡村振兴指数发布会"上，我们发布了全国首个乡村振兴发展指数，被多家新闻媒体作了深度报道。参会领导及专家对乡村振兴指数研究提出了宝贵的意见，为我们进一步完善研究报告提供了智力支撑。本书是《中国乡村振兴发展指数研究报告（2018）》的内容延续和扩展。本书按照乡村振兴"二十字"方针要求，分为综合理论、产业兴旺、生态宜居、乡风文明、治理有效、生活富裕六篇，共十五章，系统阐述了乡村振兴的理论内涵。本书主要具有以下特点：

　　第一，充分体现精准扶贫与乡村振兴衔接发展的战略性。本书重点厘清和把握精准扶贫与乡村振兴之间的深刻内涵和逻辑关系，明确了两大战略协同推进与平稳过渡的着力点，提出了从产业升级、基础设施提档、宜居乡村建设、乡村治理现代化和农民持续增收等关键路径实现有效衔接；通过完善有效衔接领导与组织机制、落实协同推进统筹机制、建立政策衔接运行机制三个方面发力，为推动脱贫攻坚与乡村振兴衔接工作的落实，实现农业农村现代化发展提供了战略保障。

第二，充分体现了城乡融合发展理论与实践的时代性。本书将工商资本下乡与金融服务乡村产业、城乡要素市场化配置、绿色生态资本打造等理论探索与田园综合体建设、"厕所革命"以及乡村基层治理现代化等内容有机融合，对于城乡融合发展助推乡村振兴的理论与实践提供了重要的时代指导价值。

第三，集中体现了新时代中国特色社会主义乡村经济可持续发展的思想性。本书将"两山"理论、"记住乡愁"的呼唤、新农村建设原则、寻找脱贫攻坚的新路子、"厕所革命"等思想内涵与创新、协调、绿色、开放、共享五大发展理念相融合，希望实现生产、生活、生态的"三生"协调，促进农业、加工业、现代服务业的"三业"融合发展，从而真正实现农业发展、农村变样、农民受惠，最终建成"看得见山、望得见水、记得住乡愁"，留得住人的美丽乡村、美丽中国。

本书由贾晋撰写、审定大纲，申云、李雪峰负责全书统稿及全书审校。各章节撰写人员都来自农林经济管理学科研究一线。第一、六、七、十一、十五章由申云撰写，第二章由雷俊忠撰写，第三章由雷俊忠、郑博撰写，第四章由董进智撰写，第五、九章由贾晋撰写，第八章由贾晋、高远卓撰写，第十章由代坤宏、肖建撰写，第十二章由彭方颖撰写，第十三章由陈晖撰写，第十四章由赵俊梅、李佳撰写。本书的完成，得益于多位专家的帮助，在此一并致谢。由于水平和能力有限，本书难免还存在疏漏和不足，诚望各位读者不吝指正。

贾晋

2020 年 10 月于成都

目录

第一篇　综合理论

第一章　中国乡村振兴发展背景与脉络规律　／ 003

第一节　乡村振兴的现实背景与意义　／ 003

第二节　把握乡村振兴战略的脉络线索　／ 005

第三节　乡村振兴发展规律解构　／ 009

第四节　新时代乡村振兴发展的思维转变与调适　／ 011

第二章　乡村振兴战略发展路径：探索与思考　／ 016

第一节　什么是乡村振兴战略　／ 016

第二节　乡村振兴的必然性　／ 018

第三节　怎样实施乡村振兴战略　／ 020

第三章　乡村振兴的核心：小农经济与现代农业有机衔接　／ 022

第一节　小农经济主体的基本形态特征　／ 022

第二节　发展现代化小农的基本思路　／ 025

第三节　发展现代化小农的对策　／ 026

第二篇　产业兴旺

第四章　乡村产业振兴载体：田园综合体建设　／ 031

第一节　田园综合体是新时代的产物　／ 031

第二节　田园综合体是乡村振兴的有效载体　／ 033

第三节　田园综合体能够找到理论支撑　／ 035

第四节　田园综合体与美丽乡村的关系　／ 037

第五节　推进田园综合体建设的若干建议　／ 039

第五章　乡村产业振兴：城乡融合理论重构与实践破题　／ 043

第一节　后发国家传统农业产业发展面临困境　／ 043

第二节　乡村衰败的"危机三角"及破解思路之辨　／ 046

第三节　"危机三角"破题：城乡融合区域的乡村产业重构　／ 052

第四节　需求拉动、产业重构与产权开放　／ 056

第五节　结论及政策思考　／ 059

第六章　金融支持乡村产业振兴：信贷风险防控　／ 061

第一节　农业供应链金融助推乡村振兴发展的作用和机理　／ 062

第二节　乡村振兴背景下农业供应链金融信贷风险防控机制　／ 064

第三节　农业供应链金融信贷风险防控的政策建议　／ 071

第七章　金融支持乡村产业扶贫发展机制探索　／ 076

第一节　农业供应链金融支持产业扶贫发展文献回顾　／ 077

第二节　自主发展模式下的合作社农业供应链金融信贷减贫机制　／ 080

第三节　委托发展模式下的合作社农业供应链金融信贷减贫机制　／ 084

第四节　农业供应链金融信贷产业扶贫趋势　／ 092

第八章　乡村产业振兴赋能：提升城乡资本配置效率　／093

　　第一节　政策偏好与城乡资本收益率差异　／094

　　第二节　城乡资本配置效率与资本流动测度　／096

　　第三节　城乡资本边际收益率差异变动阶段　／098

　　第四节　乡村振兴战略下提升城乡资本配置效率的措施　／103

第三篇　生态宜居

第九章　生态振兴基石：深挖绿水青山价值　／107

　　第一节　重塑乡村价值理念　／108

　　第二节　固化绿水青山价值表达　／108

　　第三节　优化乡村价值空间形态　／109

　　第四节　打造乡村价值实现载体　／110

　　第五节　推动乡村管理体制变革　／110

　　第六节　设计利益联结体制机制　／111

第十章　农村人居环境整治突破口："厕所革命"　／113

　　第一节　四川省农村户用厕所基本现状　／113

　　第二节　四川省农村"厕所革命"的难点和发展短板　／118

　　第三节　四川省改厕常见处理方式　／120

　　第四节　加强农村"厕所革命"的对策建议　／123

第四篇　乡风文明

第十一章　乡风文明建设之魂：文化引领"三风"和谐　／131

　　第一节　文化引领"三风"和谐　／131

第二节　乡风文明助推乡村文化振兴发展的意义　　／133

第三节　文化嵌入对乡风文明建设的作用　　／134

第四节　乡村文化振兴发展的主要载体　　／136

第五节　农村新型社区建设与乡村文化振兴　　／138

第六节　乡风文明建设中存在的问题　　／140

第七节　乡风文明建设的有效路径　　／142

第八节　乡风文明建设的有效模式　　／143

第五篇　治理有效

第十二章　乡村组织振兴：治理历程、风险与模式创新　　／149

第一节　乡村治理的演进历程　　／149

第二节　乡村治理面临的风险　　／152

第三节　乡村治理模式创新　　／154

第十三章　农民工党建：引领乡村人才振兴大格局　　／161

第一节　充分认识农民工党建的重要意义　　／161

第二节　四川省农民工工作现状分析　　／165

第三节　农民工党建工作存在的不足与原因分析　　／169

第四节　农民工党建工作的关键　　／172

第五节　农民工党建的案例　　／175

第十四章　乡村治理体系创新："三治合一"　　／179

第一节　中国乡村治理体系的现实背景　　／179

第二节　乡村"三治合一"治理体系的逻辑　　／183

第三节　当前乡村"三治合一"治理存在的问题　　／189

第四节　"三治合一"治理体系的优化路径　　／191

第六篇　生活富裕

第十五章　全面小康视域下农民生活富裕发展蓝图 ／ 197

第一节　全面小康视域下农民生活富裕发展背景 ／ 197

第二节　全面小康视域下农民生活富裕发展现状 ／ 199

第三节　农民生活富裕发展模式镜鉴 ／ 202

第四节　探索农民生活富裕的有效路径 ／ 207

参考文献　／ 211

第一篇

综合理论

第一章　中国乡村振兴发展背景与脉络规律

第一节　乡村振兴的现实背景与意义

党的十九大报告把乡村振兴战略与科教兴国战略、人才强国战略、创新驱动发展战略、区域协调发展战略、可持续发展战略、军民融合发展战略并列为党和国家未来发展的"七大战略",足见其重大意义。乡村振兴战略是关系全局性、长远性、前瞻性的国家总体布局,旨在促进城乡融合发展,破解农业农村发展不平衡不充分的社会主要矛盾,是实现农业农村现代化的重要战略部署。

一、乡村振兴战略实施的现实背景

首先,中国乡村面临不断衰落的客观现实。20 世纪 90 年代以来,中国城镇化进程不断加快,城乡之间劳动力、资本等要素的单向流动造成乡村衰落成为一个不争的事实,不同区域之间也表现出较大的差异性,特别是西部欠发达地区。改革开放使我们获得了巨大的物质财富,创造了发展奇迹,同时也改变了中国的社会结构,尤其是农村青壮年劳动力向城市的转移,从事农业劳动的人越来越少,农业产业开始衰退,乡村经济停滞不前。由此我国出现了空巢村、老人村、留守儿童村等社会现实问题。中国乡村的衰落客观上也阻碍了农业农村的现代化和中华民族的伟大复兴,中国迫切需要对乡村进行全面振兴。

其次,化解城乡发展不平衡不充分矛盾的客观现实需要。当前我国社会的主要矛盾是人民日益增长的美好生活需要和不平衡不充分的发展之间的矛盾,特别是城乡之间、发达地区与欠发达地区之间、区域内部之间仍然存在较为突出的差异性。城乡二元结构尚未完全破除，城乡发展差距依然较大，乡村地区的人口流失问题依然严峻，农产品供需、农业供给质量、农村基础设施、农村环境、农村党建等各个方面都需要改善和强化，而实施乡村振兴战略是解决这些问题、实现全体人民共同富裕的必然要求。

再次，社会和谐统筹发展的需要。改革开放40余年来，我国农业农村发展取得了历史性成就，粮食生产能力跨上新台阶，农业供给侧结构性改革迈出新步伐，农民收入持续增长，农村民生全面改善，脱贫攻坚战取得决定性进展，农村生态文明建设取得显著成果，农民获得感显著提升，农村社会稳定和谐，乡村和谐发展的元素和基因为乡村全面振兴提供了有利的经济社会基础。

最后，建设社会主义现代化强国和实现"两个一百年"奋斗目标的需要。党的十九大报告把乡村振兴战略作为党和国家的重大战略，这是基于我国社会现阶段发展的客观实际需要而确定的，是符合我国全面建成小康、迈向社会主义现代化强国的需要的，是中国特色社会主义进入新时代的客观要求。党中央连续17年发布与农业相关的中央一号文件并出台多项惠农政策强调鼓励扶持农村地区发展振兴，足以体现国家对解决"三农"问题的重视程度和国家始终把解决"三农"问题作为党和国家工作的重中之重。

二、乡村振兴的战略意义

乡村振兴的战略意义不仅在于实现城乡融合发展，化解当前社会面临的主要矛盾，更重要的在于通过乡村振兴实现中华民族伟大复兴的中国梦，构建一个可持续发展的理想蓝图，激励一代又一代人不懈努力奋斗。乡村振兴的战略意义具体表现为：

第一，回归并超越乡土中国。实施乡村振兴战略的本质是回归并超越乡土中国，中国传统上是一个乡土性的农业国，农业国的文化根基就在于乡土，而村落则是乡土文化的重要载体。乡村振兴的本质便是回归乡土中国，同时在现代化和全球化背景下超越乡土中国。

第二，对近代"乡建运动"先辈们理想的实践创造。晏阳初、梁漱溟、卢作孚等提出的发展乡村教育以开民智，发展实业以振兴乡村经济，弘扬传统文化以建立乡村治理体系等思想，无疑是十分有益的尝试，对我国目前大力实施的乡村振兴战略仍然有着重要的启示意义。

第三，从根本上解决"三农"问题。中央制定实施乡村振兴战略，是要从根本上解决目前我国农业不发达、农村不兴旺、农民不富裕的"三农"问题。国家通过牢固树立创新、协调、绿色、开放、共享的五大发展理念，达到生产、生活、生态的"三生"协调，促进农业、加工业、现代服务业的"三业"融合发展，真正实现农业发展、农村变样、农民受惠，最终建成"看得见山、望得见水、记得住乡愁、留得住乡情"的美丽乡村、美丽中国。

第四，弘扬中华优秀传统文化。中华文化本质上是乡土文化，中华文化的根源在乡村，我们常说的乡土、乡景、乡情、乡音、乡邻、乡德等，构成了中国乡土文化，也使其成为中华优秀传统文化的基本内核。实施乡村振兴战略，也就是重构中国乡土文化的重大举措，也就是弘扬中华优秀传统文化的重大战略。

第五，从根本上解决中国粮食安全问题。中国是个人口大国，而民以食为天，因此粮食安全历来是国家安全的根本。"中国人的饭碗任何时候都要牢牢端在自己的手上"，就是要让粮食生产这一农业生产的核心成为重中之重。乡村振兴战略就是要使农业大发展、粮食大丰收。国家要强化科技农业、生态农业、智慧农业，确保"18亿亩耕地红线"不被突破，从根本上解决中国粮食安全问题，不会受国际粮食市场的左右和支配。

第二节　把握乡村振兴战略的脉络线索

一、延续调适城乡关系的政策主线，但调适格局、主体和目标都有所调整

改革开放以来，中国在经历多年的经济高速增长之后，出现了一些结构性问题，最突出的表现就是城乡区域和产业之间的发展不平衡问题，由此造成了城乡居民社会福利分配的群体性失衡。进入 21 世纪以来，这种失衡引发了"农村真穷、农民真苦、农业真危险"的历史警示，受到了党中央的高度重视。党和国家先后出台了一系列围绕城乡关系调适的政策性文件。2002 年，党的十六大报告提出全面建设小康社会，明确将城乡统筹发展作为重要任务。2005 年，党的十六届五中全会提出社会主义新农村建设目标。2007 年，党的十七大报告提出形成城乡经济社会发展一体化新格局。2012 年，党的十八大报告提出推进城乡一体化建设，并做出经济社会发展进入"两个反哺"新阶段的判断。2017 年，党

的十九大提出乡村振兴战略，并做出建立健全城乡融合发展体制机制的安排。可以看出，中央政策脉络沿着"城乡分割→城乡统筹→城乡一体化→城乡融合"的发展主线，始终将调适城乡关系作为整个政策体系的重点。当然，乡村振兴战略虽然延续着 21 世纪以来城乡关系调适的政策主线，但整个政策调适的格局、主体和目标都有所调整。

就政策调适的格局而言，补齐短板变为构筑增长极核。乡村振兴战略在党的十九大报告中作为全面建成小康社会七大发展战略之一，也是构建现代经济体系的六大任务之一。同时，按照乡村振兴战略的时间表，乡村全面振兴的时间跨度为从现在一直持续到 2050 年，跨越精准脱贫、全面建成小康社会和建设社会主义现代化强国等几个重要的历史节点，相对于过去的城乡关系调适政策，乡村振兴战略是管长远的战略部署。上述政策立意表明农业农村的优先发展不再局限于农民增收、农业现代化等单项目标，而将突破补齐农业现代化的短板，赋予其为经济高质量发展贡献力量的历史新任务。

就政策调适的主体而言，党政单元统筹变为社会多元共建。乡村振兴战略不再是各级党政部门单方面的工作，而将突破城市统筹乡村、工业带动农业的发展思路，同等看待城市和乡村的发展地位，重点培育乡村发展的内生动力，变"输血式"发展模式为"造血式"发展模式。在此过程中，各级党政部门的作用更多体现在通过体制机制设计，让包括乡村居民在内的社会各界积极参与进来，充分发挥自身的主观能动性以振兴乡村，规避过去在新农村建设及脱贫攻坚工作中出现的农民"被上楼""被增收"等现象。

就政策调适的目标而言，"千村一面"变为"千村千面"。从乡村发展的国际经验看，无论是日本"乡村重建计划"、韩国"新村运动"，还是德国"村庄更新"等特色化的乡村发展路径，都是和该国自然禀赋及当时的政治经济环境具有密切相关性的。在城乡生产要素双向自然流动的体制机制下，城乡既在现代化水平上融为一体，又在发展模式、资源配置方式上各具特色。乡村将遵循其自身发展规律，探索差异化发展路径，而不是简单复制城市的形态。乡村振兴的目标体系也必然是一个多维度的、多层次的非线性目标体系结构。

二、延续农业农村改革的基本脉络，但政策的内涵、深度和指向都进入新阶段

20 世纪 80 年代开始，以包产到户、撤社建乡改革为标志的农业农村改革拉开了中国改革开放的序幕，并通过不断的改革实践形成了农业农村基本的体制框架。具体而言，在基本经营制度方面，我国形成了以家庭经营为基础，统分结合的双层经营体制。在农村土地制度方面，我国形成了所有权、承包权、使用权"三权分置"的土地产权制度体系。在乡村治理制度方面，我国形成了以支部为核心的，以村民委员会为单元的自治制度，以集体产权制度为核心的经济制度。在农业支持制度方面，我国形成了公共财政覆盖农业农村的基本政策框架。

回顾农业农村改革历史脉络，中华人民共和国成立初期的第一轮改革是围绕"地"的产权属性展开的。中华人民共和国成立前后开展的农村土地改革，通过平均地权的方式调整人—地关系，巩固了中国共产党的执政基础。人民公社化运动改变了农地私有产权状况，实现了农村土地的集体所有制，并构建了以农地集体产权制度为基础的"政社合一"型人民公社体制。人民公社体制下，"三级所有，队为基础"的制度设计也奠定了中国农村产权制度的基础，其影响一直延续到现在。

改革开放初期的第二轮改革是围绕"人"的流动方向展开的。包产到户改革通过制度调整激发农村劳动力的生产积极性，在促进粮食产量增加的同时，将农村中的剩余劳动力解放出来，农村劳动力开始逐渐走出农业。从调整农业结构、开展多种经营，到从事农产品加工、兴办乡镇企业，农村呈现出前所未有的活力。同时，大量剩余劳动力还走出农村，走向城市，为中国工业化和城镇化进程贡献了力量。

21世纪以来的第三轮改革是围绕"钱"的流动方向展开的。农村税费体制改革一方面通过减轻农民税费负担，减少直至断绝了国家—农民的税费资金流动；另一方面又通过加大对农业补贴的力度，增加了国家—农民的财政补贴资金流动。同时，政府通过优化基层政府财权和事权的配置，有效调整了中央、基层政府和农民之间的关系。改革以实际措施有效地支撑了"两个反哺"的政策框架，随着财政资金大量进入农业农村，农业农村的基础设施建设条件日益改善，金融资本和工商资本也逐渐开始进入农业农村。

乡村振兴战略开启了第四轮农业农村改革，涉及的改革范围更广，也更加全面、综合、系统。第四轮农业农村改革包括"人"（农村人群、农民工和城市下乡人群）、"地"（宅基地、集体经营性建设用地和农业经营用地）、"钱"（财政资金、金融资本和工商资本）三方面的综合改革，涉及的改革程度更深，通过体制机制变革，促使生产要素的流动从单向、非线性的平行式流动转为双向、共线性的融合式流动。此外，第四轮农业农村改革涉及的改革目标指向也更明确，即通过外生要素的双向流动培育和激发农业农村内生动力，全面提升农业全要素生产率、农村社会治理水平和农民社会保障水平。

三、延续新农村建设战略的主体内容，但政策目标体系和建设内容均实现升级

根据《中共中央 国务院关于实施乡村振兴战略的意见》，实施乡村振兴战略的目标任务分为"三步走"：到 2020 年，乡村振兴取得重要进展，制度框架和政策体系基本形成；到 2035 年，乡村振兴取得决定性进展，农业农村现代化基本实现；到 2050 年，乡村全面振兴，农业强、农村美、农民富全面实现。在具体的建设目标和任务方面，乡村振兴战略和 2005 年党在十六届五中全会提出的社会主义新农村建设战略一样，都用"五句话、二十字"进行概括，即产业兴旺、生态宜居、乡风文明、治理有效和生活富裕。总体来说，乡村振兴战略依然延续着社会主义新农村建设战略的主体内容，但除乡风文明在表述上保持不变外，其余"四句话"都有所调整。可以看出，对其政策内涵、范围和目标都有更高层次的要求，可以说是社会主义新农村建设战略的升级版。

从生产发展到产业兴旺。生产发展着眼于现代农业发展，通过农业基础设施建设、农业科技创新推广、农业产业链条延伸等重要途径，促使中国农业生产水平实现了质的飞跃。经过多年的努力，农业生产力实现大幅提升，农业的主要矛盾已经由总量不足转变为结构性矛盾，表现为阶段性的供过于求和供不应求并存的矛盾。产业兴旺延续了生产发展的农业现代化发展思路，但突破了补齐现代化短板的既定目标，以农业供给侧结构性改革为主线，释放农业农村的内生发展动力，支撑农村成为与城市同等重要的增长点。

从村容整洁到生态宜居。村容整洁着眼于村容村貌整治，通过改善人居环境让乡村成为既能乐业又能安居的家园。生态宜居在此基础上，将生态文明理念融入乡村生产生活，突出了"绿水青山就是金山银山"的发展理念，也提出了人与自然和谐共生的新要求。这意味着，乡村整治需要转变发展思路，从改善人居环境的单一目标转变为追求人居环境与生态环境并重的复合目标，并要求农村居民转变传统的生产生活理念，组成乡村生态细胞单元，共同助力乡村生态文明建设。

从乡风文明到乡风文明。乡风文明是"二十字"方针中唯一未在表述上做出调整的，表明该表述仍符合当前乡村社会经济发展现状，将更多地延续新农村建设战略的主体内容。然而，乡村文化建设并未实现与社会经济的同步快速发展，并且在城市现代文化的持续冲击下，其已无法满足农村居民日益增长的精神文化需求。为实现乡村振兴的同步发展，当前的乡风文明无疑将面临更加紧迫的发展要求。

从管理民主到治理有效。管理民主着眼于让广大农民积极主动地参与乡村自治过程，行使更多的民主权利，自主决策和管理乡村内部事务。截至 2016 年年底，中国基层群众自治组织共计 66.2 万个，基层民主自治组织建设实现了快速发展，村民自治水平取得了稳步提升，民主自治意识也得到了增强。治理有效在延续"自治"内容的基础上，以提高乡村治理效率为导向，变"管理"为"治理"，一方面突出了乡村治理去行政化的决心，另一方面突破了民主自治的形式约束，明确了乡村治理的多元化格局。

从生活宽裕到生活富裕。生活宽裕着眼于物质生活水平的提高，让农民过上衣食无忧的生活。由于农村劳动力转移加快，因此工资性收入成为促农增收的主要途径，农村居民的人均可支配收入由 2004 年的 2 936 元提升至 2017 年的 13 432 元，基本实现了预期目标。生活富裕在此基础上，为应对城乡收入差距大、工资性收入增长乏力等问题，将进一步要求增强促农增收的持续动力，丰富农村居民的收入来源。同时，物质宽裕的单一目标转变为追求物质富裕和精神富裕并重的复合目标，旨在逐步缩小城乡居民的生活差距，确保农民在乡村振兴过程中有更多的获得感。

第三节　乡村振兴发展规律解构

乡村振兴战略"二十字"方针体现的五大目标任务构成了一个不可分割的有机整体，既要突出各自重点，又不能相互矛盾。乡村振兴战略根据乡村振兴的发展规律，通过构建基础层、系统层和应用层三位一体的乡村振兴战略理论框架，详细刻画了乡村振兴发展的理论基础、目标任务和指标体系应用。在对乡村振兴战略理论框架解构的过程中，我们不仅要从字面内容对各目标任务进行单独解构，而且要将各目标任务本身的理论基础和内在逻辑纳入统一的分析框架进行系统分析。

随着城市化发展战略的深入推进，传统的城乡二元结构带来城乡发展不平衡不充分的矛盾成为长期困扰中国经济高质量发展的重要障碍，因此乡村振兴战略应运而生，成为破解城乡二元结构的重要行动指南。为了理解城市化战略和乡村振兴战略两者的有机统一，我们需要利用"三大理论"和"五大规律"来把握乡村振兴发展的理论基础与基本内涵。

根据乡村经济地理学的相关理论，乡村振兴的核心在于将乡村地区的经济、社会、人口、聚落、文化、资源利用以及环境等问题在空间上实现集聚和优化布局，把城乡作为一个整体来反映土地利用结构、劳动力结构、产业结构、收入结构、乡村治理结构等变迁路径。其本质体现了中央一直以来采取的"城乡分割→城乡统筹→城乡一体化→城乡融合"政策主线，并始终将调适城乡关系作为整个政策体系的核心，也体现了城乡融合发展理论的内涵。

遵循农业农村发展的基本规律和习近平总书记关于"三农"工作的重要论述，实施乡村振兴战略是建立健全城乡融合发展的体制机制和政策体系、加快推进农业农村现代化的重要体现，也是新农村建设战略的升级版、宏观版。乡村振兴战略要实现的不仅仅是农业的现代化，还是整个农业农村的现代化，需要不断缩小工农差别和城乡差距，实现工农互促、城乡共荣、一体化发展，实现乡村全面振兴。推进乡村振兴战略是重塑城乡关系、巩固和完善农村基本经营制度、深化农业供给侧结构性改革、坚持人与自然和谐共生、传承农耕文明、创新乡村治理体系、打好精准脱贫攻坚战的重要目标路径和发展方向，体现出新时代"三农"理论的基本要求。

刘易斯的城乡二元经济结构理论的核心体现了城乡要素流动的内涵，即体现了人、地、钱所对应的劳动力、土地和资本要素之间的关系。大多数发展中国家向发达国家跨越的发展事实表明，劳动力从农业部门向非农部门的流动将带来资本要素从农业部门向非农部门的转移，城市的扩张发展也将带来土地要素在城乡空间上的动态调整，这种要素的流动变迁为乡村振兴发展提供了重要的理论基础，体现了城乡要素流动理论的核心内涵。

乡村振兴战略是一个系统工程，也是一个全面科学的理论体系。在落实乡村振兴战略过程中，我们不仅要遵循经济发展的外在规律，同时也要尽量满足乡村振兴发展的内在规律。这具体表现为乡村产业发展、城乡空间演进、乡村文化发展、乡村治理发展、城乡人口流动五大发展规律，分别对应产业兴旺、生态宜居、乡风文明、治理有效和生活富裕"五位一体"的总体布局思路。

首先，乡村产业发展规律是落实乡村振兴发展的关键。例如，粮食和主要农产品供给仍然是乡村产业的重要保障功能，劳动密集型产业仍然是乡村产业的重要类型，乡村产业发展要走内涵式发展道路，科技创新和人力资本升级是乡村产业升级的根本动力，农产品加工业是乡村产业升级的重要抓手，这些发展趋势成为乡村产业发展规律的重要体现。其次，城乡空间演进规律是理解乡村振兴战略趋势的重要内涵。乡村振兴并非针对所有乡村的全面振兴，部分乡村可能衰败甚至消亡，城乡之间的空间边界逐渐模糊，乡村空间的生活和生态功能日益凸显，空间聚集形态逐步以"点→带→面→网"的趋势转变。再次，乡村治理发展规律是理解德治、法治和自治的乡村治理体系，推动基层组织建设和社会稳定有序的重要保障。这具体表现为社会结构中的治理对象和主体开始发生变化，乡村社会由基于亲缘的熟人社会向基于制度的契约社会转变，乡村社会价值观由单一化向多元化转变，乡村事务内涵和外延发生变化以及乡村治理制度变迁等。最后，城乡人口流动规律是实现城乡均衡发展和化解城乡发展不平衡不充分矛盾的重要动力。这具体表现为城乡人口交互流动，部分人群出现逆城镇化或郊区城镇化现象，使得城乡融合越来越深入，城乡人口流动中的非经济因素开始成为人们流动的重要依据。

第四节　新时代乡村振兴发展的思维转变与调适

一、乡村振兴发展需要实现从"城乡统筹"不对等关系到"城乡融合"对等关系思维的转变

党的十九大报告提出将目前的"城乡统筹"不对等关系调适到"城乡融合"对等关系上来，体现了党中央对实现城乡融合发展的新思维与新举措。长期以来，在传统的城乡统筹思维框架中，城市与乡村存在着一种不对等的关系，即一直是城市"高高在上"来统筹乡村。传统观念往往认为乡村是愚昧落后、不文

明的，只有城市才是文明的载体。在开展新农村建设的过程中，有些农民和干部简单、片面地认为新农村建设就是要把房子建得像城市的房子一样，进而导致一些具有重大文化与历史价值的古村落遭到毁灭性的破坏。以往按照这种城乡不对等的思维，中国的城市化进程基本上演变为城市替代乡村的过程。党的十九大报告提出城乡融合发展，包含着党中央对城市与乡村关系的新定位、新认识。所谓融合，就是构建在城市与乡村价值等值、功能互补基础上的良性互动关系。纵观国外城乡融合发展的历程，城乡在功能定位和职能分工上都经历过发展不平衡不充分的阶段到城乡均衡发展再到融合的阶段。我国自 20 世纪 70 年代末发端于农村的家庭联产承包责任制，开启了农村改革的序幕，城乡分割的二元结构逐步趋向于城乡融合发展，乡村振兴发展需要进一步重新认识乡村的价值。目前，从城市到乡村的"新回乡运动"作为一种新的力量正在悄悄地改变着中国的城镇化发展模式。改革开放以来的城镇化主要表现为农村人口和资源向城市流动。近年来，一个值得社会关注的城乡双向流动、双向驱动的新型城镇化模式正在逐步崭露头角。

城镇化不是恒定不变的直线运动。反观近代以来西方城镇化的历史，无不是在城镇化与逆城镇化的周期波动中进行的。由于生活成本提高、空气污染、城市生活审美疲劳等多种因素，我国的一些大城市已经开始出现大批艺术家下乡、退休者告老还乡、人们组团到乡村养老等逆城镇化现象。在逆城镇化现象推动下，许多城市人到郊区买房、到农村去办"农家乐"、到山区去开展各种旅游项目。城市人口向乡村流动也催生了城市资本"下乡"投资有机农业、乡村旅游、古村落改造等新趋势。其实，城乡之间的融合发展之路，就是城乡各自发挥其不可替代的功能，建成各种要素资源高质量双向流动的城乡互补共赢、共生发展的新模式。

二、乡村振兴发展需要为小农经济正名，并强化"小而美""小而优"精细 工匠式新思维理念

在如何发展乡村经济这个问题上，我国一直受到工业经济思维的影响，并由此规划了多年的乡村经济发展模式。按照工业经济思维，小农经济是中国迈向农业现代化的最大障碍。把小规模的小农经济改造为大规模的现代农业，在过去很长一个时期内都被认为是农业现代化发展的必然趋势。但在实践中，我们依然可

以看到我国古老的小农经济顺应现代市场发展需求并释放出巨大生命力的生动情景。如何认识中国几千年的农耕文明存留下来的小农经济，成为影响中国乡村发展的一个瓶颈。

党的十九大报告明确了不是不要小农经济，而是要实现小农户和现代农业发展的有机衔接。不可否认，以美国农业为代表的农业现代化发展模式，走的是一条我国农业无法简单复制的大规模家庭农场式现代化发展之路。毕竟，美国仅有约 3 亿人口却拥有约 30 亿亩（1 亩约等于 666.67 平方米，下同）耕地，人均粮食 1 吨（1 吨等于 1 000 千克，下同），而中国拥有约 14 亿人口，严守的却只有 18 亿亩耕地。美国农业可以不考虑保障国内粮食安全的问题，纯粹以追求商业效率为目标。中国农业的首要功能是满足国计民生的需要。按照现代经济学思维，要实现满足商业需求的农业发展目标，就必须不断提高人均生产效率，而我国作为人多地少的国家，为满足国民生计的需求，追求的首要目标是优先提高土地产出效率。无论是西方的经济学研究，还是中国农耕经济的发展实践，都证明小规模经济相较于大规模经济，虽然人均效率很低但可以有效提高土地产出效率。中国大量的丘陵山地，决定了中国不能搞美国式的大规模农业。此外，中国农业的功能定位也决定了农业必须走有利于提高土地利用率的小农主导的适度规模经营发展之路。

以家庭为单位的小农经济与大规模农业存在根本性的不同，它首先满足的是农民自身消费，剩余的才进入市场流通。可以说，半商业化的中国小农经济在保证中国粮食安全上具有一种天然有效的调节作用，而纯粹的资本农业则完全失灵，如果粮食价格下跌，资本农业就会停止生产粮食，如果粮食价格不断提高，资本农业为了获利甚至会囤积居奇。不难发现，将关乎中国约 14 亿人口的粮食安全交给唯利是图的大资本农业，显然是一个巨大的冒险行为。对以家庭为单位的小农经济生命力的质疑为时已久。中华人民共和国成立后，在"小农经济是形成资本主义的汪洋大海"理论的作用下，国家为了防止小农经济演化为资本主义，逐步把小农经济改造为集体管理的规模经济。实践证明，消灭小农经济曾在人民公社时期带来一定程度上的粮食危机。20 世纪 70 年代末推行的"家庭联产承包责任制"在一定程度上恢复了小农经济，极大地解放了生产力和提高了单产量。为什么说小农经济具有强大的生命力？从经济学角度看，以家庭为单位的生产方式是农业生产过程中最有效率的组织方式。农业生产很难像工业生产那样不受天气、四季变化的影响而进行规范化、标准化管理。在农村农忙时，上至 80 岁的老人，下至 6 岁的孩子，都可以作为劳动力参加劳动，且农民每天为自己劳动的时间远远超过 8 个小时。现在许多大企业通过流转土地进入农村，希望以工厂式管理方法来管理农业。实践表明，这种管理方法导致出工不出力的现象再次出现。局限于国土地形情况，美国式规模化农业生产经营模式很难成为中国农业发展的主导模式。我国要走出这个管理困境，必须充分学习和借鉴现代化农业模式，在新疆和东北等为数不多的可适应大规模农业生产经营的地区通过最大限度地使用机器替代人力来降低生产成本，其余地区则立足于走有利于提高土地利用率的小农经济主导的适度规模经营发展之路。实现小农经济与现代化、规模化生产经营的有效衔接，是中国农业未来发展的出路之所在。

三、乡村振兴发展需要积极探索乡村三位一体的熟人治理模式及现代乡村治理体系有效融合的社会思维

党的十九大报告首次明确提出了乡村治理体系是自治、法治、德治相结合的治理体系。准确认识乡村治理模式的一个新思维，就是要区分城市社会与乡村社会最大的区别是什么。乡村是熟人社会，城市是生人社会，这是认识与探讨乡村治理的大前提，若我们离开了这个大前提，就会机械式地把城市治理模式套用到乡村治理中，从而导致乡村治理失效现象的产生。20 世纪 90 年代初期被寄予厚望的民主选举制度，从一定程度上来说，在乡村治理上出现了严重失灵的问题，出现家族势力左右乡村选举，贿选问题以及选举出的村干部不作为、乱作为等。围绕乡村自治、法治、德治相结合的治理体系，我们首先要从乡村熟人社会这个大逻辑前提出发，反思 20 世纪 90 年代以来中国乡村治理失灵的症结，以一种新思维、新思路去探索中国乡村社会自治、法治与德治的综合治理之路。以民主选举为代表的生人社会治理制度不能简单地植入我国的乡村治理体系中，否则也将直接导致民主选举制度的失灵问题。

在几千年的文明演化中，中国古代乡村社会并没有走西方法治主导的民主式制度治理之路，而是基于中国乡村社会所特有的熟人关系社会，走出了一条符合我国传统文化和治理实践需要的德治主导式推举制度之路。中国乡村作为一个以血缘关系为纽带的熟人社会，形成了中国人所坚信的"人之初，性本善"的伦理观。在这样一个小规模的熟人社会中，私人与公共空间是没有边界的，每个人

的信息都是透明的。谁成为管理者不需要通过优胜劣汰及投票竞争来决定，而是由这个乡村最有威望的长老会来推荐管理者，经过千百年的实践检验，民主协商推荐制无疑是乡村社会中最有效的社会治理模式。相反，在西方生人社会治理模式下，由于人与人之间的关系是必须共同遵循的契约关系，因此西方社会很难用道德的约束来构建良好的社会秩序，最有效的治理模式就是法治，而非德治。在这样的社会中人们选择管理者时，最好的办法就是公开竞争，即投票选举。虽然当代中国乡村已经不是完全意义上的传统熟人社会，而是一个比原来更加开放、多元的乡村社会，但乡村熟人社会的基本特征没有改变。党的十九大报告提出的自治、法治与德治相结合的治理方式，正是适用于新时代中国乡村最有效的治理模式。

第二章 乡村振兴战略发展路径：探索与思考

乡村振兴是党的十九大提出的重大战略。把握这个战略，必须回答好以下五个问题：什么是乡村振兴战略？为什么实施乡村振兴战略？乡村能不能实现振兴？乡村振兴战略振兴什么？怎样实施乡村振兴战略？根据多年从事新农村建设的一些体会，我们认为，乡村振兴战略是新农村建设实践的升华，是对乡村发展规律的把握，是习近平总书记关于"三农"工作重要论述的理论结晶，是现代化强国的战略布局，是农业农村现代化的行动指南。

第一节 什么是乡村振兴战略

党的十九大报告强调："要坚持农业农村优先发展，按照产业兴旺、生态宜居、乡风文明、治理有效、生活富裕的总要求，建立健全城乡融合发展体制机制和政策体系，加快推进农业农村现代化。"

这是对乡村振兴战略的集中论述。虽文字不多，但内涵丰富，分量非常重。我们必须站在新时代的高度，认识和领会这段话。我们至少应当从以下四个角度来把握这段话：

一、从新时代现代化强国战略布局来把握

党的十九大报告在第四部分"决胜全面建成小康社会，开启全面建设社会主义现代化国家新征程"中集中部署了七个重大战略，强调"坚定实施科教兴国战略、人才强国战略、创新驱动发展战略、乡村振兴战略、区域协调发展战略、可持续发展战略、军民融合发展战略"。其中，乡村振兴战略是新提出来的，且

排在第四位。党的十九大报告在"实施乡村振兴战略"中还提出"坚持农业农村优先发展"。这就表明，乡村振兴是决胜全面建成小康社会、全面建设社会主义现代化强国的一项重大战略任务。习近平总书记对"三农"工作特别重视，先后做出一系列重要指示。习近平总书记反复强调：中国要强，农业必须强；中国要美，农村必须美；中国要富，农民必须富。城镇化要发展，农业现代化和新农村建设也要发展，同步发展才能相得益彰，我们要推进城乡一体化发展。新农村建设一定要走符合农村实际的路子，遵循乡村自身发展规律，充分体现农村特点，注重乡土味道，保留乡村风貌，留得住青山绿水，记得住乡愁。乡村振兴战略，正是习近平总书记关于"三农"工作的一系列重要论述的结晶。

二、用历史发展的眼光对比起来把握

党的十六届五中全会基于当时我国社会总体上进入以工促农、以城带乡阶段的科学判断，提出"生产发展、生活宽裕、乡风文明、村容整洁、管理民主"的总要求，党的十九大从中国特色社会主义新时代的时代特征出发，紧扣我国社会主要矛盾变化，也提出二十字总要求，但内涵更丰富，目标更高远。如果说，前二十字是统筹城乡发展、改变农村落后面貌的话；那么后二十字就是推进城乡融合发展，实现农业农村现代化。这说明，乡村振兴是新农村建设实践的升华。

三、从重要文字表述的新变化中来把握

党的十九大报告中关于乡村振兴战略的这段话，有多处新的提法。例如，新农村建设的总要求，"生产发展"升级为"产业兴旺"，"村容整洁"升级为"生态宜居"，"管理民主"升级为"治理有效"，"生活宽裕"升级为"生活富裕"，而且顺序也做了调整。又如，"统筹城乡发展""城乡一体化"升级为"城乡融合发展"。再如，"农业现代化"拓展为"农业农村现代化"。这些新的表述、新的概念，反映出了乡村振兴的新理念、新目标、新举措、新要求。

四、紧密联系本地"三农"工作实践来把握

四川省中江县石垭子村曾经是中共四川省委原书记王东明联系的贫困村，2016年已经建成省级"四好村"。王东明同志到该村调研时指出，石垭子村的喜人变化是四川农村巨变的一个缩影。四川省认真贯彻落实中央部署要求，大力推

进脱贫攻坚和幸福美丽新村建设，提出了"业兴、家富、人和、村美"和"四个好"的目标，这与党的十九大提出的"产业兴旺、生态宜居、治理有效、乡风文明、生活富裕"总要求是一致的。这说明，乡村振兴需要各地从实际出发，发挥优势，体现特色，各美其美。

总体来看，乡村振兴战略的布局是农业农村优先发展，目标是"强、美、富"，方向是农业农村现代化，途径是城乡融合发展，载体是美丽乡村建设。我们应当在兴产业、兴环境、兴文化、兴社区上下功夫，实现农村产业的大升级、生态环境的大保护、农耕文明的大发扬、农村社会的大进步，让农业强起来、农村美起来、农民富起来，让乡村留住绿水青山、记住乡愁。这是中华民族伟大复兴的重要任务，是加快推进农业农村现代化的必然要求，是传承辉煌农耕文明的迫切需要，是亿万农民的美好期待，是做好新时代"三农"工作的根本遵循。

第二节　乡村振兴的必然性

提到乡村振兴，我们自然不能回避目前农村面临的困难和问题，比如留守老人问题、留守妇女问题、留守儿童问题、土地撂荒问题等。资料显示，2015年，我国农村有留守儿童6 000万人、留守妇女4 700万人、留守老人5 000万人；过去25年来，超过2/3的农村小学已经关闭。有专家认为，城市有"城市病"，农村也有"农村病"，"农村衰落是一个全球性问题"。由此，人们会提出这样的问题：乡村能不能振兴？

对这个问题，确实存在截然不同的看法。有一段时间，网络上流行的"回乡记""下乡记"认为，乡村已经凋敝，没有光明，看不到希望，似乎只有死路一条。另外，有人则认为，未来30年，乡村将成为奢侈品。有学者甚至认为，新农村建设应当转变观念，不是去救活乡村，而是反过来，人类的未来要靠乡村去拯救。未来乡村会如何，当然需要实践来回答。我们可以从不同的角度来看待这一问题。

从现象上看，21世纪以来特别是党的十八大以来，统筹城乡发展及建设新农村使农村发生了一系列深刻的变化。曾经普遍存在的行路难、饮水难、上学难、看病难"四难"，正在成为历史；城乡差距正在缩小，城乡一体化是大势所趋；区域特色在凸显，各美其美。

从规律上看，发达国家的乡村在城市化进程中，一般都要经历由衰落到复兴的过程。与此相对应，其都进行过乡村保护、乡村更新、乡村营造。现在，英国的乡村无论环境、产业，还是民居、文化，都美不胜收，以至于有人说"英国的灵魂在乡村"。德国的乡村也非常美，被称为"童话世界"，其基础设施完善，垃圾污水治理尤其成效显著。日本的乡村亦不逊色，其岐阜县白川乡合掌村于1995年被列入世界文化遗产名录。我国的城市化水平已经达到57%，城乡关系正在发生变化，农业农村正在走向现代化。

从价值上看，为什么城市化没有消灭乡村，乡村反而在城市化发展到一定阶段以后复兴了呢？这取决于乡村存在的独特价值。例如，就乡村生产而言，农业直接或间接同动植物、微生物打交道，存在多样性、鲜活性、微妙性、随机性，其乐无穷。就乡村生活而言，宁静、诗意、浪漫，即人们所说的田园牧歌。就乡村生态而言，乡村以自然为底色，贴近自然、融入自然，实现天人合一。就乡村文化而言，乡村淳朴、互助、和谐以及存有浓浓的乡愁。因此人们说，城与乡承载着同等重要的价值，交相辉映，相得益彰。当然，这些价值要在城市化达到相当水平且"城市病"充分暴露之后，才能逐步展现。

从新趋势上看，乡村变化趋势日益明朗。我们认为，断言乡村没未来，缺乏依据；说未来30年乡村将成为奢侈品，言之过早。依稀可见的是，未来的乡村应该是农民幸福生活的美好家园，市民休闲度假的理想乐园。那里有：新村民，除了传统意义的农民，还将有从城市里来创业、养老、度假的"村民"；新业态，包括休闲农业、观光农业、体验农业；新模式，如田园综合体就是新的建设模式；新生活，即体验式的、田园牧歌式的生活，人们衣食无忧之后就会梦想回归田野。

我们跳出传统工业化、城市化的思维，从生态文明和文化多样性角度，用辩证的、发展的眼光看，未来的乡村是希望的田野，将成为农民幸福生活的美好新家园、市民休闲养老的理想桃花源，人们将在那里诗意地栖居。换句话说，乡村是可以振兴的、能够振兴的，乡村的未来一定会更美好。

当然，这里谈的乡村是城市化进程中的乡村，不能脱离城市化轨道，没有城市化，乡村则难以现代化；这里描绘的乡村的未来，也不是所有村庄的未来，一些村庄会走向消失，这符合乡村的演进发展规律。

第三节　怎样实施乡村振兴战略

党的十九大报告明确要求：巩固和完善农村基本经营制度，深化农村土地制度改革，完善承包地"三权分置"制度。促进农村一二三产业融合发展，支持和鼓励农民就业创业，拓宽增收渠道。加强农村基层基础工作，健全自治、法治、德治相结合的乡村治理体系。培养造就一支懂农业、爱农村、爱农民的"三农"工作队伍。

2017年10月18日，中共中央政治局委员、国务院副总理汪洋参加出席党的十九大的四川代表团的讨论时指出：要按照"产业兴旺、生态宜居、治理有效、乡风文明、生活富裕"的要求，探索建立乡村振兴的人才支撑、资金支持、产权制度、组织制度等保障体系；四川是农业大省，近年来在推进城乡一体化、农村产权制度改革、一二三产业融合发展、脱贫攻坚等方面积极探索，走在了全国的前列，为全国提供了有益经验；希望四川在实施乡村振兴战略中继续率先探索，努力开创农业农村发展新局面。

方向已经明确，本书从幸福美丽新村建设角度，提出以下八条建议：

第一，进一步创新建设理念。"业兴、家富、人和、村美"的理念和"住上好房子、过上好日子、养成好习惯、形成好风气"的目标，与乡村振兴战略的总要求是一致的。我们应以此为基础，研究新时代乡村发展的趋势和乡村振兴战略的要求，更加强调生态保护、产业升级、文化传承、社会进步，结合实际深化和丰富每一个理念的内涵，建立一套涵盖农村五大建设的标准体系，推进幸福美丽新村建设的标准化、规范化。

第二，坚持实施"五大行动"。扶贫解困、产业提升、旧村改造、环境整治、文化传承"五大行动"是幸福美丽新村建设的重要抓手，关键在落实。我们应把分类指导与分层指导结合起来，贫困地区继续集中脱贫攻坚，确保如期脱贫，同时规划好脱贫之后的巩固、提升、振兴；普通地区在产业提升和环境整治上花大力气、下大功夫，整体提升建设发展水平；条件好的地区在彰显特色上做文章，更加注重文化传承，着力打造精品，争创全国一流。

第三，推广"小组微生"模式。"小规模聚居、组团式布局、生态化建设"

是源于成都的创新，经总结提炼，已经成为一种具有普遍意义的成功模式。2014年，中央农村工作领导小组办公室（简称"中农办"）把这一做法印发全国。这种模式既适用于平原，也适用于丘陵和山区；既适用于新建聚居点，也适用于改造旧村落，具有广泛的适应性。我们应使之与旧村改造行动结合起来，作为幸福美丽新村建设的典型模式推广，防止一些地方借口乡村振兴搞大拆大建。

第四，探索建设田园综合体。田园综合体应该是以农民为主体，是循环农业、创意农业、农事体验、田园社区的有机结合，宜居、宜业、宜游的美丽乡村新形态是城乡融合发展的有效载体，应当积极试点探索。这些年建成的一批新农村综合体，比较接近田园综合体，可选择条件相对成熟的进行改造提升。

第五，深入开展"四好村"创建。幸福美丽新村建设关键在念好尊重、引导、激励、支持、组织、维护的"十二字诀"，发挥农民群众的主体作用。"四好村"创建作为四川省的首创，正是激发农民群众内生动力的综合抓手，不能有半点动摇。我们应强调重在创建，着力解决好为谁建、建什么、怎么建、谁来建的问题。

第六，创新城乡融合发展机制。乡村振兴必须解决好人、地、钱的问题。人们已经意识到，乡村振兴的希望和出路在城乡融合，关键是建立健全相应的体制机制和政策体系。我们应把人才作为突破口，实施人才强村战略，制定激励政策，吸引大学生、退伍军人、返乡农民工等建设家乡。

第七，加快健全乡村治理机制。四川省在乡村治理方面积累了不少经验，但治理理念、治理方式、治理水平仍不适应乡村振兴的需要，提高乡村治理能力是幸福美丽新村建设的关键。党的十九大报告强调，健全自治、法治、德治相结合的乡村治理体系，这为乡村治理指明了方向。健全乡村治理体系，既需要顶层设计，又需要基层探索。我们应组织专门力量，在不同类型的地区研究和剖析一批典型案例，从中总结比较成熟的经验，在适宜的区域推广。

第八，遵循乡村演进发展规律。这些年，我们审视新农村建设历程，环顾省内外、国内外的情况，从乡村与城市、乡村与产业、乡村与自然、乡村与历史文化等多种关系中，去寻求其内在联系，看到了互动、融合、和谐、差异、传承和自治等规律性的东西。这些思考逐步得到了认可，还需要进一步在实践中被验证和深化。当前，我们应注重研究乡村振兴与城市化的内在联系，促进城乡融合发展。

第三章 乡村振兴的核心：
小农经济与现代农业有机衔接

自 20 世纪 80 年代以来，我国处于持续上升的大规模非农就业、持续下降的人口自然增长率以及持续转型的食物消费结构和农业结构的历史交汇期，对中国传统小农生产提出了前所未有的挑战。按照党的十九大报告的要求，在当前实施乡村振兴战略、推进传统农业向现代农业跨越中，我们亟须加快小农生产现代化，实现小农生产与现代农业的有机衔接。

首先，2019 年中共中央办公厅、国务院办公厅印发的《关于促进小农户和现代农业发展有机衔接的意见》中明确指出："当前和今后很长一个时期，小农户家庭经营将是我国农业的主要经营方式。"相比于以规模化、集约化为特征的现代农业，传统小农生产首先不排挤农业人口，农民可以通过兼业的形式拥有在城镇化过程中的进退选择。小农生产成为农民的生计底线。其次，小农生产方式灵活，更加符合中国实际。我国部分耕地分布在山坡，零星分散，规模化的机械作业难度大。再次，由于自给自足和较低的劳动力成本，精耕细作的小农生产方式使土地生产率处于较高水平。最后，小农经济因为维持着乡土社会稳定，所以成为乡村文化载体。可以说，当前小农经济在中国这个农业人口接近 5.5 亿人，且人多地少，区域农业生产差异较大的国情下，将在相当长的一段时间内存在，依然是农村经济发展的原动力。

第一节 小农经济主体的基本形态特征

从我国目前情况看，小农经济主体形态主要包括以下几个组成部分：

一是传统小农户。这部分农户是农业经营的主体，其土地规模细碎化，生产方式传统化，劳动力老龄化。土地是农民的命根子，相当多的小农户仍然经营着收入较稳定的承包地。目前全国农民户均经营土地约 5.6 亩。2018 年，四川省未转让耕地的农户为 1 235.1 万户，占承包经营总农户的 69.1%；经营耕地为 3 512.9 万亩，占承包耕地面积的 60.5%，户均经营耕地为 2.8 亩。这相对于当前每个劳动力经营 30~50 亩耕地的农业生产能力，体现出小业主、大主体的特征。这部分小农经济内部还存在一个代际分工问题，年轻一代（"农二代"）进城务工，"农三代"基本在城市长大，老年人在家务农。但这个代际分工不是稳定的。可以预计，"农二代"和"农三代"将来回归农村的可能性较低，即使回归也不可能大量回归。现在农村劳动力的平均年龄在 60 岁左右，那么 15 年后这部分农村劳动力退出劳动后，将导致这部分小农经济面临瓦解的可能。这里特别要说明的是，一些从事社会学研究的学者将这种小农经济作为国家治理和乡村社会的"稳定器"，认为在宏观经济发生波动时，外出务工农民可以回归乡村，不至于影响社会稳定。实际上，这种观点只是将小农经济定位于一种"社会最低生活保障"，是在国家经济发展水平较低情况下的权宜之计，不是强农惠农政策之举，更不是乡村振兴应有之举。

二是农村内部出现的种植和养殖大户。这类农业形态的特点是经营适度规模化，通过农村内部的土地流转，农业生产大都以家庭农场形式开展，生产经营方式相对现代化，劳动力中年化（30~50 岁）。全国现有家庭农场 40 多万个，场均经营土地面积 170 亩。四川省有家庭农场 5.34 万个，场均经营土地面积 62.9 亩。这部分农户往往具有农业外和农村外的从业经历，担任村组干部，或者当过兵、外出务过工，有些还有兼业经营的收入。四川省的这部分小农经济仅占全省承包经营农户的 0.3%，比例较小，却是当前把小农户引入现代农业的主要改造对象，是政策扶持的重点。

三是农村内部从事第二产业和第三产业的劳动力。这部分劳动力大都将土地流转出去，主要在农村从事第二产业和第三产业以及为一些土地流转后的工商资本、合作社从事一些农业生产劳动。截至 2018 年年底，四川省流转耕地 2 294 万亩，占全省承包耕地面积的 39.5%，转让农户为 525.59 万户，占承包农户的 30.9%。这些农民将耕地转让给农业企业或合作社经营，其中部分农民在享有租金或分红的同时被返聘回土地上劳作，有的还是兼业户。这种农业形态的特征主要是劳动力和土地的分离化，生产行为的多元化和流动化。例如，一些地方出现专门从事农业收割等专业化服务的劳动力。随着农村一二三产业融合发展和新产业新业态的兴起，其产业的劳动力需求将会凸显。这部分流转出耕地且被返聘的农户是小农经济的一种新形态。

上述三种小农经济主体形态属于农村内部的三种传统小农经济主体形态。随着外来资本下乡与逆城市化人群进入农村，农村出现了一些新型的小农经济主体，大致可分为以下三种：

一是外来流转土地经营的种植户和养殖户。这部分农户普遍具有较好的种植或养殖技术，通过承租当地农户土地，开展农业生产经营活动，且经营规模较小。这部分农户也属于小农经济，但同当地小农户不同的是，这部分小农户不属于当地集体经济组织成员，也没有土地承包权。同时，这部分农户的实力相对外来工商资本实力较弱，其生产经营活动具有一定的"不稳定性"。这部分小农户如长期扎根当地，加之政策扶持和引导得当，可以成为未来小农经济的新生中坚力量。

二是外来新兴业态经营主。在大中城市郊区和一些旅游地区，随着乡村民宿、农家乐的兴盛，外来业主通过农地和宅基地流转从事上述新兴产业经营活动。随着农耕文化价值不断提升，也有一些外来业主围绕农耕文化进行挖掘、包装和打造，经营一些就地取材的加工业和乡村旅游业。随着农业产业链延伸和多功能性的扩张，农村新产业新业态会在未来展现出更多的需求。因此，这部分新村民将成为新型小农经济的重要组成部分。

三是外来工商资本。工商资本下乡，通过流转土地，介入宅基地整理以及农业生产与加工、流通等环节，同小农经济建立起多种形式的利益连接。这些外来工商资本多为规模较小、形式分散的个体或合伙工商资本。有的工商资本还投资农业园区、主题公园和乡村旅游等农业项目以及特色小镇、田园综合体建设。当前四川省流转入农业企业的土地仅占总流转土地面积的20%左右。工商资本下乡虽然对传统小农经济产生了冲击，但更积极的作用在于引入了先进的技术、管理以及资金等生产要素，对传统小农经济的提升也具有示范带动作用，成为把小农生产引入现代农业的"助推器"。

上述三种经营主体属于传统农村的"外来户"，但随着经济社会发展，这些"外来户"在农村经济社会发展中发挥着越来越重要的作用。此外，除了内部和外部的六种小农经济形态外，农村还有合作经济和集体经济形态。目前，全国有农民专业合作社 9 187 万个，成员 1.1 亿户，成为新型的农业经营主体，显示出强大的生命力。合作经济组织和集体经济组织一方面成为乡村中的新兴经济形态，促进传统小农经济的联合；另一方面也是培育和发展新型职业农民的孵化器与蓄水池。因此，从目前农业农村情况看，小农经济已经呈现出许多新形态、新特征，我们不能用传统的和静止的眼光去看待小农经济。在新时期帮扶小农经济，引导小农经济融入现代化进程，就应注意深度挖掘小农经济本身出现的符合现代化小农特征的新形态。从上述分析可以看出，农村内部的三种经济主体新形态和外来的三种经济主体形态以及以合作经济和集体经济为依托孵化出的"新小农"，应该成为新时期政策支持的重点。

第二节　发展现代化小农的基本思路

大国小农是我国的基本国情和农情，农业农村是国家实现现代化的压舱石和稳定器。以家庭经营为基础，推进农业供给侧结构性改革，以社会化服务为抓手，为小农户提供生产生活所需要的基本公共品，从而在既提高农业质量又提高农民收入的基础上，建设有中国特色的现代化农业农村，是乡村振兴的重点。

小农现代化和现代化小农两个概念看起来相似，但实质却相差很远。小农现代化的核心是改造小农，直接套用如美国等西方国家的规模经营思路，将小农生产方式改造为适度规模经营的现代农业生产方式，其实质是进行农业生产方式的变革，通过市场竞争加快城乡要素流动。我们过去的政策大都是围绕这个思路推进，往往造成忽视小农，其潜在的结果是小农经济被非农经济所取代。而现代化小农的核心是构建小农生产的现代化服务体系，从而带动小农和融合小农，破解传统小农生产对现代化的束缚，将其引入现代农业发展轨道。因此，我们应发展现代化小农，而不是简单地将小农现代化。

发展现代化小农主要有以下三个基本路径：

一是构建特色化的小农。发展小农不是去发展和扶持落后的小农，而是要因地制宜，发挥优势，突出特色。这里的特色，主要指产业特色和产品特色，旨在增强竞争力。也就是说，我们发展的小农经济，是具有市场特色和竞争力的小农经济。

二是城乡统筹的小农。无论身份是否为农民，只要是在农村从事产业发展的经营户，政府就应当打破城乡和身份界限，给予其扶持和帮助。

三是职业化的小农。合作经济组织、集体经济组织和工商资本经营的农业企业，不仅是优化小农经济的土壤，更是先进生产要素融入小农经济的有效载体。

第三节 发展现代化小农的对策

我国 2.2 亿多小农户是推进乡村振兴、实现农村产业兴旺的重要力量。认真贯彻落实好《关于促进小农户和现代农业发展有机衔接的意见》，加快培育现代化小农，充分发挥其作用和优势，扬长避短，提高组织化程度，提升生产经营能力和效益，是建设农业农村现代化的重要方面。

一是强化社会化服务。我国小农经济存续的核心是基于以家庭承包为基础的统分结合的双层经营制度，而重要特征是"小农经济+基层组织建设"，这也是中国特色的小农经济。一方面，我国要通过农村基层组织建设和国家下拨财政支农资金来为农民提供生产生活所需公共品；另一方面，我国要通过政府、农业企业和社会组织为农民提供相对健全的社会化服务，尤其是在种子、农业技术、水利、畜牧、农业机械、植物保护、防疫、产品营销和资金等方面，开展产前、产中、产后系列化服务，指导小农户开展标准化生产和经营，小农经济就会以农户家庭内的代际分工和兼业等多种方式，来获得旺盛的生命力。

二是大力培养有知识、懂技术、会经营的职业农民。顺利推进现代化小农发展的前提是广大农民的觉醒，未被"非农化"的留土农民和返乡农民工代表着农村的未来，应注重将他们培养成为职业农民。一方面，我国要加强对现有农民的技术培训，使其掌握最新的农业生产技能和经营方法；另一方面，我国要鼓励和引导懂农业、爱农村、爱农民、有知识、懂技术、有理想的人才走入农村，从事现代农业生产，在广阔天地施展才华，从而带动和帮助小农户提高生产经营效益。

三是加快适度合作组织的发展与规范。大规模、大机械化的农业生产方式并不适合中国大部分农业区域特别是南方山区。基于独特的国情、农情分析，选择以农户经营为基础的适度合作组织才是化解"小农"与"大市场"矛盾的可行路径，才能有效解决小农经济规模太小而无法与大市场对接的瓶颈问题。同时，我国要加快发展家庭农场。我国应通过农民专业合作社、联合组织（供销联社）以及农民自发型、政府主导型、科研院校主推型的综合农村专业技术协会、"专家大院"等模式，提升小农组织化程度和经营能力。例如，四川省德阳市罗江区探索新型农民合作联合社试点，以"服务规模化+农民组织化，促进农业现代化"为改革方向，逐步建立起了促进现代化小农发展的体制机制，有效地帮扶小农户发展产业，形成了带农入市、助农增收的良好格局。

四是强化龙头企业带动力。大力开展农业产业化经营，推行"企业+农户"，特别是"企业+合作社+农户""企业+园区+农户"的产业化经营，是把小农引入现代农业发展轨道的有效模式。目前全国有农业产业化龙头企业12.9万家，带动了1.26亿农民通过发展产业来增加收入。例如，现代烟草农业通过"企业+合作社+农户"的经营模式，已成为农业产业化经营、现代农业发展的典范。四川省是全国第三大优质烟叶产区，2018年，四川省有烟农6.71万户，户均种烟规模16.51亩，年均收入5.9万元，比2017年增加1.6万元，增幅达37.2%。可见，烟叶种植虽是小农生产，其中75%是种植20亩以下的小农户，但烟草公司通过下达烟叶种植计划（订单），并开展技术指导、病虫害防治、灾害保险、生产资料补贴、烤烟收购、烟基建设和组建烟农合作社等一体化服务措施，确保了烟农收入每年稳定增长，烟叶生产已成为烟叶种植区特别是凉山彝族自治州贫困农户增收脱贫的有效途径。

第二篇

产业兴旺

第四章　乡村产业振兴载体：田园综合体建设

党的十九大提出实施乡村振兴战略，其总目标是实现农业农村现代化，总方针是坚持农业农村优先发展，总要求是产业兴旺、生态宜居、乡风文明、治理有效、生活富裕，制度保障是建立健全城乡融合发展体制机制和政策体系。笔者认为，田园综合体建设正是实施乡村振兴战略的有效载体。

第一节　田园综合体是新时代的产物

《中共中央 国务院关于深入推进农业供给侧结构性改革 加快培育农业农村发展新动能的若干意见》（2017 年中央一号文件）指出："支持有条件的乡村建设以农民合作社为主要载体、让农民充分参与和受益，集循环农业、创意农业、农事体验于一体的田园综合体，通过农业综合开发、农村综合改革转移支付等渠道开展试点示范。"这里最吸引人们的是"田园综合体"。

田园综合体概念的提出，有着深刻的社会经济背景。例如，城镇化发展进入新阶段。2016 年，我国城镇化率达 57%，并且城镇化正在由物的城镇化向人的城镇化转变，城乡逐步走入互动融合的一体化发展轨道，乡下人需要进城去寻求新的发展空间，城里人则梦想着乡下的一片"桃花源"，全民休闲时代已经来临。2012 年，我国人均国内生产总值（GDP）达到了 38 354 元（约合 6 100 美元）。据国际经验，一国人均 GDP 越过 6 000 美元，消费需求便开始向休闲型消费转变。近几年旅游业的发展表明，人们有了闲钱、闲暇、闲心、闲情，休闲正在成为一种刚性需求，乡村正在成为休闲度假的重要目的地。同时，美丽乡村建设丰富了乡村的功能定位。目前，广大乡村正在成为留得住青山绿水、记得住乡愁的宜居、宜业、宜游空间，新的村民、新的业态、新的建设模式、新的发展机制、新的生活方式将成为未来乡村的新常态。田园综合体正是在这样的背景下应运而生的，可以说田园综合体是新时代的产物。

田园综合体概念自 2012 年提出来之后，直到 2016 年年底，在主流媒体上都很难见到。2017 年，这一概念才得到专家学者、实际工作者、新闻媒体等各个方面的重视。各方面普遍认为，田园综合体是农业农村发展的一种新的综合模式，意义重大。中央农村工作领导小组原副组长、中央农村工作领导小组办公室原主任（现甘肃省省长）唐仁健博士在解读 2017 年中央一号文件的精神时指出，田园综合体是农业供给侧结构性改革的突出亮点。国家农业综合开发办公室原主任卢贵敏认为，田园综合体顺应了农业农村发展趋势和历史性变化，为推进农业供给侧结构性改革搭建了新平台，为农业现代化和城乡一体化联动发展提供了新支点，为农村生产生活生态的统筹推进构建了新模式，为传承农村文明、实现农村历史性转变提供了新动力。

笔者认为，田园综合体能够浓墨重彩写入 2017 年中央一号文件，说明它不仅有存在的客观必然性，而且其发展一定带有明显的方向性，必须引起高度重视。目前能够看到的田园综合体还是"幼苗"，难免存在这样那样的问题，但从其理念、做法和初步效果中，我们不难发现，田园综合体与一般意义上的美丽乡村不同，其意义不可低估。可以说，田园综合体把农村的建设和发展同城市的需求和资源对接了起来，促进了农村一二三产业的融合发展，催生着农村的新产业新业态，培育着农村的新型社区，正在形成一种新的乡村综合发展模式，其建设将改变农村发展大格局，有助于形成城乡融合发展的新格局。

根据 2017 年中央一号文件的部署，2017 年上半年，财政部确定在河北省、山西省、内蒙古自治区、江苏省、浙江省、福建省、江西省、山东省、河南省、湖南省、广东省、广西壮族自治区、海南省、重庆市、四川省、云南省、陕西省、甘肃省 18 个省（自治区、直辖市）开展田园综合体建设试点。中央财政从农村综合改革转移支付资金、现代农业生产发展资金、农业综合开发补助资金中统筹安排，在每个试点省份安排试点项目 1~2 个。通过规划评审，国家首批启动了 15 个国家级田园综合体建设试点项目。四川省参照财政部的办法，启动了省级试点。目前，四川省的国家级和省级田园综合体试点分别在成都市都江堰市和新津县、绵阳市涪城区、广安市武胜县、达州市开江县组织实施。

党的十九大提出实施乡村振兴战略后，人们对田园综合体进行了重新认识，有的认识走向了两极：一极是不少地方和企业认为田园综合体建设的时机来了，要大干快上，想方设法争取项目，一些规划咨询机构趁热助推；另一极是一些部门的同志把田园综合体建设同实施乡村振兴战略对立了起来，认为田园综合体建设试点停止了。种种现象表明，目前田园综合体建设试点正走到了一个十字路口，不少相关人士观望着它到底是进还是退。笔者认为，从实施乡村振兴战略的角度，如何正确看待田园综合体，特别是如何正确看待各地的田园综合体建设试点，确实是当前不少地方面临的一个不可回避的实际问题。这就要求我们按照中央关于实施乡村振兴战略的部署和要求，对田园综合体建设试点进行具体分析，做出实事求是的回答。

第二节　田园综合体是乡村振兴的有效载体

田园综合体作为新生事物，自然有一个实践、认识、再实践、再认识的过程。总体上看，人们对田园综合体的认识见仁见智，还有着诸多的困惑和分歧。笔者认为，关于田园综合体大体上有三种不同的认识：第一种主张认为，田园综合体主要是农业产业转型升级的模式，甚至将其定位为园区农业、休闲农业的升级版；第二种主张将田园综合体定位为"农业+文旅+地产"，有点像城市郊区化与现代都市农业组合而成的特色小镇；第三种主张强调循环农业、创意农业、农事体验加新型社区或田园社区的"四位一体"，将田园综合体看成美丽乡村建设的一种前瞻性的综合发展模式。应当看到，在这些不同的主张中，有些认识涉及原则性、方向性问题，如田园综合体的主体问题、事实上的房地产开发问题，急需人们从理论上、政策上做出回答。

笔者坚持第三种主张。在"四位一体"中，循环农业是基础。循环农业利用物质循环再生原理和多层次利用技术，兼顾生态效益、经济效益和社会效益，实现资源利用效率最大化、废弃污染最小化，确保农业的可持续发展。创意农业是关键。创意农业将农业的产前、产中和产后环节连结为完整的产业链条，将农产品与文化、艺术创意结合起来，促进产业融合。农事体验是活力。农事体验将农业生产、农耕文化和农家生活变成商品出售，让城市居民身临其境体验农业、农事，满足愉悦身心的需求，形成新业态。同时，田园综合体不能只见物不见人，它离不开新型社区，有的被称为田园社区。田园社区在城乡互动融合中，除了留住原有村民，还会带来创业、就业、生活、养老的新村民，并能吸引观光、休闲、体验、度假的游客群体。循环农业、创意农业、农事体验、田园社区只有有机结合，具备多种功能，形成宜居、宜业、宜游的美丽乡村新形态，才能被称为田园综合体。

田园综合体的多种功能，主要体现在农业生产、文明生活、休闲旅游和综合服务等方面。在生产方面，田园综合体的产业，首先是农业，但不是传统农业，而是在此基础上发展新产业，培育新业态，形成多元一体的产业体系。在生活方面，田园社区中的原有村民、新村民既过着田园生活，又享受着现代文明。在旅游方面，田园综合体让游人参与农事活动，体验农业生产的乐趣，同时可以开展生态农业示范、农业科普教育示范和农业科技示范。在文化方面，田园综合体以社会主义核心价值观为指导，挖掘、弘扬优秀的农耕文化、地域文化。在服务方面，田园综合体必须具备社区的教育、医疗、文化、治安等公共服务和金融、商业、餐饮等生产生活服务。相关人士把田园综合体划分为农业生产区、景观吸引核、休闲聚集区、居住发展带、社区配套网等不同的功能区。笔者认为，这样简单的功能区划分是不妥的，田园综合体的各种功能应当是相互融合的。

毋庸置疑，田园综合体建设完全符合中央关于实施乡村振兴战略的要求，并且能够得到城乡融合论、农业多功能论、乡村价值论等相关理论的支撑。可以肯定，在乡村振兴的伟大实践中，特别是在大中城市的郊区，田园综合体大有用武之地。

田园综合体作为一种新的乡村建设发展模式，必然有其鲜明的特征。对田园综合体的特征，我们可以从不同的视角去分析。笔者认为，与美丽乡村相比，田园综合体最基本的特征在于一个"融"字，就是融合性。这种融合性体现在许多方面，多方面的融合自然会形成新的形态、新的格局。进一步看，在田园综合体当中，农村一二三产业的融合，形成观光农业、休闲农业、农事体验等农村经济发展的新产业新业态；现代农业科技与艺术、文化、田园的融合，形成农村经济社会发展的新构架；现代城市文明与传统乡村文明的融合，形成城乡一体化发展的新格局；原有村民与新村民的融合，形成多元互动的新型农村社区。正是因为多方面的融合发展，田园综合体成为美丽乡村的高级形态。与城市综合体相比，田园综合体最本质的特征在于一个"农"字，就是以农业为产业基础，以农民为建设主体，以农村为广阔天地。

基于对田园综合体的初步理解，笔者提出田园综合体建设的"一体一魂两翼"构想，即田园综合体应当以田园为载体，以文化为灵魂，以科技和艺术为两翼。田园包括山、水、林、田、湖、草，是一个生命共同体，田园综合体的生产、生活、交往等各项活动都必须在广阔的田园中展开。离开田园，田园综合体建设就无从谈起。文化主要指源远流长且富有地域特色和民族特色的农耕文化，田园综合体建设必须充分挖掘本乡本土带着泥土味的农耕文化底蕴，将其融入每一个方面、每一个环节，使之传承和发扬开来，让人们记住乡愁。没有文化的田园综合体必然会迷失方向，最终失去生命力。科技的力量已经无可置疑，只是在推广科技的时候，人们既要追求先进，也要兼顾适用。艺术在于使农业景观化、村落景区化，满足人们的审美需求。随着物质需求的满足，人们的审美需求越来越强烈，艺术化将成为田园综合体核心竞争力的重要因素。

第三节　田园综合体能够找到理论支撑

认识新事物，人们习惯于从理论上去找答案。如何从理论上去分析田园综合体还是一个尚未引起足够关注的问题。一些理论常识，可以给我们一些帮助。

第一，城乡融合论。较早提出城乡融合思想的是马克思和恩格斯，他们指出了城乡关系演变的历史大方向。现在城乡融合发展思想已经得到实践的检验，成为人们的共识。一般认为，城乡关系大体要经历一个由统一到对立，最终走向融合的客观历史过程，这种结合将迸发出新的希望、新的生活、新的文明。近几年，在学习习近平总书记关于新农村建设的重要论述、观察思考乡村演进发展中带有规律性的现象时，笔者特别注意到城乡之间的互动。大量现象让我们看到，城乡之间的互动是一个自然的历史进程，不同阶段的情形是不一样的。大体上，到城镇化率达到50%左右的时候，城乡之间开始融合，乡村也随之开始复兴。笔者认为，田园综合体符合发展规律，正是城市和乡村"联姻"迸发出的一种新的希望、新的生活、新的文明。

第二，农业多功能论。人类很早就认识到农业具有多种功能，但是对农业多功能的系统归纳和明确阐述是进入现代社会以后。尽管对农业多功能的认识曾经因为国际农业贸易问题而引起一些抵触，但事物内在的客观性是不因人的意志而转移的，更不会在争论中消失。进入 21 世纪以来，人们对农业多功能性形成了越来越多的共识。人们普遍认识到，不能再用狭义的、纯粹的经济产业的观念来定位农业，而应当用更广义的经济与社会、物质与非物质、生态环境、文化传统等全新的视角来定位农业。我们看到，现代农业不仅有传统的农产品供给、劳动就业等功能，还有文化传承、观光休闲、生态保育等多种功能。农业多功能正是田园综合体实现农村产业融合、培育新产业新业态的基础。

第三，乡村价值论。英国在 20 世纪初就开始重视乡村价值，并且兴起了对乡村文化、田园风光、自然景观的保护。近年来，我国学者逐步重视对乡村价值的研究。人们发现，乡村在生产、生活、社会、文化、环境等多方面，都有城市不可替代的独特价值。农业直接或间接同动植物、微生物打交道，具有多样性、鲜活性、微妙性、随机性，其乐无穷。乡村生活宁静、诗意、浪漫，演绎出一曲曲田园牧歌。乡村环境以自然为底色，贴近自然、友好自然、融入自然，呈现出天人合一的景象。乡村文化淳朴、互助、和谐，带着浓浓的乡愁。城市和乡村因各自独特的"同等重要的价值"而交相辉映、相得益彰。当然这些价值要在城市化达到一定水平且城市病充分暴露之后，才能逐步展现。田园综合体正好把城乡各自独特的价值结合了起来。

近几年有人提出"新田园主义"。"新田园主义"倡导十大主张，如强调用可复制、可推广的商业模式来实现乡村发展的理想；鼓励与"三农"发生关联，实现"三农"富、强、美的发展目标；鼓励城市人来乡村消费、创业、旅居、定居；主张项目必须包含教育和文化设施，容纳对接并且开展社会公益事业；提倡项目模式载体是田园综合体，必须给原有村民、新村民和旅居的人带来真正的价值；提出田园综合体产品是人文性质的，是一种强烈的、一贯的人文主义品牌下的产品体现；等等。目前，"新田园主义"主张还缺少讨论。不过，无论"新田园主义"成立与否，这些主张都会对田园综合体建设有所启迪。

掌握城乡融合论、农业多功能论、乡村价值论以及"新田园主义"，能够帮助我们打开思维空间，不断深化对田园综合体的认识，让我们更好地开展田园综合体建设。

第四节 田园综合体与美丽乡村的关系

笔者认为，四川省的幸福美丽新村建设，已经为探索建设田园综合体奠定了坚实的基础。党的十八大以来，四川省总结过去多年新农村建设的实践经验，坚持新农村建设与新型城镇化有机结合，与全面小康目标紧密衔接，注重"留得住青山绿水，记得住乡愁"和"不落下一户一人"，全面开展"四好村"创建，大力实施扶贫解困、产业提升、旧村改造、环境整治、文化传承"五大行动"，走上了建设"业兴、家富、人和、村美"的幸福美丽新村的新路子。截至2018年年底，四川省已建成幸福美丽新村29 000多个。中央农村工作领导小组办公室认为，四川省的理念和做法，或许就是城镇化发展到一定程度之后的"返璞归真"，可能就是今后新村建设的"理想模样"。《人民日报》头版也推出《四川：四好村 棒棒哒》，点赞四川新农村建设。

与田园综合体相似度极高的是幸福美丽新村中的新农村综合体。早在2010年8月，四川省就根据党中央提出的城乡一体化发展新要求，基于全省经济社会发展进入"两化"互动发展加速期和新农村建设进入成片推进新阶段的新判断，在总结"5·12"汶川特大地震灾区农村灾后重建经验、推进全省新村建设时，受城市综合体建设的启发，从区位条件优、经济基础好的场镇周边入手，探索建设新农村综合体。2012年，中共四川省委办公厅、四川省人民政府办公厅专门出台了新农村综合体建设的指导意见，明确了新农村综合体建设的总体要求、目标任务、指导原则、建设重点和保障措施，提出到2020年要建成新农村综合体2 000个。

四川省在建设新农村综合体中，创造了具有广泛适应性的"小组微生"建设模式。一是小规模聚居，控制建设规模。四川省坚持尊重农民意愿、方便生产生活的原则，合理控制建设规模，新村规模一般在30~300户，防止脱离农村实际搞大集中。二是组团式布局，优化空间形态。四川省遵循原有村落格局，形成若干5~10户的小组团，这样农户既适当组合集中，又各自相对独立，形成你中有我、我中有你、交相辉映、层叠环绕的新村格局。三是微田园指向，彰显乡村特色。四川省规划出前庭后园，让村民在房前屋后和其他可利用空间，因时制宜种植瓜果豆菜，这既方便群众生活，又优化土地利用，更体现农村特色和乡土味道，深受村民欢迎。四是生态化建设，保护自然环境。四川省遵循"绿水青山就是金山银山"的建设理念，充分利用地形地貌，严格保护优质耕地、保护林盘，打造林院相依、院田相连、山水相融的田园风光。

对新农村综合体，各方面的认识不尽一致。一般认为，新农村综合体是指以一定的聚落空间为基础，将村落民居、产业发展、基础设施、公共服务、社会建设等生产生活要素集约配置在一起，形成聚居适度、产业优化、功能完善、城乡融合、环境优美、管理民主、社会和谐的新型农村社区。新农村综合体具有人口的聚居性、设施的配套性、功能的复合性、产村的相融性、城乡的融合性等特征。相关人士认为，新农村综合体是新农村的高级形态，是新型城乡体系的一个新的环节，自然是城乡一体化发展的有效载体。有的地方曾经掀起新农村综合体"大会战"。但是也有人把新农村综合体建设同大拆大建联系起来，表示出担忧。近几年，各地对新农村综合体建设的认识趋于冷静。目前，四川省各地都建成了一批独具特色的新农村综合体。

成都市温江区万春镇幸福村的幸福田园，正是比较有代表性的新农村综合体。与被称为"第一个田园综合体"的无锡市惠山区阳山镇田园东方一样：两者都借鉴了城市综合体的理念，综合了现代农业、文旅和农村新型社区建设，是综合性建设发展模式；都注重培育新产业新业态，促进了产业的多元化和大融合，乡村旅游都发展成为主导产业；都体现了城乡一体化发展要求，既把城市公共服务和文明生活延伸、辐射到了农村，又保护了乡村的自然生态、田园风光和农耕文化。不同的是，田园东方是东方园林产业集团投资 50 亿元建设的，其运作采用的是典型的商业模式；幸福田园则是幸福村群众以"小规模、组团式、微田园、生态化"为主要特征的"小组微生"建设模式，自主发起、自主建设、自主管理的，展示了四川特色，体现了农民的主体地位。

可以认为，新农村综合体同田园综合体一样，都是城乡一体化发展的新探索。四川省应当根据中央的有关精神，特别是习近平总书记关于新农村建设的重要论述，用田园综合体建设的理念、思维、要求来审视新农村综合体，完善"小组微生"建设模式，探索建设具有鲜明四川特色的田园综合体。

从试点情况看，以都江堰市国家级田园综合体建设试点和成都市新津县、绵阳市涪城区、广安市武胜县、达州市开江县四个省级田园综合体建设试点为例，我们看到，各级、各部门对试点工作高度重视，加大支持力度、加快建设进度，在促进农村一二三产业融合发展，城乡融合发展方面积累了新的经验，大方向是正确的。同时，探索中也存在不少值得注意的问题，有些问题还比较严重。从全国各地的试点看，带倾向性且比较突出的问题，笔者认为有三个方面：一是盲目追求"高大上"。通常一个田园综合体，动辄涉及两三个乡镇、一二十个行政村、三五十平方千米的面积、预算投入数十亿元甚至近百亿元。二是产业发展"非粮化"。部分田园综合体大规模发展水果、花卉等体验性、观赏性较强的经济作物，大搞乡村文化旅游，以民宿的名义建乡村酒店，有的还搞小产权房甚至商品房等房地产开发，较少有种植粮食作物的。例如，正被专项清理整治的"大棚房"，在田园综合体中就不是个别现象。三是当地农民边缘化。一些地方热衷于引进工商资本，特别是引进房地产开发企业和文化旅游企业，当地农村居民往往在"公司+""企业+"等名义下被挤压出局，没有话语权，甚至合法权益都难以得到保障。这些试点中的问题和现象，显然违背了相关法律、法规和政策，有的地方已经形成了难以改正的格局。任其下去，后果是严重的。

第五节　推进田园综合体建设的若干建议

这些年一些地方的新农村建设存在这样那样的问题，原因在于主观愿望替代事物本质、行政权力替代市场法则、政府意志替代建设规律、领导热情替代农民意愿、理想蓝图替代现实选择。从四川省实际出发，四川省当前应当按照实施乡村振兴战略的部署和要求，结合幸福美丽新村建设，认真做好以下五件事：

一是积极组织开展试点。四川省应突出农业生产体系、涉农产业体系、农业经营体系、乡村生态体系、公共服务体系和管理运行体系六大体系建设，科学规划、高标准建设、高水平管理，组织好国家级和省级田园综合体试点。四川省可以在大中城市郊区、大型农业园区、农业生产条件好的旅游景区周边，选择近年来美丽乡村建设基础好、有特色、潜力大的地方，开展市级试点，通过试点探索，总结和积累经验。四川省暂不宜搞县级试点，避免一哄而起。

二是做好融合这篇文章。四川省应以农业为基础，充分运用现代科技、艺术、文化，促进一二三产业的融合发展，培育创意农业、观光农业、休闲农业、农事体验、乡村康养、民宿度假等新产业新业态，把产业做实、做新、做火。四川省要以人为本，坚持产村相融，充分借鉴城市社区建设经验，创新管理理念、模式和机制，开展丰富多彩的文化活动，促进原有村民、新村民、各类游客的互动、融合，建设城乡一体化的新型农村社区，让人气聚起来。

三是在特色上下硬功夫。田园综合体，从规划设计到建设管理，都应当从不同区域的自然条件、经济条件、社会条件和生态环境出发，充分考虑地域的、民族的、文化的、产业的特色，做到与众不同、各美其美，防止一个模式、一张面孔。四川省要吸取这些年各地在美丽乡村建设、乡村旅游发展中的经验教训，特别是要坚持以文化为灵魂，下功夫挖掘独特、深厚的历史文化资源，把这些历史文化资源培育转化成不可复制的核心竞争力。

四是发挥农民的主体作用。四川省应念好尊重、引导、激励、支持、组织、维护"十二字诀"，处理好政府、农民和企业的关系。今后一个时期，四川省应积极发展农村新型集体经济，增强村民自治的能力；引导支持农民走新型合作的路子，通过各种形式的合作，把农民群众组织起来，发展生产、供销、信用三位一体的综合合作社，形成合力，让农民充分参与和受益。同时，四川省要规范鼓励各种社会力量包括工商资本有序参与田园综合体建设，增强农村建设发展的活力。

五是坚守法律政策底线。针对新农村建设中带倾向性、普遍性的问题，当前和今后一个时期，四川省必须加强基本农田的保护，把"农"字写活，促进农村一二三产业融合发展，防止农用地特别是基本农田非农化；必须铭记"慎砍树、禁挖山、不填湖、少拆房"，防止大拆大建；必须强化集体建设用地的管理，严禁违法违规开发房地产或建私人庄园会所；必须依法依规保护农户和农村集体经济组织的权利，防止集体资产被外来资本控制。

美丽乡村是美丽中国的重要组成部分，美丽中国最美在乡村。乡村之美，美在山水，美在田园，美在浓浓的乡愁。作为美丽乡村的高级形态，田园综合体充满希望。2013年12月，习近平总书记在中央农村工作会议上指出：中国要强，农业必须强；中国要美，农村必须美；中国要富，农民必须富。2015年1月，习近平总书记在云南调研时指出：新农村建设一定要走符合农村实际的路子，遵循乡村自身发展规律，充分体现农村特点，注意乡土味道，保留乡村风貌，留得住青山绿水，记得住乡愁。2015年7月，习近平总书记在吉林省调研时强调：努力建设美丽乡村和农民幸福家园。

四川省是天府之国，是农村改革之乡，并且正在由农业大省向农业强省跨越，幸福美丽新村建设在四川省已有坚实基础。我们相信，随着农业供给侧结构性改革的深入推进，四川省的田园综合体建设，一定能干出特色，走在前列。都江堰市国家级田园综合体建设试点项目"天府源田园综合体"（2017—2019 年）位于都江堰市精华灌区的核心部位，距成都市主城区 38 千米，距都江堰市市区 10 千米，共涉及胥家镇和天马镇的 13 个社区、133 个村民小组，总规划面积 36.6 平方千米，有耕地 32 766 亩，园区计划总投资 21 亿元。项目以"山水田园、猕果花香"为规划定位，以粮油蔬菜产业为基础，以红阳猕猴桃为特色，以都江堰市深厚的水文化、道文化、农耕文化为支撑，依托都江堰市突出的旅游资源优势和生态环境优势，实现政府搭台、市场化运作，围绕"村庄美、产业兴、农民富、环境优"的总体目标，着力打造面向中心城市的优质高效农业供给、农村文旅体验展示、城乡要素市场支撑、城乡一体公共服务四大体系，实现了农村生产、生活、生态"三生同步"，一二三产业"三产融合"，农业、文化、旅游"三位一体"，探索城市现代化顶层战略下的城乡一体化发展新机制、新路径，建成多彩乡韵的展示区、产业融合的示范区、农村改革的先行区、绿色农业的典范区，在四川省发挥田园综合体示范引领作用。2017 年 7 月上旬，笔者参加了四川省 3 个竞争财政部田园综合体试点的项目评审。评审结束时，笔者对拟获评的都江堰市田园综合体试点项目提出了以下五条建议：

一是加强对田园综合体的理论和政策研究。该项目组应抓紧组织一次小型理论务虚会，邀请相关领域的专家，花一两天时间，结合都江堰市实际，研究田园综合体的理论和政策，完整、系统、准确地把握田园综合体的内涵、特征、方向和要求。

二是重新审视规划区域的突出优势和特点。该项目组应从全国乃至更宽广的视角，深入分析以世界文化遗产都江堰为代表的深厚的农耕文化，以"5·12"汶川特大地震抗震救灾、灾后重建为重大背景的感恩文化，把文化灵魂这篇大文章做好。

三是进一步凸显成都平原独特的田园风光。稻田、林盘、农家应该是川西坝子带着浓浓的乡愁的美丽乡村画卷，有着独特的魅力。该项目组应充分借鉴英国、德国、日本等发达国家的经验，保护好、利用好这些弥足珍贵的乡村景观。

四是重视城乡一体化的新型农村社区建设。田园综合体不只是园区农业、休闲农业的升级版，社区建设同样重要。三个场镇建设不能替代整个农村社区建设。社区建设应研究原有村民、新村民之间和谐、共享的机制和办法。

五是梳理和总结四川省特别是成都市的创新成效。例如，"小组微生"的建设模式源于成都市，在四川省推广，得到全国关注，被中央农村工作领导小组办公室称为城镇化发展到一定水平之后的返璞归真、未来新村建设的理想模样。该项目组应当用这个模式，对村落进行改造。

这五条建议，作为专家意见，被完整地反馈给了都江堰市。现在，该项目正扎实推进。一幅幅充满诗意的田园综合体的美妙画卷，隐隐约约地呈现在我们眼前。

基于以上初步的思考和遐想，我们可以符合逻辑地断言：田园综合体作为美丽乡村的高级形态，将是未来村民生产与生活的美好新家园、市民休闲与养老的理想桃花源，人们将在那里诗意地栖居！

第五章 乡村产业振兴：
城乡融合理论重构与实践破题

第一节 后发国家传统农业产业发展面临困境

一、产业革命和经济发展导致主导产业发生变革

在全球经济发展过程中，主导产业变革成为国家实现经济发展动力转换和发展水平提升的关键因素。产业革命的发生与持续推进，在催生新兴产业的同时，使得既有产业发展需要的资源配置和产业之间的比较优势发生改变与重塑，由此经济主导产业发生重大变革。纵观世界主要发达经济体或国家的产业结构演变历程，我们可以发现，伴随着产业革命带来的主导产业增长动力的转换，主导产业逐渐由第一产业过渡到第二产业，并在后工业化发展时期转变为第三产业。第一次工业革命以前，农业是国民经济中的主导产业，并且成为吸纳劳动力最多的产业部门。在 19 世纪上半叶，美国、日本、欧洲主要经济体等还只是农业国家。然而，伴随着第一次工业革命的开始，机器生产逐渐取代手工劳动，传统农业产业发展动力减弱，且传统农业产业的产值在经济总产值中的比重不断下降，制造业、轻纺工业等产业获得迅速发展，并成为带动经济增长的主要动力。

从 19 世纪 60 年代开始，第二次工业革命促使生产力水平进一步提升，以重工业为代表的第二产业迅速发展。在此带动作用下，欧洲、日本和美国等经济体相继进入经济快速发展时期。在第三次工业革命背景下，世界主要发达国家相继进入后工业化时期，信息产业、服务业等第三产业逐渐超过第二产业，成为带动 GDP 增长的主要因素。20 世纪 90 年代初，美国信息产业全方位进入工业产业，

欧洲也开始实施"去工业化"战略，日本服务业持续增长，第三产业产值在GDP中的占比逐年攀升。据世界银行统计，对比美国、英国、德国、日本等国家各产业增加值在GDP中的占比可以发现，服务业已经成为各国GDP增长的主导因素，其增加值占比超过50%，呈现缓慢上升的趋势；农业增加值占GDP的比重最小，且大体保持在1%的水平；制造业增加值与工业增加值占GDP的比重大体相当，美国与英国的制造业增加值与工业增加值占GDP的比重略低于德国与日本的同期水平。总而言之，当前，第三产业日益成为经济增长与经济发展的主导因素，农业已不再是影响一国经济竞争力的决定因素。

二、后发国家经济赶超过程中产业政策瞄准机制

对标发达国家的发展历程与实践经验，后发国家在实现自身经济发展和经济赶超的过程中，普遍采用瞄准发达国家产业结构的追赶型产业政策，即实行工业优先发展战略，将各类经济生产要素主要投入在工业化和城市化建设方面，导致农业产业的政策扶持力度相对下降。尤其是工业化初期，在缺乏工业发展所必需的资本要素的条件下，后发国家需要依靠农业剩余为工业化提供积累，这导致本身处于弱势地位的农业产业面临更大的发展障碍。20世纪初期，后发国家以进口替代工业为切入点，采取"扶工抑农"的政策推动国家工业化和城市化进程。例如，20世纪70年代以前，处于工业化初期阶段的巴西以钢铁等重工业和基础工业部门作为发展重点和主要投入领域，为获得相应的发展要素资源，凭借咖啡业，棉花、橡胶等种植业的出口优势，以农产品出口的外汇收入为资本积累的主要来源，用于优先发展工业产业。我国在1949—1978年采取重工业优先和城市优先的发展战略，以国家强制性计划管理体制掌控工农产品的定价权，通过价格剪刀差促使农业农村剩余持续向工业和城市部门流动，以完成工业化所必需的原始资本积累，导致农业农村处于发展弱势地位。国家统计局数据显示，1952—1976年，农业产业增加值占GDP比重呈现下降趋势，且与工业增加值占GDP比重的变动趋势大体上呈现相反态势（见图5-1）。在此期间，工业总产值增加了15倍，而农业总产值仅增加了1.3倍，农业生产依旧以传统生产方式为主，处于自给与半自给的生产状态，是国民经济之中最为落后的部门。

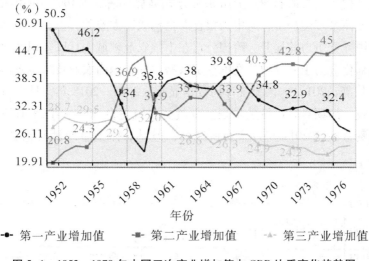

图 5-1　1952—1978 年中国三次产业增加值占 GDP 比重变化趋势图

三、农业发展面临着全球农业治理秩序和格局重构

伴随着经济全球化进程的加快和后工业化时期的到来，世界各国联系日益密切、竞争日益激烈，发达国家的农业产业出现工业化、标准化甚至自动化的发展趋势，后发国家的农业发展所面临的外部环境已发生重要变化。20 世纪 80 年代以来，农业跨国公司不断涌现并快速发展，日益改变着农业组织模式和产业市场结构（邓家琼，2010）。一方面，跨国公司凭借其对农业产业链的垂直整合与管理控制，实现对国际农产品市场定价权、贸易主导权和话语权的垄断。从全球贸易格局来看，美国阿丹米（ADM）、邦吉（Bunge）、嘉吉（Cargill）和法国路易达孚（Louis-Dreyfus）四大顶级农业贸易公司曾经一度控制了全球 70% 以上的粮食贸易。通过对国际产品贸易环节的渗透与控制，主导和把控农产品期货市场、大宗农产品贸易，农业跨国公司获取了高额垄断利润，以不正当竞争的方式损害了农业国际贸易的公平性，转嫁风险、损害所驻国家农业产业自主发展（尹成杰，2010）。另一方面，农业跨国公司从资本、技术、服务乃至全产业链等方面对其他国家进行渗透。农业跨国公司以新自由主义农业政策为武器，推动本国农业资本国际化和对其他国家的垄断，对发展中国家的农业生产体系造成严重破坏，引发粮食生产困局（杨静，2017）。对中国而言，跨国公司通过资本渗透、

资本运作、构筑完整的农业产业链条等方式（张明林，2010），对中国自给自足的农业产业体系产生冲击，对中国粮食安全构成巨大威胁，不利于中国农业现代化发展和国际竞争力的提升。跨国公司在中国农业领域实行以知识产权部署和技术转移内部化等为主要手段的技术锁定战略，导致国内农业技术研发部门陷入发展困局（任静，2012）。国家统计局数据显示，2005—2018年，外商直接投资的农、林、牧、渔项目数量虽然呈现减少趋势，但是自2017年以来有所增加；外商直接投资金额自2017年以来有所减少，但是总体上呈现攀升态势（见图5-2）。

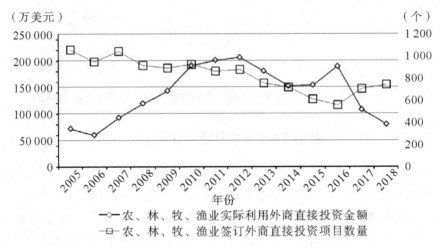

图5-2　2005—2018年中国农、林、牧、渔业利用外商投资金额及项目数量情况

第二节　乡村衰败的"危机三角"及破解思路之辨

一、乡村衰败的"危机三角"

（一）乡村衰败的"三大危机"与其背后的矛盾

我们追溯中国乡村的发展历程可见，中国乡村为工业化和城市化做出的贡献不容小觑，然而在此过程中，乡村自身却发展不足，陷入衰败的"危机三角"。现阶段，明确"危机三角"的内涵，解构其相互关系，是破解危机、实现乡村

振兴的前提条件。

1. 危机之一：乡村基础设施和公共服务供给不足导致的公共品危机

尽管我国乡村基础设施建设和城乡公共服务均等化已经取得一定成效，但是依旧存在许多问题，突出表现为供给数量不足，区域差距、城乡差距大（田祥宇和景香君，2019），公共品供给与实际需求尚未实现精准对接等。在乡村基础设施方面，乡村道路整体规划与建设质量有待进一步加强，电力、供水等设备老化问题突出，环卫设施和网络设施等覆盖率有限，小型农田水利建设投入不足，这导致乡村基础设施建设水平依旧滞后于城市。在公共服务方面，乡村教育与城镇教育的差距日益扩大，乡村教育发展面临诸多阻碍因素；乡村医疗体系、社会保障和社会福利等存在薄弱环节，农村居民医疗保障和养老保险水平远低于城市居民水平；乡村文化服务起步晚且投入少，无论是在文化基础设施等硬件条件还是服务人员等软件条件上，供给存在明显不足。

公共品危机背后的矛盾在于农村公共品供给不足与利用效率低下并存。自城乡一体化建设、新农村建设、统筹城乡发展等政策方针实施以来，农村基础设施建设力度有所加强，公共服务供给水平有所提升，但是利用效率低下导致公共品"后天不足"的问题突出。在税费改革与全面取消农业税以后，乡村财力不足，农民集体行动力减弱，大量兴建的基础设施处于无人管护、年久失修的状态，管护力度不足导致基础设施建设和公共服务设施难以得到长期使用与有效利用，造成了资源配置低效率的问题。此外，由于农村"空心化"、人口老龄化趋势的加剧，农村人口居住相对分散、大量外流，导致基础设施建设与公共服务供给存在结构性供给过剩的问题。

2. 危机之二：乡村资金、人才等追求更高收益外流导致的要素危机

改革开放以来，在市场机制作用下，乡村要素源源不断地流向城市。在"等量资本获得等量利润"的驱使下，乡村资本逐渐向边际产出和边际收益更高的城市部门流动。据测算，通过商业银行和邮政储蓄两条途径，农村每年向城市流动的资金达到 600 亿元左右（张德化和胡月英，2011）。家庭联产承包责任制在极大提高农民生产积极性和农业生产效率的同时，使得原有的农村劳动力"隐性剩余"逐渐显性化。在更高经济收入的驱使下，农村剩余劳动力也大量向城市和工业部门流动。2008—2017 年，农民工数量由 22 542 万人增加到 29 133 万人，并呈现出逐年递增的态势（见图 5-3）。外流的乡村人才大多是素质相对较高、学

习和适应能力相对较强的青壮年劳动力。

图 5-3　2008—2018 年中国农民工数量变化趋势

　　要素危机背后的矛盾在于乡村要素回流与配置效率低下并存。随着中央对农业农村重视程度的提高，农业扶持政策倾斜力度加大，资本、人才、技术等各类要素资源开始向乡村地区流动。在农业农村公共品危机尚未得到有效解决的条件下，回流的资源要素缺乏发展基础，难以得到优化配置和高效利用。社会资本受其逐利性的影响，存在以占用土地资源、获取政府农业补贴的不良动机，如何促使社会工商资本真正用于农业农村发展、防范潜在风险是破解要素危机的重要议题。与此同时，返乡创业就业人才面临"回得来"而"留不下来"的困境，农业生产存在的高成本、高风险与低收益问题以及人力资本回报低等导致乡村吸纳人才的能力弱，返乡人才在自身收益难以得到保障的情况下会再次选择非农就业。受到农村"空心化"、人口老龄化的影响，大多数农业从业人员素质较低，先进技术的推广和使用存在困难。因此，尽管乡村要素回流的趋势有所加强，但是资源配置效率低下的问题使得回流资源要素难以真正发挥作用，反而造成了资源的浪费与闲置。

　　3. 危机之三：乡村治理面临传统熟人社会向现代契约社会转型导致的治理危机

　　随着社会经济的发展和城市化、工业化对乡村辐射带动作用的增强，乡村传统社会结构与经济结构发生重大变化，传统熟人社会规则与市场经济秩序之间存在着显著差异；而在城市和工业部门的虹吸效应的影响下，乡村资源要素外流，治理人才缺乏的问题突出，群众参与治理的主体作用难以有效发挥。治理能力不足与治理体系不完善导致乡村在向现代契约社会转型过程中面临重重困难，进而引发乡村衰败危机。从乡村自治层面来看，农民价值观念、社会认同与行动转变，社会转型发展中民间组织、乡村经济能人、农民合作组织等社会力量的涌现，都成为影响乡村治理的重要力量（贺雪峰，2007），传统熟人社会的治理方式早已不再适应当前乡村社会经济发展的需要，转型迫在眉睫。从国家治理层面来看，"党政下乡""基层党建引领"实现了国家权力下沉，并与乡村力量紧密结合，推动乡村由"乡绅社会"向"政治社会"转变（徐勇，2007）。统筹城乡发展、城乡一体化建设、新农村建设、脱贫攻坚、乡村振兴等国家政策在推动乡村经济社会转型发展的同时，对乡村治理也产生了重大影响，对乡村治理实现自治、法治、德治相结合提出了更高的要求。在此过程中，乡村若难以实现权力资源、治理机制和多方参与力量的整合协调，将很难成功实现向现代契约社会治理方式的转型。

治理危机背后的矛盾在于现代社会治理方式与传统乡土社会的冲突。现代社会治理方式包括思想观念的转变和治理方式方法的深刻变革。乡村善治是未来中国乡村治理的发展愿景（赵一夫和王丽红，2019），关键在于形成党委领导、政府负责、社会协同、公众参与、法治保障的现代乡村社会治理体系，突出"三治合一"，构建多元化治理格局。传统乡土社会是以地缘关系与血缘关系为纽带建立起来的相对封闭的社会环境，崇尚权威和社区精英的领导作用，乡村资源往往被少数人掌握，缺乏现代公平正义的观念。现代社会治理方式的变革，必然对传统乡土社会造成巨大冲击，如何实现治理方式的平稳高效转变是解决治理危机问题的关键。

（二）"危机三角"及恶性循环机理分析

公共品危机、要素危机和治理危机之间存在着复杂的相互关联性，构成乡村衰败的"危机三角"，具有三角形所特有的稳态特质，并且呈现相互强化的趋势，从而使得乡村衰败形成恶性循环。由此，我们要解决乡村衰败问题，实现乡村振兴，必须深入剖析"危机三角"恶性循环作用机理，找出主要矛盾和发挥作用的关键因素，破除"危机三角"恶性循环。

基础设施和公共服务供给是乡村发展的重要支撑，解决公共品危机的关键在于明确有效需求，实现精准供给，推动城乡公共服务均等化。在乡村要素流动规模扩大的背景下，乡村处于不断变化发展中，人才要素季节性回流使得公共品有效需求难以确定，季节性供给过剩的问题难以得到有效解决。同时，乡村面临着外部要素的冲击和内部结构变化的阵痛，现代治理能力的缺失导致其对基础设施的管护能力不足，对公共服务的有效利用程度不高。在乡村衰败的要素危机和治理危机尚未得到有效解决的背景下，公共品危机的解决之路障碍重重。

要素资源是乡村经济发展依赖的物质条件，要素危机对公共品危机和治理危机有着基础性作用，是影响"危机三角"恶性循环的关键因素。乡村要素流动加剧促使乡村社会结构与经济环境均发生剧烈变化。一方面，外来资本和人才等要素的流入为原来相对封闭的乡村环境注入新鲜活力和现代观念，改变了传统的农业生产方式和农业产业结构，经济基础的改变要求上层建筑做出适时调整，由此对乡村公共品供给与社会治理水平提出了更高的要求。另一方面，乡村要素回流的不可持续性使得乡村社会经济环境更加复杂多变。例如，乡村青壮年和高素质劳动力的流出导致乡村人口结构失衡，流出农民工在非农就业过程中实现了自身能力的提升，虽然与流出地保持着密切联系，但是仅存在季节性回流，这导致其难以真正参与乡村具体事务，成为影响乡村治理的不稳定因素。

现代化乡村治理体系的构建是实现乡村振兴的重要保障，乡村治理危机突出表现为治理人才缺乏和治理能力低下。实现乡村治理现代化的关键在于在农村基层党组织的领导下，有效地组织农民群众，引导多元化主体参与。在乡村优秀人才外流且回流要素不持续的条件下，乡村社区居民文化教育水平难以支撑其实现自我管理与自我服务，更加难以解决乡村社会出现的新问题。在农村基础设施与公共服务供给存在结构性不足与配置效率低下的背景下，乡村对优秀人才的吸引力和吸纳能力有限。由传统乡土社会向现代社会治理方式的转变迫切需要与公共品危机和要素危机的破解协同推进，进而实现政策实施效果的最优化。

可以看出，乡村衰败"危机三角"存在相互强化的趋势，一旦陷入恶性循环将无法自拔（见图5-4）。在解决乡村衰败问题过程中，瞄准乡村任何一个危机的解决方案都有可能由于其他危机的负面作用而消减政策作用，弱化政策效果。为此，探索实践"危机三角"的破解之道，协同解决三大危机对扭转乡村衰败、实现乡村振兴具有重要意义。

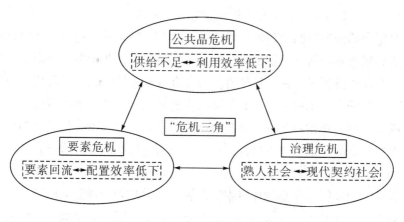

图 5-4　乡村"危机三角"关系图

二、破解"危机三角"的思路之辨

乡村衰败"危机三角"的破解思路大体上划分为三种类型，其差异性不仅反映出乡村变革速度和范围的差异，更反映出农业农村变革的方向问题，是在土地集体所有制和双层经营体制的基本框架下，寻找一种同当地资源禀赋条件相适应的乡村产权制度和产业组织形式的发展模式，从而实现资源的最有效配置和社会的最优化治理。

（一）破解思路之一：全面出击，重构乡村形态

相对激进的破解思路是以农村土地制度变革为突破，调动公共资源和社会资源全面下沉乡村，通过相对短平快的方式实现乡村产业、人口结构和社会形态的重构。从历史演进过程来看，农村土地产权制度变化对农业生产方式、农村产业结构、农户家庭收入、劳动力配置、乡村社会结构和治理方式等都形成了一定的冲击。该破解思路通过农村土地制度变革，实现农村资产向资本的转化，以此为突破口，深入推进城乡一体的市场经济体制机制构建，实现生产要素在城乡之间的自由平等交换，在更大程度上撬动人才、资金、技术等要素资源全面下沉到农村地区，激发农业农村的发展活力。需要指出的是，乡村治理权力下沉是为解决农村公共产品供给不足难题的重要方式（李鑫诚，2017），也是提升乡村治理能力、实现治理能力现代化的重要手段，为乡村公共品危机和要素危机的解决提供了重要保障。

（二）破解思路之二：坚持底线，以时间换空间

相对保守的破解思路是将农民增收重心放在乡村之外，通过引导农村剩余人口向工业和城市部门转移，加强技能培训，畅通非农就业渠道，提高农民工总体工资水平和福利待遇等方式，促使有能力和有发展条件的农民具有相对稳定的务工收入，并使外出务工成为其增收致富的主要方式。在乡村发展方面，该破解思路以基础公共设施建设和基本公共服务供给为重点，以保障乡村居民的生存需要和维护乡村社会的稳定有序为目标，建设适合当地情况的乡村治理方式。

（三）破解思路之三：因地制宜，自主选择对策

混合发展的破解思路是指针对不同区域的发展基础和资源禀赋特点，自主采取有针对性的发展对策。因势利导，在坚持乡村发展底线的基础上，针对发展过程中出现的具体问题，实现相对激进的破解思路与相对保守的破解思路的有机结合，这对乡村发展、解决问题的能力和主观能动性提出了较高的要求。与此同时，由于缺乏顶层制度设计和统一框架，该破解思路给基层的探索实践造成了许多制度性的障碍。

第三节 "危机三角"破题：
城乡融合区域的乡村产业重构

城乡融合区域是农业与非农业活动交互融合发展的半城半乡区域，具有城市和农村的双重特征。城乡融合区域通过率先探索产权体系改革、农业生产组织变革、建立城乡一体化发展体制机制等，吸引优质要素注入，不断优化乡村要素结构，提升乡村产业质量、效益和竞争力。同时，城乡融合区域以乡村发展实际需要和承载力为限，推动超出部分的存量要素实现转移和优化，将乡村闲置和低效生产要素转移到城市，充分挖掘乡村存量要素的潜力，提高乡村要素的利用效率，逐步突破城乡二元结构，率先实现乡村振兴。这对乡村振兴全局具有典型示范和试验推广的作用。2019 年 4 月 15 日，《中共中央 国务院关于建立健全城乡融合发展体制机制和政策体系的意见》进一步指出通过城乡融合发展实现城乡要素和公共资源的合理配置、城乡一体化基础设施建设和农民收入持续增长。2019年 12 月 19 日，国家发展改革委、中央农村工作领导小组办公室、农业农村部等

18个部门联合印发《国家城乡融合发展试验区改革方案》，通过鼓励11个试验区深入探索、先行先试，形成可复制、可推广的典型经验与体制机制改革措施，充分发挥引领、示范、带动效应。我国正是通过改革试验区的探索实践，在坚持乡村发展底线的基础上，不断实现突破与创新，实现底线逐步提升与发展活力稳步增强。

一、乡村产业重构是破解"危机三角"的核心

产业兴旺是乡村振兴的重要基础，是解决农村发展问题的前提。马克思主义政治经济学基本原理的核心是生产力决定生产关系，经济基础决定上层建筑。乡村产业作为提升乡村生产能力的重要载体和筑牢经济基础的核心内容，其发展水平决定了乡村产权制度、农业生产体系与经营体制的变革方向。我国只有通过乡村产业发展，才能有效探索出乡村制度变革的适宜路径。邱泽奇（2018）在国家—市场—社会的分析框架下，提出乡村振兴"三秩归一"的大格局，即以产业兴旺为共同目标，从政治秩序、经济秩序和社会秩序三个方面蓄力推进。

乡村产业发展是破解要素危机的重要载体。只有通过乡村产业发展，我国才能够真正搭建起城乡要素平等交换、城乡融合发展的体制机制。农业产业是乡村发展的经济基础，是创造经济价值、获得投资收益回报的主要方面，而资金、技术和人才等生产要素都是围绕农业产业发展而集聚的。在更高利润、更高回报率与增值收益的驱使下，只有人们获得充分的回报，要素资源才能够在市场机制下自发地向农业农村流动。

乡村产业发展是破解治理危机的主要抓手。只有乡村产业充分发展，乡村社会结构才能完成人力资源的根本变革。一方面，产业发展增强了乡村对人才要素资源的吸纳能力，实现了农业生产经营人才、农产品销售人才、农业创新创业人才的集聚发展，推动了乡村人口结构向年轻化、高素质化转变，为传统乡土社会注入了现代化血液，为乡村社会治理的现代化提供了人才支撑。另一方面，乡村产业发展有利于增加农民收入、促进乡村集体经济发展，为乡村治理奠定了坚实的物质基础，以产业发展增加乡村财力，从而带来乡村社会结构由低水平稳态到高水平稳态的变革，为乡村社会现代化治理提供基础条件。

乡村产业发展是破解公共品危机的前提条件。只有通过乡村产业发展，我国才能实现公共品供给与需求的精准对接。乡村产业发展实现了乡村要素的集聚。

在明确乡村振兴中人的需求和产业发展的需求的基础上，以需求为导向构建基础设施和公共服务才能真正做到按需供给和精准匹配，实现资源优化配置和高效利用。乡村现代治理能力的提升意味着乡村社区管护能力的进一步增强，有助于真正实现乡村居民同心同力，共同管理和可持续利用社区公共资源和公共基础设施。

二、成都市郫都区乡村产业发展的实践探索

成都市郫都区位于成都平原腹心地带，是乡村振兴战略的实践者。2018 年 2 月，习近平总书记视察战旗村时指出"战旗飘飘，名副其实"，要继续把乡村振兴这件事做好，"走在前列，起好示范"。郫都区将发展现代农业作为实施乡村振兴战略的重中之重，坚持产业振兴探索创新之路，以建设"绿色战旗·幸福安唐"乡村振兴博览园为重要抓手，引领全区乡村振兴战略的深入推进。郫都区乡村产业以融合发展为共性特征，依托特色资源禀赋和要素资源，形成了各具特色的产业发展模式与实现路径。

（一）郫都区乡村振兴博览园建设

2018 年 6 月，郫都区开始大力建设"绿色战旗·幸福安唐"乡村振兴博览园，博览园以战旗村为核心，建设范围包括了郫都区唐昌镇、安德镇全域和都江堰市天马、崇义的 13 个行政村，总面积约为 118 平方千米。郫都区通过建立"领导小组+管委会+专业委员会+乡村振兴公司"的工作运行机制，打破了园区内行政区域的限制，以功能区概念组建建设专班，创新体系化、扁平化和顺畅化的推行机制。在梳理统筹区域资源、人口等要素资源禀赋的基础上，郫都区以产业融合发展推动农业转型升级，着力打破园区内乡镇行政区划的限制，布局建设"一核+三轴+一环+四区"的总体发展格局，实现区域联动发展。通过乡村振兴示范村建设，郫都区连片建设 42 千米乡村振兴示范环线，以集成展示乡村振兴成果，充分发挥示范引领作用，建设全国乡村振兴示范区。

（二）乡村产业融合发展模式与特色实现路径

郫都区乡村产业演化路径是在当地资源禀赋和农业种植传统的基础上，通过要素投入力度的加大、市场销路的拓宽以及区域品牌化建设等多种方式，强化原有产业的发展基础和优势；通过对前后相关联产业的发展、产业链条延伸和农业多种功能性拓展，促进新产业新业态的涌现，进而形成乡村产业融合发展模式。

1. 文旅农商融合示范：安龙村

安德镇安龙村是以当地特色农业产业为基础，通过产业链条延伸与农业多功能性挖掘，以产业融合发展实现乡村产业振兴的典型代表。安龙村作为小微盆景的发源地之一，具有良好的传统优势和产业发展基础，并在前期新农村建设、新型社区建设、集体建设用地入市改革等政策机遇期内获得了进一步发展。在乡村振兴时期，小微盆景产业成为安龙村的支柱产业。小微盆景产业的发展不仅带动村民实现增收致富，更为重要的是以此为契机吸引更多人才、资金、技术等要素资源的汇集，具体表现为就业创业人才的回流，幸福御业、水韵安龙、百得豪斯等外来资本的涌入以及盆景产业相关技术的下乡等，为乡村产业振兴提供了重要的要素资源和发展活力。在此基础之上，安龙村通过改造农户院落，建设安龙书院、土书吧、青年创客驿站等方式，促进乡村文化旅游等新产业新业态的发展，形成"盆景文化+产业+旅游"的融合发展模式。返乡创业人员带回了发展新技术、新理念，实现产业附加值的增加和产业链条的延伸。安龙村着眼于产业链后端，以市场需求为导向，通过电子商务、每月固定交易活动等方式拓展销售渠道，以销售端引导生产环节发展。乡村产业的发展促进了集体经济组织收入的增加，为乡村治理能力的提升和现代化治理体系的构建提供了坚实的物质基础。针对小微盆景产业发展的现实需求，安龙村党支部通过建立小微盆景合作社，搭建与科研院所的合作平台，开展技术指导、营销对接、媒体推介等服务；通过山水盆景标志、盆景园、盆景广场、盆景生态大道等建设，更好地服务乡村文化旅游产业的发展，实现公共服务供给与实际需求的有效精准对接。安龙村"两委"通过"村出地、校出技、你出力"等优惠扶持政策，实现闲置资源的盘活和外来人才的引入，进一步促进乡村产业发展。由此，以小微盆景产业为突破口，以产业发展体系构建为契机，安龙村有效解决了资源要素禀赋不足、乡村公共品有效供给不足、乡村治理能力不足的难题，系统破除了乡村衰败"危机三角"的恶性循环。

2. 政策集成展示与服务：战旗村

战旗村是郫都区乡村振兴的核心地区，发挥着示范引领、串联周边区域的重要作用。战旗村作为乡村振兴的先行先试村，探索形成了卓有成效且具有推广价值的改革措施与先进经验。战旗村以农村土地制度改革、农村产权交易推动资本、人才、技术等要素实现城乡双向流动，以农用地入股、宅基地有偿腾退等方式盘活闲置资源和低效利用资源，推动土地资源流转、入市和自主经营，实现"资源换资本"；以资产管理公司为市场主体，引入现代企业制度，实现"资金变股金、农民变股民"的转变，以川西林盘的整理保护与修复为抓手探索重要农业文化的保护路径和生态价值转向经济优势的转化路径；以后备干部常态培养机制建立为抓手多形式强化干部队伍，以党建引领社会组织协调治理模式有效提升乡村治理能力和水平，以社区自治事项目录制定、社区公益绿卡等行动探索建立村民广泛积极参与的社区治理之路。2019 年 2 月，四川战旗乡村振兴培训学院建成并投入使用，成为郫都区乡村振兴政策集成展示与政策服务的重要载体，在培训内部人才和推动郫都区乡村振兴经验"走出去"方面发挥着积极作用。教育培训收入成为战旗村重要的集体经济收入，并辐射带动餐饮服务、休闲观光、特色农产品销售等周边产业的发展。由此，战旗村不仅通过一系列改革创新举措实现自身乡村产业融合发展，更为重要的是通过政策集成展示与政策服务功能的发挥实现自我强化，进一步吸纳实现乡村振兴所需的要素资源。

第四节　需求拉动、产业重构与产权开放

一、需求侧变革

随着城市化进程的加快与市场经济的发展，人民的物质生活水平有了显著提高，居民消费结构转型升级。2018 年，全国居民恩格尔系数为 28.4%，较 2017 年下降了 0.9 个百分点，居民消费重点由解决温饱问题逐步转向非生活必需品和服务消费领域，由此带来的农业生产外部需求的转变，是乡村产业重构的重要动力源泉之一。随着城市居民收入增加和消费观念的转变，城市居民对高质量农产品的需求增加，对安全、绿色、有机农产品的消费倾向更加明显，与之相对应的是农业生产方式的变革。同时，城市居民的精神文明消费需求不断提升，在农业农村领域主要表现为对乡村旅游观光、休闲娱乐、文化活动等热情高涨，从外部需求拉动农业农村多功能性的挖掘与开发，实现生态价值、文化价值和社会价值向消费资源的转变。

在城市化和工业化的发展带动下，乡村发展格局产生了新变化，外来要素的冲击打破了乡村低水平均衡状态。在城乡发展不平衡和农业农村发展不充分的背

景下，国家将农业农村发展放在优先位置，重视程度的提高与政策扶持投入力度的加大在一定程度上撬动了更多城市要素资源开始向乡村流动。再加上市场经济和乡村外界力量的影响，农民的思想观念发生了转变，不再以满足基本生存需要为目标，而是更加注重经济利益的最大化。面对小农户农业生产高成本与低收益并存的困局，乡村亟须提高农业生产效率、实现乡村经济的持续稳定发展。

由此，城市经济发展产生的外部需求拉力和乡村发展导致的内生需求推力，共同构成了乡村产业重构的动力机制，需求侧变革迫使供给侧做出相应的响应，推动乡村产业重构，实现乡村产业振兴。

二、供给侧响应

（一）政策引导

无序的发生源于社会经济赖以维持的人际信任的缺失，因此我们需要建立国家来控制和维持社会秩序（邱泽奇，2019），乡村产业的有序良好发展同样离不开政府的引导和有利的政策环境。首先，乡村产业发展要求基层政府转变行为，以实际需求为导向供给公共品，建立服务型政府。例如，基层政府进行农田水利灌溉设施、机耕道等基础设施建设，提供生产技术、销售技术等全产业链环节的培训与服务，打造区域化农业产业品牌，提升乡村产业的竞争力。其次，乡村产业发展要求乡村产业政策体系的完善。农业生产经营主体受到自身能力的限制往往处于信息劣势方，且受到风险规避心理的影响，农民自发进行农业产业化经营的动力和能力不足。为此，政府需要在梳理当地资源基础和产业基础、把握消费市场规律的基础上，制定有针对性的乡村产业发展振兴战略，形成特色主导产业带动的产业融合发展态势。最后，乡村产业发展要求建立以农民为主体的乡村管理体制，实现基层群众自我管理、自我服务与自我监督，充分发挥农业生产经营主体在乡村产业发展中的主体作用。这样可以形成乡村管理体制、乡村产业政策以及基层政府行为的合力引导，营造有利于乡村产业发展的政策环境。

（二）产业重构

乡村产业重构是实现产业振兴的关键，需要从价值重构、资源重构、主体重构等方面入手，实现协同推进。

乡村是农业生产和农民生活的主要场所。朱启臻（2019）提出，乡村价值表现在生产、生态、生活、社会、文化与教化六个方面，这六个方面相互交融、相互影响，共同构成乡村价值的有机整体。重构乡村价值在于厘清乡村发展过程中的要素变化关系，从乡村内部入手考察乡村衰落的原因，充分挖掘乡村潜在价值并将其转化为经济发展优势，促进乡村产业振兴的实现。

乡村自然资源富集且类型多样，决定了乡村产业基础和乡村发展类型。在乡村振兴背景下，大量外来资源涌入，这对农业生产经营活动和农民生活都会产生重大影响。乡村资源重构在于充分挖掘潜在资源，明确现有资源优势和短板，正确处理好乡村内部资源与外来资源的关系，实现优势互补、和谐共生与整合高效利用。

当前，小农户依旧是农业生产的主体，其分散化、多样化、小规模经营不利于农业现代化的发展。重构农业生产经营主体是实现乡村产业重构的应有之意，在促进家庭农场、专业大户、农民合作社等新型农业经济主体发展的同时，使之与小农户建立紧密的利益链接机制，推动小农户生产组织化程度的提高和农业生产提质增效。

（三）产权变革

从我国农业发展历程来看，产权变革是提高农业生产经济主体积极性、释放农业农村发展活力的重要推动力量，是影响乡村要素资源利用方式和利用效果的重要因素。以家庭联产承包责任制为基础的统分结合的双层经营体制的确立，在没有改变农村要素资源禀赋等条件下，极大地提高了农村的内生发展积极性，促进了农业生产效率的显著提升。相反，如果现有的体制机制不能适应实际需要而发展变革，势必会影响要素活力的释放，进而阻碍乡村产业发展。为此，在土地制度、集体经济制度以及治理制度等层面构建开放式格局，不仅有利于盘活乡村资源要素、激发乡村内生发展动力，也是实现乡村价值重构、资源重构和主体重构的重要保障与框架范围。我国应深入推进农村承包地、宅基地等改革，在维持乡村社会稳定的基础上，适应农村生产力发展的需要，以市场机制盘活农村土地资源，提升其经济价值转化能力，助力农民增收致富和乡村振兴。农村集体经济组织在推动乡村振兴、完善乡村治理体系中发挥着重要作用（高鸣和芦千文，2019）。构建开放的集体经济制度有利于在清产核资的基础上，完善和优化对集体资产的管理。我国应以农村集体产权制度改革、集体建设性用地入市等为抓手，探索集体经济新的实现形式，增强集体经济的发展活力。构建以"一核三治"（党组织为核心，自治、法治、德治）为核心，多元主体参与的开放治理格局，提升乡村治理能力，形成现代治理体系，是破解乡村治理危机的关键，也有利于实现乡村要素资源的优化配置和合理利用，从而以基本公共服务的有效供给推动乡村产业可持续发展。

第五节　结论及政策思考

乡村产业振兴涉及乡村政治、经济、社会发展的各个方面，是一项复杂的系统工程，同时也是实现乡村振兴的关键环节和前提条件，是进一步推动城乡融合发展的重要力量。基于此，本章提出以下五点政策思考：

（一）突破行政区划限制，拓展乡村发展空间

乡村振兴与城乡融合发展要求乡村产业发展能够突破乡村行政区划范围的限制，实现跨区域的联动发展和错位发展，在更为广阔的时空范围内匹配要素资源，寻求需求市场，进而实现乡村产业发展外部环境的不断优化。

（二）以产业链延伸为基础，加快乡村产业重构

农业多功能拓展、产业链条延伸和复合业态的发展等都是乡村产业发展的可实现路径，但是更为重要的是围绕价值体系、资源体系、市场体系和产业体系、经营体系、服务体系进行产业重构。

（三）突破传统观念限制，实现创新突破发展

自然禀赋与要素资源是乡村产业发展的必不可少的基础条件，我们要突破传统的自然资源禀赋观，深入挖掘农村潜在资源要素及其价值，以乡村产业的可持续发展与长远定位为导向，前瞻性地布局和发展乡村产业。

（四）积极发挥政府作用，厘清政府行为边界

农业作为弱质性产业，面临着较强的自然、市场和政策风险，需要政府政策的倾斜与扶持。但是，这并不意味着乡村产业发展完全依赖政府的政策支持，而是要借助政策之风，提升产业发展动能和水平。与此同时，我们要充分发挥市场在资源要素配置中的作用，厘清政府与市场的行为边界，明确各自的具体职能与作用范围，实现两者的有机结合，共同推动乡村产业振兴。

（五）构建开放式制度框架，释放乡村产业发展活力

乡村产业重构势必会对当前的产权制度、农业生产经营方式等产生一定冲

击，甚至可能与现有制度体系产生冲突。为此，我们要将构建开放式制度框架、实现乡村产业重构与构建开放式的乡村产权结构有机结合，给予乡村产业发展足够的制度空间，不断地进行探索创新，形成产业和制度良性互动的制度变革调适方式。

第六章　金融支持乡村产业振兴：
信贷风险防控

　　乡村产业振兴离不开金融的有效支持。传统银行信贷受制于信贷供需双方信息不对称，使得小农户长期受到信贷融资约束。我国农业供应链金融的快速发展在有效联结小农户与现代农村金融机构和市场方面具有重要的促进作用。我国供应链金融最早起源于平安银行开展的外贸仓单业务，并逐渐得到其他商业银行的不断关注和重视。自 2007 年以来，供应链金融已被《欧洲货币》等多家期刊评为近年来"银行交易性业务中最热门的话题"。随着"互联网+"浪潮的持续涌动，"互联网+农业供应链金融"已经成为农村金融机构时下炙手可热的金融信贷创新模式。2016 年，蚂蚁金服农村金融事业部开启了"互联网+信贷+保险+农业供应链一体化"的服务模式，并将在之后 5 年实现农业供应链金融 5 万亿元的信贷规模。据前瞻网计算，到 2020 年，中国供应链金融信贷总体规模将达到 15万亿元，而农业供应链金融将是农村金融机构的下一个"蓝海"。农业供应链金融信贷成为农业供给侧结构性改革背景下商业银行业务转型和拓展盈利空间的有效尝试，也是普惠金融背景下农业产业化发展和乡村振兴的重要推动力量，对联结"小农户"与"大市场"具有重要的现实意义。

　　然而，农业供应链金融信贷的快速发展也面临着较大的系统性风险。核心中介经济组织在农业供应链金融信贷中往往发挥着至关重要的作用。因此，有效防范农业供应链金融信贷的系统性风险，成为乡村振兴背景下积极推动农村金融机构开展农村普惠金融业务、化解乡村振兴过程中融资难题的关键。

第一节　农业供应链金融助推乡村振兴发展的作用和机理

农业供应链金融又称为农业产业供应链金融，最早可以追溯到公元前2 400年，在美索不达米亚地区出现的"谷物仓单"成为农业供应链金融业务最早的雏形（Breckwoldt，2007）。农业供应链金融主要是以一个核心供应链经济组织（公司或合作社等）为主体，统筹农产品的生产、采购、加工、产成品销售等各环节，将商业银行的授信资金围绕供应链融资主体，实现物流、资金流和信息流的有效整合，从而形成一个有效的资金授信闭环，提高资金的使用效率和信贷可得性。以斯托科维奇（Sutkowski，1963）和韦斯曼（Wessman，1990）等为代表的学者提出了以存货融资为主的物流金融、预付账款融资模式和供应链融资系统的设计理念，涉及商业银行、供应商和零售商在数据层面的订单共享与销售货款的结算。伯格（Berger，2004）为了更好地化解中小企业的融资困局，有针对性地设计了"政府政策—金融结构—贷款技术"的融资方案，租赁、保理等新型融资工具不仅可以完善中小企业的信息数据，还可以优化银行的贷款结构。克拉佩尔（Klapper，2006）分析认为保理融资可以有效转移供应商的信贷风险，反向保理则有效解决了借款人信息不透明的问题。巴苏（Basu，2012）通过建立随机动态模型分析了预付融资订货可有效解决物流的滞后性和提升供应链融资的价值及可行性。随着供应链金融在各行各业中的普遍应用，农业供应链金融信贷逐渐成为一些发达国家发展现代农业的重要金融手段，发挥着积极作用。

在农业供应链金融中，随着新型农业经营主体的不断发展壮大，越来越多的新型农业经营主体成为农业供应链金融信贷的核心主体。例如，以农民专业合作社为代表的新型农业经营主体与农户签订订单契约，农户以订单卖出款项来偿还农业农民专业合作社或龙头企业为农户提供的前期投入资金，农户获得扣除前期投入成本后的最终剩余。正规金融机构创新性地将信贷资金贯穿于供应链上所有用户成员，即授信融资主体，选择资质良好的新型农业经营主体作为融资对象并为供应链上的所有成员提供融资安排。这种创新模式能够有效地突破传统银行的授信条件约束，并能够实现供应链上各企业之间无形的利益"捆绑"，解决中小企业的融资困境。农业供应链金融的主要特征在于信贷资金封闭运行、风险相对较小、成本相对较低、可复制性强，可以更好地围绕农业产业化和组织化做大做强农业规模。

　　农业供应链金融信贷能够较好地通过互联网优化，串联农业供应链上、中、下游资金渠道，为从事农业产业的广大农村小微企业及优质农户提供更低成本、更高效率、更安全可靠的供应链金融解决方案，成为精准扶贫的有效手段。农业供应链金融信贷成为化解农户和小微企业"融资难"问题的有效措施，它立足于服务"三农"，建立面向农民的普惠金融体系，促进农业产业结构优化调整和农业规模化经营，提高农业经营效益。农业供应链金融信贷的核心在于采用相对有效的征信系统和完善的风险防范措施，向农业产业链上下游农户提供信贷服务，获得新的利润增长点，构建更加紧密的产业链生态圈。一方面，"互联网+农业供应链金融信贷"能够有效地借助电商平台的优势，将农村金融与农业供应链联结起来，采用订单农业供应链融资模式（申云，2016），为种植大户购买农资提供专项贷款服务，破解农户信贷难题，打造"农业供应链金融信贷"闭环。另一方面，农业供应链金融信贷可以较好地缓解信息不对称导致的逆向选择、道德风险、审计成本、契约执行等难题，降低农村信贷失灵及农村金融资源低效错配的程度。因此，农业供应链金融信贷既能有效突破商业银行传统的授信评估，又能提供信用抵押担保，将农业供应链上的农户利益"捆绑"得更为牢固。

　　然而，随着农户信贷需求的多元化发展，农村金融创新也逐渐加快，农业供应链金融信贷作为农村金融创新模式的重要代表，在实践中也存在较大的风险隐患。在风险防范上，贝赞可（Besanko，1987）认为，设定差异化的担保物和贷款利率组合可以有效降低风险。此外，借款企业担保物的数量与还款风险成正比（Rajan &Winton，1995）。瑟斯金（Siskin，1997）在分析供应链经销商业务风险中发现，与专业的第三方机构合作、定期评估存货价值等措施能够有效规避信贷违约风险。希勒（Shearer，1999）认为，采用传统的风险评级管理方法已经无法适应供应链金融和物流金融新模式的发展趋势，必须有针对性地建立更为准确的风险评估与控制体系。风险评估与控制体系的核心在于构建基于担保物的价格风险下的信用风险定价模型（1999），这也成为供应链金融风险控制的最大难点。但随着大数据和信用征用体系的构建，大数据、云计算以及信息服务水平的提升为信用风险定价提供了重要的保障，也为农业供应链金融信贷风险防范和征信体系创造了重要条件。

农业供应链金融信贷涉及商业银行与农民专业合作社之间的"批发"信贷风险以及农民专业合作社与社员农户之间的"零售"信贷风险，两者如何实现协同成为防范农业供应链金融信贷系统性风险的关键。虽然农业供应链金融信贷伴随着农业产业化的深入推进和乡村产业振兴发展，实现了快速的飞跃。但是，农业供应链金融信贷的风险防范也成为各商业银行推行农业供应链金融信贷面临的主要难题。如何从体制和机制设计上来防范农业供应链金融信贷风险是推行该业务模式创新的重要前提。在信贷资金投放目标的瞄准上，农民专业合作社供应链金融信贷往往存在信贷资金投放上的"精英俘获"（胡联和汪三贵，2015），农业供应链金融信贷风险受人为操作风险和市场风险影响较大。如何通过内部订单生产或服务实现对农户的信贷软约束，减少农户与商业银行之间的信息不对称导致的逆向选择和道德风险，优化设计农业供应链金融信贷的投放和风险防范机制，从而更好地规避融资风险，成为体制和机制设计的核心。由于农业供应链金融信贷在我国起步相对较晚，目前相关研究文献大多围绕农业供应链金融信贷的典型案例、模式创新以及风险特征等方面展开，仅有较少文献从体制和机制设计上对农业供应链金融信贷的风险防范进行分析，并提出有针对性的优化策略与建议。

第二节　乡村振兴背景下农业供应链金融信贷风险防控机制

在农民专业合作社供应链金融信贷供给中，如何通过内部订单生产或服务实现对农户的信贷软约束、如何实现农民专业合作社对贫困农户的精准信贷资金投放成为体制和机制设计的核心。当前，我国应设计农民专业合作社供应链金融信贷精准扶贫的投放机制，分析农业供应链金融信贷通过何种途径和机制来实现精准扶贫，从而更好地规避融资风险和提升农民专业合作社供应链金融信贷的减贫绩效。

一、事前甄别机制

农业供应链金融信贷风险事前甄别的核心在于借助农民专业合作社订单生产和服务联结社员农户，同时依托社员农户内部之间的熟人社会关系圈和信用守约习惯，较好地实现对农业供应链金融信贷需求农户进行前期筛选，将高风险类型的信贷需求农户排除在授信范围之外，从而加强对信贷风险因子的审核。事前甄别机制具体包括对信贷需求农户的合作基础辨识和授信准入甄别（见图6-1）。

（一）合作基础辨识

合作基础辨识主要通过慎选核心农民专业合作社，围绕农民专业合作社进行信用甄别和风险评估，通过事前信贷甄别与合作基础辨识等风控合规审贷手段，评估贫困农户供应链金融信贷风险。由于受未来市场环境的不确定性和农民专业合作社内部治理的不规范性带来的风险影响，金融机构应根据政府对建档立卡贫困农户的信用托底和产业扶贫保障，规范贫困农户信用还款机制，化解系统性风险。

如何慎选农民专业合作社，这是商业银行推行农业供应链金融信贷的首要前提。农民专业合作社作为信贷中介主体，评估其信用状况往往成为信贷融资的重点和难点。由于农村信用体系仍未完全建立起来，商业银行推行农业供应链金融信贷往往采取试探性的业务创新模式。在农民专业合作社的合作基础辨识中，商业银行在实际操作层面主要是根据政府部门对农民专业合作社的信用等级（省级、市级、县级等示范合作社）、农民专业合作社的规模与资产状况、农民专业合作社的交易记录与流程的合规性、农民专业合作社管理制度的健全程度等方面进行综合评估。对部分以扶贫为主的农民专业合作社，商业银行主要是以当地基层政府扶贫部门及村"两委"的信用背书为基础，提供以订单农业为主的供应链金融小微信贷服务。此外，农业供应链整体的稳定性是商业银行预防风险的基础，农民专业合作社与农户利益联结关系的稳定性和订单农业内部交易频率也是评估农民专业合作社信用稳定性的重要标准。其本质在于将商业银行信贷由传统的直接"零售"信贷转变为以农民专业合作社为金融主体的"批发"信贷，然后由农民专业合作社将信贷分发给有信贷需求的社员农户。按照威廉姆森（Williamson，1985）的交易费用理论，信贷交易双方受信贷利益联结关系稳定性等专用性资产、交易的频率、信贷特征、契约安排等因素的影响。农民专业合作社产权的模糊性带来交易主体的虚置化，商业银行在考虑将农民专业合作社作为中介主体进行"批发"信贷时，必须加强对信贷资产专用性的强化和对交易频率的及时有效监控。专用性较强和交易频率较高的信贷资产可以提升契约执行对象的专有性，防止信贷资金投放中的违约风险。在信用准入甄别机制中，交易双方之间往往存在一种新古典契约关系。因此，商业银行在信贷过程中，需要加强对农民专业合作社和信贷需求农户的网络风险治理监测。

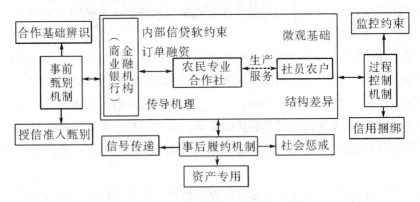

图6-1　农民专业合作社供应链金融信贷风险管控的作用机制

（二）授信准入甄别

大多数贫困农户往往缺乏抵押担保物，借助农业供应链金融信贷能够转向信用度较高的农民专业合作社整体来获得信贷支持。这样有利于将信贷支付程序内化为农户和农民专业合作社之间的产业资金流动行为与合作关系。农民专业合作社的风险防控成为供应链节点上授信评估和风险监控的核心，农民专业合作社信用与银行信贷资金投放息息相关。农民专业合作社的整体信用水平决定了农业供应链金融信贷项目实施的信用地位（王筱萍和王文利，2015），农民专业合作社的授信和风险评估成为整个供应链金融信贷风险的根源。

农民专业合作社在选择贫困农户时，不仅需要关注农业供应链内部长期合作的社员农户自身的信用水平以及订单农业项目生产经营与资金周转等相关信息，还要通过合同或协议的方式将农民专业合作社内部项目的生产、经营以及资金流转等进行合约化和契约化，以内生的信用集合方式强化原来积累的非正式社会资本（龚坚，2011）。

农民专业合作社与农户之间由于长期的合作关系形成了由信任、声誉和惯例等组成的非正式社会资本网络和协调机制，其核心在于通过农业供应链金融信贷链上的关系网络治理解决信息不对称和信贷监管的无效率问题，从而减少信息不对称带来的机会主义，促进交易各方的协同互动和高效运营。这种机制重点强调利益相关者的共同参与和信任与声誉之间的隐形契约关系。

二、过程控制机制

在农业供应链金融信贷过程中，市场环境与自然灾害等不确定风险的影响时有发生，供应链上的农户出现违约而直接转嫁到农民专业合作社中，极易导致农民专业合作社的破产倒闭。如何从信贷过程中加强内部监控和约束，成为过程控制机制的核心。其具体包括监控约束与信用捆绑两个方面。

（一）监控约束

监控约束是指在农业供应链金融信贷过程中，农业供应链上各参与主体需要进行有效协同风险监控，实现对供应链金融交易的联合风险控制，并采取激励相容的措施，激励农业供应链金融信贷各成员间诚信合作，并对违约行为进行惩罚约束。在监控约束机制中，财产受益权的嵌入成为农民专业合作社信贷融资的核心要素。供应链金融强调农户与农民专业合作社之间、商业银行与农民专业合作社之间建立一种利益关联和横向监督的利益共享、风险共担机制。这种机制的核心在于财产受益权的嵌入，并通过责任捆绑和隐形契约来降低道德风险，提高信贷履约率。特别是在对贫困农户的信贷资源发放过程中，需要更加突出信用合作的力量，这样才能打破孤立地考察静态信用的思维模式，从而有利于商业银行开展有效监控与管理。传统的农业供应链金融信贷往往采用"保兑仓"和"融通仓"等模式进行信贷资金投放，但农民专业合作社大多是生产和加工不易保存、不易变现的初级农产品，并不适宜采用抵押融资方式。

此外，大多数农村地区并不具备第三方农产品的仓储物流条件，农产品本身作为流动资产受价格波动、腐烂变质等因素的影响，商业银行并不愿意将农产品作为信贷抵押的资产。农民专业合作社作为农产品的管理组织方具有对质押财产的使用权、控制权和处置权，但商业银行对这些权益的处置成本较高。财产受益权的嵌入能够有效解决农民专业合作社在供应链金融信贷中的治理方面的缺陷。例如，土地信托受益权、农业生产订单下的农产品销售受益权等作为财产受益权嵌入农民专业合作社内部网络治理结构中。农民专业合作社作为财产受益权所有权方，商业银行作为掌握财产受益权的另一方，将实际中的不易变现的资产虚置化为受益物权来抵押，实现了农业信贷资产的有效监控。财产受益权嵌入能够有效降低传统的农产品存货使用权、控制权和处置权在实物贷款上存在的资产变现能力弱、成本高的难题。嵌入财产受益权是农民专业合作社供应链金融信贷的基础，一方面可以有效提高农民专业合作社成员信贷的信用水平；另一方面也能将农户关系网络内生化进而实现对财产受益权的控制，如通过流程设定、契约条款约束以及农产品形成的价值流和销售价值链进行监控。农户在农业供应链金融信贷中由于将土地信托受益权、订单农产品销售受益权等财产价值作为还款来源的保证，具有一定的可预期性和可操作性，有利于增强农民专业合作社的信用能力。

(二) 信用捆绑

信用捆绑是指农民专业合作社将农业供应链中的众多上下游信贷农户进行批量、整体授信，将单个农户的信贷风险转变为整个农民专业合作社供应链金融信贷的整体风险进行集中管理 (龚坚, 2011)，从而突破单个农户信用不足面临的融资瓶颈，消除外部担保和资产抵押不足的困境。供应链整体的信用捆绑能够解决单个农户信用不足的问题，也能形成信用共同体，从内部监督防范单个农户信用投机性违约造成的风险。集体惩戒也将提高单个农户违约成本，从而维护农民专业合作社供应链的有效运行。事前甄别是内部风险治理效应的前置变量，并且依靠过程控制这一中介变量间接影响治理效应。在农业供应链金融信贷过程中，农户与农民专业合作社之间形成了一个信用捆绑的模式。农户借助农民专业合作社来获得信贷资金，而农民专业合作社通过内部理事会和监事会来加强对信贷农户社员的信用评价，农户彼此之间作为互保成员为信贷农户进行信用担保，从而形成有效的风险共担及相互约束机制，保障农业供应链信贷资金在农民专业合作社内部形成良性循环和贷款的有效自偿。

在过程监控中，农户集群可以成立内部监督机构。在供应链金融电子平台化的背景下，金融机构通过重点考察贫困农户订单生产和服务数据，有效地进行农业供应链金融信贷系统性风险的评估。一方面，对农民专业合作社中单个社员农户的违约行为，农民专业合作社连同商业银行集中实行集体惩戒，即将故意违约的社员农户纳入信贷黑名单，甚至淘汰出该农民专业合作社供应链金融信贷合作圈，从而提高单个农户信贷的违约成本。另一方面，农民专业合作社和商业银行加大对诚信合作的社员农户进行有效激励，提高下一次信贷额度，加大农民专业合作社内部产业订单生产的供应量与优先权。农户和农民专业合作社之间的信用捆绑和农民专业合作社供应链金融信贷整体的连带责任机制，使得农民专业合作社有更强烈的义务感尽力维护供应链整体的良好信用和积极防控内部风险，强化农民专业合作社内部社员之间的信用知识教育力度，提高金融服务实体经济的内生动力。面对自然灾害和市场环境等不可控风险，农民专业合作社协同商业银行、保险公司、政府相关部门等，通过市场化的手段，以农民专业合作社整体信用向保险公司购买农产品保险，协同政府相关部门提供政策性保险和精准扶贫资金保险基金，搭建农业供应链金融信贷生产和交易信息共享平台，从而实现多方利益共享、风险共担的信用防控利益共同体。

三、事后履约机制

在农业供应链网络成员中，社会资本作为非正式制度成为联结供应链成员顺畅交易的重要变量。社会资本中的社会信任是影响农户组织结构和社会交往结构的核心。农业供应链金融信贷事后履约需要嵌入农村社会交往的圈层结构中，通过社会关系网络的信号传递和声誉机制可以较好地克服农户信贷中的逆向选择和道德风险。农民专业合作社作为农业供应链金融信贷的核心主体，借助农村社会资本网络将贷款者的信誉和关系圈层嵌入农业供应链行为过程中，依托社会资本内生的作用机理来发挥信贷的事后履约效应。例如，蚂蚁金服的村级金融服务站、京东金融的乡村推广员等，通过嵌入农户群体中的生产生活和社会交往圈层，掌握农户的各种社会交易关系网络信息、信贷成员之间的声誉评价以及社会资本量化考核，并将其作为信贷决策的重要参考依据。事后履约机制主要体现在社会资本的信号传递与集体惩戒、农业供应链内部供需之间的资产专用性两个方面。

（一）社会资本的信号传递与集体惩戒

社会资本作为嵌入农户之间、农户与农民专业合作社之间进行协调治理而形成的非正式制度和规范，对信贷合约的事后履约具有重要价值。在农村金融市场中，一个人的社会资本越多、社会关系网络越广，可利用的资源就越多。这部分人群在信贷市场中往往被视为声誉水平和信任程度越高，合作意愿相对越强（申云，2016）。社会资本成为农村金融市场上检验信誉情况的信号，而且这种信号是长期性的。相反，如果一个人的信誉不好，导致其社会资本不多，出现经常性的违约，如果后续其想重新提高社会资本，他将付出更大的代价和更高的交易成本。这种信号传递作用也成为商业银行制定信贷政策的一种有效依据，特别是在信用贷款中，成为衡量一个农户风险状况的斯宾塞·莫里斯条件（Spence -

Mirrlees Condition)。

此外，社会资本的这种信号传递机制还体现在社会的惩戒上，主要表现为限制性准入、同伴的道德谴责以及声誉资本的软约束效应。第一，在农业供应链中，农民专业合作社在规模、品牌、信息及资源占有等方面都具有绝对的优势，一旦供应链内成员存在人为原因造成的失信（非人为原因造成的失信不在此范围内），农民专业合作社有权限制该失信农户获得供应链金融服务，而对守信农户提供较好金融供给服务激励。供应链内成员的长期合作能够规避"囚徒困境"制约，从而形成相互监督和制约的均衡局面。第二，同伴的道德谴责也能在一定程度上起到制约农户机会主义行为的作用。农村往往有较为复杂的人情关系，属于熟人社会关系圈。某农户一旦被视为供应链内部失信成员或被踢出供应链圈子，其之前的投入和积累的社会资本将成为沉没成本，无法被收回，其社会资本将没有任何价值，不能作为抵押的依据。第三，声誉资本成为农户和农民专业合作社的一项重要的无形资本，也是一把"双刃剑"。良好的声誉资本能够有效地保障交易者的收益，而败坏的声誉资本则会将农户驱逐出原有的社会交易网络。声誉资本具有克服契约不完全和机会主义的弊端，降低交易成本和约束机会主义行为，从而避免陷入低水平的无效均衡中。当农户声誉资本丧失而被驱逐出供应链后，其将遭受社会排斥的压力以及信贷可得性的完全丧失。这种声誉资本的软约束效应在一定程度上起到维护和保障网络成员关系长久稳定的作用，也是非正式契约下内部长期高效合作均衡的结果。

（二）农业供应链内部供需之间的资产专用性

根据威廉姆森（Williamson，1985）对资产专用性的界定，资产专用性可以划分为物质资本、人力资本、特定区位、特定用途等方面的专用性。此外，利文索尔和菲克曼（Levinthal & Fichman，1988）还将关系专用性资产作为一种体现特殊能力的重要表现形式。资产专用性可能引发交易双方机会主义行为和逆向选择上的博弈，资产专用性程度越高，一方占有另一方的租金或剩余收益将越多，成为稳定合作的不利因素。在农民专业合作社供应链金融信贷中，农民专业合作社与农户之间在农产品的特定用途上的专用性投资将有可能成为最终履约的重要前置条件。农户做出专用性设备、专用性特定用途农作物生产等投资后，将增加农户在农民专业合作社中的价值含量，这种贡献价值的提升也增加了农民专业合作社寻找实力相当的合作伙伴的难度，两者因此形成较为紧密的依赖关系。农民专业合作社对农户的依赖关系将随着农户专用性投资的增加而提升，这也有利于供应链内部成员之间关系的长久稳固，促进农业供应链金融信贷服务的有效信贷供给。例如，从事药材生产的农民专业合作社与从事辣椒生产的农民专业合作社相比较而言，在农产品供给上，由于从事药材生产的社员农户单独在药材市场上缺乏议价能力，而且药材产品处于非完全竞争市场，当市场价格相比订单价格更高时，社员农户本身难以通过市场上独立的销售获取更高的收益而更容易选择与农民专业合作社保持较为稳定的合作生产关系。相应地，从事辣椒生产的农民专业合作社所处的市场往往更偏向于完全竞争市场，一旦市场价格高于合约价格，农户作为理性经济人，可能会偏向于将辣椒直接在市场上进行销售以获取更高的收益；而当市场价格低于合约价格时，农户则愿意将辣椒卖给农民专业合作社以获得更高的剩余收益。这种特定农产品用途上的专用性导致农民专业合作社与社员农户关系专用性存在一定的差异，而商业银行将农户和农民专业合作社之间的专用性关系是否稳固作为考核信贷供给的一个重要指标，从而使得资产专用性也在一定程度上对农业供应链金融信贷供给具有较强的事后履约约束效应。当资产专用性越强时，合作双方的关系越稳固，供应链成员获取商业银行的信贷可得性也将越高，反之则越低。

第三节 农业供应链金融信贷风险防控的政策建议

一、创新金融科技实时动态监控体系

通过新型农业经营主体来打造农业供应链价值融资体系，可以不断降低产业链上各生产、流通环节带来的信贷资金约束。同时，积极构建农业价值链资源配置信息系统和风险监控体系，可以提高信贷资金的质量和效益。创新金融科技实时动态监控体系的具体措施如下：一是实现农业供应链金融信贷的信息化和流程化，强化供应链管理模块的建立、维护与查询功能，提高农业供应链金融服务农户的效率和准确度。二是对农户联保贷款进行批量申请、审查、审批，加快申请到审批的操作速度。三是前端信息采集与录入进行统一系统实时服务，提高工作效率和客户满意度。四是发挥短信平台的及时告知功能，实现贷款到期提醒和逾期贷款的催收作用。五是利用供应链系统资金流走向检查信贷农户的约定用途使

用、信贷利率是否符合监管要求等。

二、创新农业供应链价值融资服务体系

农村信贷市场长期缺乏有效的信贷担保，导致信贷市场的信息失灵。创新新型农业经营主体信贷担保品类和方式，构建"新型农业经营主体+农户""新型农业经营主体+基地"和"新型农业经营主体+N"等农业供应链信贷担保模式，优化提升价值融资体系非常重要。具体措施如下：一是鼓励地方政府优化金融精准扶贫体系，为新型农业经营主体服务的担保公司和保险公司等可以将权属清晰、风险可控的林果、大型机械设备、水域滩涂使用权、厂房、汽车等财产纳入抵（质）押范围，实现农业供应链金融信贷的有效保障。二是积极宣传新型农业经营主体主导的农业供应链金融服务模式，特别是加强对贫困农户的宣传和教育，并提供特色化的服务，定制化地为贫困农户设计信贷融资产品，增强金融的普惠性。三是加快农村普惠金融价值服务体系的建设。一方面，政府应积极培育新型农业经营主体、金融组织的内生化，充分实现网络银行在农村地区的普及和应用，拓展新型经营主体的转贷平台的作用。另一方面，政府应创建一个多层次和广覆盖的合作金融体系，积极推动金融机构和农民专业合作社互助资金的回流，增强供应链内部成员价值链的金融普惠性。

三、加强农业供应链金融信贷准入监测机制

农业供应链金融作为新型农业经营主体金融减贫的重要手段应积极推广。政府应积极探索构建供应链金融主体的征信体系和监管机制，以产业扶贫为导向来提升普惠金融服务水平和农户信贷可获得性。第一，政府应加强正规金融机构对新型农业经营主体的信贷服务功能，放低农业贷款的门槛。对农民专业合作社社员农户农业生产、农资供应、农产品销售以及农机服务等环节上采用订单形式或服务形式的供应链金融，政府可以积极发挥金融杠杆扶贫的作用。一方面，农民专业合作社的承贷主体、项目产权等需要进行明确；另一方面，各地需要结合农民专业合作社的发展水平、宏观市场环境以及治理能力等进行有效评估，坚持以市场为导向，使供应链金融服务于实体经济与项目运营较好的农民专业合作社，进一步增强金融精准扶贫的有效性。第二，政府应因地制宜地探索农业多功能性，促进产业融合，带动贫困农户增收，降低信贷风险。根据农民专业合作社各

类农业项目对当地资源的依赖程度，政府应加强对农业项目的信贷审核，特别是强化农业供应链金融在促进农产品加工、农村物流以及乡村旅游发展等方面的产业融合服务，可以提升农民专业合作社在贫困农户扶贫中的主体地位，积极发挥种养大户和营销大户领办型农民专业合作社对农业生产型贫困农户的减贫作用。第三，政府和金融机构应制定明确的贷款条件和规定，强化互联网科技在供应链金融中的积极作用。政府和金融机构应根据农民专业合作社的经营状况，明确农民专业合作社在担保品和第三方担保中的责任与价值，确定抵押或质押资产的范围及管理办法。政府和金融机构以互联网思维和点对点（P2P）技术来构建农民专业合作社与农户社员之间的信用征信体系，以科技手段来增强农业供应链的金融普惠性，从而提高贫困农户的信贷可得性。

四、强化农业供应链金融审查担保机制

供应链金融的本质在于信息流、物流和资金流的有效联动，提高效率和延伸金融服务实体经济的能力。因此，选定具有一定资质和较强物流管理能力的物流公司尤为关键，也是农民专业合作社供应链金融信贷审查和担保机制的重点。第一，金融机构应加强征信体系构建，提升信贷审查的风险防范能力。金融机构应加强与农村物流企业的合作，结合企业的规模和标准、业务量以及管理能力等方面进行系统评估，有效监控风险。金融机构应与农民专业合作社建立信用征信体系，构建良好的信用环境，确保供应链金融业务的可持续发展。金融机构应加强与政府部门在农户信用档案以及信用村、信用镇评选等方面的合作，提升信用审查能力。第二，金融机构应加强对质押物的风险防范，特别是农产品质押物容易腐烂变质，导致质押物价值受损。金融机构需要选择易保管且市场价格相对稳定的产品作为质押物，且根据历史数据和市场信息对质押物价值进行评估，同时定期和不定期地对质押物进行评估和盘点，判断物流企业的合理质押率、贷款成数和利率水平。第三，金融机构应加强对仓单质押的统一管理，避免仓单质押中的人为风险，强化统一管理和规范，将责任落实到人。同时，农业供应链金融需要增强农民专业合作社社员农户的同伴监督作用，增加社员信贷资金供给，发挥社员在风险防范方面的同伴监督的激励相容机制作用，达到风险监控和担保措施的稳健实施。

五、完善农业供应链金融风险预警机制

有效的风险预警机制通过科学的方法来提高风险防范及预测的能力和水平。在农业供应链金融中，风险的转移和监控往往发生在信贷过程中，农民专业合作社的事前预警尤为必要。农民专业合作社是供应链金融的主体，而上下游的农户往往相对弱势，风险预警的核心在于对农民专业合作社的风险监控。因此，加强对农民专业合作社的内部预警机制的构建，需要确定农民专业合作社与社员农户之间的合作关系是否稳定，对合作社的经营历史、信誉等级、财务状况、资产负债表以及现金流量表等信息进行审查与核实。在审贷过程中，金融机构应加强对贷前调查报告、抵押权属、农民专业合作社供应链上农户订单农业的协议与合同以及抵押物的定期与不定期内审报告等信息的核实。在外部预警上，金融机构应强化农户与农民专业合作社之间风险的评价，构建有效的农户信贷移动平台，从客户的信贷资料收集和分析中开展信贷评价，以此作为动态的风险监控手段。此外，金融机构应加强对农业供应链金融的风险管理和资金安全的保障。金融机构应在信贷办理和项目选择上加强对借款农户和担保人进行资信审查，规范财务管理和资金使用情况，尽可能地将风险管控纳入供应链金融信贷的监控和业务流程中来。在资信核实过程中，金融机构应进一步对资信水平与信用分级进行管理，加强现金流和交易过程的信息监控。

六、建立农业供应链金融信息共享机制

由于农业供应链金融的本质在于消除农户与金融机构之间的信息不对称，从而降低交易成本，因此建立有效的信息共享平台尤为必要。第一，强化金融机构、农民专业合作社、社员农户以及物流企业等供应链主体之间的信息共享。信息共享技术可以实现金融机构、农民专业合作社、社员农户之间信贷资金供需的匹配。金融机构通过信息共享平台掌握社员农户的资金使用情况以及供应链资金流走向，并有效地对质押物进行保管和监督，从而降低信贷风险。二是金融机构之间进行信贷和农户信用征信的共享。金融监管部门应加强金融机构信贷之间的联网管控，促进农民专业合作社的信贷资金和抵押担保信息的交流互享，降低信息同步化滞后带来的信贷风险。三是健全农业供应链内部信息化平台建设。由于农业生产受自然环境因素的影响非常大，因此建立农业供应链内部信息共享平台

可以最大限度地实现供应链各环节上信息的对称，从而降低交易成本和市场风险，提高供应链金融效率和促进农业供应链的有效运行。

正规金融机构积极助推农业供应链金融信贷，支持农业产业发展，成为乡村振兴和农业现代化发展的重要体现。正规金融机构通过新型农业经营主体来推动产业扶贫，借助农业供应链金融更好地服务于贫困农户脱贫致富，成为目前普惠金融发展的重点。然而，农业供应链金融由于面临的主体较多，金融分工协作难度大，金融减贫的作用机制比较复杂，因此面临的金融信贷风险也比较大，这成为制约农业供应链金融信贷"最后一公里"的重要难题。

在农业供应链金融风险防范中，现有的金融风险防范机制更多地是以治标为主，而非治本的措施。国家在大力推行信用体系建设的过程中，充分利用农民专业合作社，借助点对点（P2P）技术及其他"互联网+"技术在农村地区重塑信用体系，能够较好地弥补农户征信体系建设不足的短板。由于农村金融普惠性不足，特别是贫困农户的金融知识非常匮乏，因此在精准扶贫过程中进一步重塑农业供应链金融信用甄别的作用，培育有效的农民专业合作社和构建农村信用征信体系也成为未来普惠金融需要进一步深入探讨的内容。此外，农民专业合作社内部治理结构完善程度及信誉状况都会影响商业银行对农民专业合作社供应链金融信贷的供给。现实中往往存在较多农民专业合作社被少数精英社员控制，甚至部分"空壳"农民专业合作社成为大户维系个人利益的载体的情况。随着"互联网+"与农业供应链金融的不断深度融合，互联网技术将农户信贷需求与商业银行以及农民专业合作社供应链深入结合对农业供应链金融的推广也将大有裨益。如何发挥互联网技术优势来推动农民专业合作社内部治理结构的健全和优化值得进一步深入探索。如何对农民专业合作社的资质和信誉进行评估成为政府和第三方机构需要进一步深入探讨的问题，该方面的研究成为农业供应链金融推广的重要依据和支撑。

第七章 金融支持乡村
产业扶贫发展机制探索

　　随着我国工业化、城镇化的快速推进，农业副业化、农村"空心化"与农村人口老龄化问题越发凸显，成为制约金融扶贫的重要因素。农村金融市场长期受金融缺位和供给不足的制约，造成农村经济发展滞后与城乡收入差距扩大，使得正规金融机构与贫困农户之间长期处于信贷供需的低水平均衡陷阱中，直接造成贫困农户处于"金融贫困恶性循环"的发展怪圈。为打破这种怪圈，以农民专业合作社为主体的农业供应链金融扮演了重要角色，成为农村金融扶贫模式创新的重要力量。特别是在市场配置资源背景下，以农民专业合作社为载体的农业供应链金融信贷能够较好地实现资本要素流向以产业开发为主的贫困地区。如何更好地推动金融扶贫和乡村振兴战略的有效实施，积极促进农民专业合作社与农户在产业链上的纵向协作，实现共生发展和利益联结，成为金融机构支持乡村产业振兴发展的关键。农业供应链金融作为农民专业合作社联结小农户与金融资本的重要模式创新，有利于推动物流、商流、信息流和资金流的循环并形成农业供应链和价值链。金融机构适度加强以新型农业经营主体的订单融资和应收账款融资业务为典型模式的农业供应链金融发展，为有效破解农业产业振兴发展资金不足的难题和促进产业与信贷资本融合的可持续性发展提供了有效途径，成为金融机构支持脱贫攻坚、带动贫困农户脱贫致富的一剂良方。

　　农业供应链金融信贷在积极发挥农民专业合作社联结小农户信贷融资的作用和支持产业扶贫方面具有较为明显的优势。其本质在于农民专业合作社和贫困农户之间借助产业链和供应链环节的交易关系、业务往来、资金结算等形式来强化农业供应链内部的信用水平，化解信贷供给中的逆向选择和道德风险问题，侧重于满足价值链参与农户的融资需求，特别是积极改善贫困农户的信贷融资环境和降低金融信贷排斥率。农业供应链金融信贷基于新型农业经营主体在市场开拓、产业重塑方面的引领作用，能更好地带动贫困农户脱贫致富，达到金融精准扶贫的目的。但是，贫困农户的致贫原因较为复杂。一方面，具有脱贫能力的农户可以有效借助农民专业合作社的示范带动作用来实现脱贫；另一方面，自身缺乏脱贫能力的贫困农户如何享受到农民专业合作社带来的资产收益、扶贫效益，其作用机制也值得深入探究，特别是农业供应链金融信贷对不同脱贫能力的贫困农户的减贫机制，成为乡村产业振兴发展和创新金融普惠模式及产品的重要理论基础。

本章的创新之处在于以贫困农户是否具有脱贫能力为视角，将其分为自主发展型和委托发展型，基于合作社与农户之间的内部利益联结机制分别探讨农业供应链金融信贷在不同类型农户中的减贫机制。从合作社内部治理结构优化方面探讨农业供应链金融如何围绕合作社产业发展增强贫困农户资产收益扶贫的作用机制，对金融机构创新农业供应链金融扶贫模式和产品至关重要。

第一节　农业供应链金融支持产业扶贫发展文献回顾

随着精准扶贫进入攻坚期，深度贫困人口的可持续脱贫问题成为脱贫攻坚的重点和难点。以农民专业合作社（简称"合作社"）为代表的新型农业经营主体在扶贫过程中的作用不断凸显，能够有效实现农业价值链的纵向一体化发展，积极带动贫困农户减贫增收，这也为金融创新提供了新的契机。农业价值链环节和不同参与主体的农民专业合作社在参与农业供应链金融信贷业务时存在较大的差异，使得以农民专业合作社为载体的农业供应链金融信贷减贫机制也存在一定的异质性。传统的以小农户为主的存贷汇金融业务逐渐向现代化的产业金融方向发展，为金融信贷资本可持续性地促进产业扶贫提供了实践基础。目前，国内外农业供应链金融减贫的相关文献主要集中于减贫机制、模式创新以及减贫效应等方面，部分文献聚焦于农业供应链金融实践案例的探讨。

一、农业供应链金融信贷的减贫机制分析

受孟加拉国格莱珉银行（Grameen Bank）在金融减贫中取得的显著成就的影响，世界各国对金融扶贫和普惠金融寄予厚望。世界各国不仅在政策层面对金融

减贫高度关注，商业银行也从实践层面进行了多元化的探索。一方面，农业供应链金融信贷有利于直接降低信息不对称带来的信贷违约风险，对贫困减缓具有较强的正外部性，其作用机制主要是通过提高贫困人口的信贷可得性、促进储蓄积累和农业生产经营，直接或间接地促进经济增长和就业水平提升，而且小额贷款在降低农村交易成本和精准扶贫方面具有较大的作用。另一方面，农业供应链金融信贷主要通过间接地促进就业和增加资本积累来实现减贫增收。在宏观层面，金融发展、通货膨胀以及贸易开放程度并没有直接减缓贫困，而是通过增加就业来提升农户的收入水平，间接实现减贫，但效果相对缓慢。在微观层面，农业供应链金融信贷在家庭生计资本、交通区位等因素影响下存在麦金农"导管效应"。其核心在于增加贫困人口的存款和投资，小额信贷的借款人对银行的回报更小，且贫困人口的信贷谈判能力也较弱，小额贷款对贫困人群的减贫效应只是间歇性的，而非摆脱贫困的可持续之计。

二、农业供应链金融信贷减贫模式创新和典型案例研究

农业供应链金融信贷的核心在于通过金融支持产业发展带动贫困地区产业链整合，从而助推农户脱贫致富。刘西川和程恩江（2013）通过对"五里明模式"与"六方合作+保险"两种农业产业链扶贫模式的探索，发现农业产业链融资的核心在于借助交易主体之间的交易关系、内嵌保险元素、发挥政府主导作用来实现金融支持农业产业发展。农业产业链融资的核心在于信贷甄别，发挥农村社会资本在信贷甄别中降低农户信贷违约风险的积极作用，减少农户与借贷资金供给方之间的信息不对称，提升农户的有效借贷机会，培育本土化的农村金融力量。缪莲英（2014）发现借助点对点（P2P）借贷平台中借款者的社会资本机制设计可以提升社会资本风险甄别、同伴监督以及社会惩罚的力度，降低违约风险发生的可能性，这在欠发达地区尤为明显。农业供应链金融信贷需要加强内部交易上的动态监控，防范信贷风险，促使信贷资金投向农业产业发展，从而达到扶贫的目的。马九杰和罗兴（2017）以广东省湛江市对虾产业为例，认为加强农业产业链全流程和流通环节全过程的风险把控是实现农业供应链金融有效投向农业的关键保障，特别是利用"农业价值链+'三农'服务商"和"农业价值链+电商平台"的互联网金融模式通过资金流的闭环生态运营能够较好地防范信贷风险，通过金融供给的普惠性和产业链、价值链的有效协同，实现金融资本围绕产业发展

和农民增收，达到普惠金融的目的。

三、农业供应链金融信贷的减贫效应研究

一方面，金融减贫的直接效应主要体现在促进贫困人口就业和提高劳动力要素回报率来实现贫困减缓，通过普惠金融实现贫困人口的脱贫致富，但这种金融减贫的效应受到金融创新锚定对象偏差、纵向增信机制缺失、信贷资金不足等现实困境的制约。另一方面，农业供应链金融信贷减贫的间接效应主要表现为经济增长对贫困人口的"涓滴效应"和收入再分配效应，即通过产业发展边际渗透效应和调节收入分配来缩小贫富差距，金融发展通过"提低限高"的措施实现对贫困人口的扶助。此外，金融减贫还具有较为明显的空间门槛效应，有可能通过空间经济溢出效应来实现贫困减缓。

纵观国内外文献，相关研究大多集中于农村金融扶贫本身，而对农业供应链金融信贷联结小农户和大市场的这一桥梁作用的体现仍然较少。姜松和周虹（2018）对农业供应链金融信贷在新型农业经营主体中的融资规模和门槛进行了细致的研究，并将创新信贷的价值链内部融资和外部融资作为金融机构参与价值链信用增值的有效途径。由于农业供应链金融信贷本身存在资源错配的风险，特别是在不同时期中农业贸易信贷和银行信贷之间存在互动与替代，会使得农业供应链金融信贷的减贫效应存在较大的异质性，因此我们需要创新金融和产业互动的产融结合模式来防范系统性风险。农业供应链金融减贫与产业扶贫的结合成为推动农户拓宽信贷融资渠道、重塑资产收益模式来进行"造血式"脱贫的有效手段。现有研究受制于农民专业合作社供应链金融信贷减贫实践的发展，相关理论和实践研究仍然相对偏少，相关研究更多地仍然是聚焦于农村金融传统信贷本身。农业供应链金融信贷不仅包含传统信贷的内涵，还创新了信用增级贷款等新型价值链融资的内涵，使得农业供应链金融信贷减贫的机制存在一定的异质性。贫困农户的致贫原因存在多样性，农业供应链金融信贷给不同贫困农户所带来的贫困减缓作用机制也可能存在较大的差异性。传统的银行信贷减贫机制更多地聚焦于金融支持农业产业扶贫，而对于部分没有脱贫能力的贫困农户，信贷扶贫效果往往不显著。农业供应链金融和产业价值链的深度融合通过合作社股权和债权的有效量化，以农业供应链金融信贷促进农业产业发展，并借助财产性收入的利益分配促使不具有脱贫能力的贫困农户摆脱贫困，从而使得不具有脱贫能力

的贫困农户在享受农业供应链金融信贷中的贫困减缓机制时存在较大的异质性。因此，本章从农民专业合作社贫困农户是否具有脱贫能力的视角，分析了具有脱贫能力的自主发展模式和不具有脱贫能力的委托发展模式下以农民专业合作社为载体的农业供应链金融信贷减贫机制，为深化农业供应链金融减贫相关理论研究和指导农业供应链金融减贫实践提供参考依据。

第二节　自主发展模式下的合作社农业供应链金融信贷减贫机制

为缓解贫困农户和低收入人群的信贷融资约束，农民专业合作社供应链金融信贷的本质在于化解信贷双方的信息不对称，增强借贷农户的信用能力和降低其信用风险。农民专业合作社供应链金融信贷可以借助社会资本在网络组织、同伴监督、信誉捆绑、集体惩戒等方式的有效联结机制，促使商业银行更好地打破借款者单一静态信用的思维模式，转变为考察农民专业合作社供应链成员的整体信用及对其软实力的评估（农民专业合作社的经营规模、成熟度、品牌影响力以及诚信状况等），积极推动农业供应链金融更好地化解社员农户信贷融资中存在的融资难、融资贵问题，提高弱势农户和低收入人群的信贷可获得性。

自主发展模式主要针对贫困农户中具有较强的脱贫意愿与脱贫能力，同时信用观念较好且具有贷款意愿的农户，通过"商业银行+农民专业合作社+贫困农户"的农业供应链金融信贷支持农业产业发展，激发农户农业生产的积极性，重塑农户自身的脱贫能力，从而降低信贷风险。自主发展模式下的合作社农业供应链金融信贷主要通过产业发展、金融支持与风险防控等利益联结机制来实现贫困农户的"造血式"脱贫。

自主发展模式下的合作社农业供应链金融信贷减贫机制如图7-1所示。

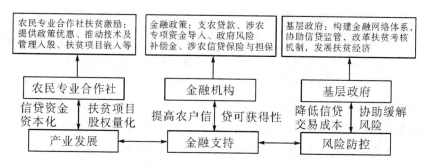

图 7-1　自主发展模式下的合作社农业供应链金融信贷减贫机制

一、产业发展

在以自主发展模式为主导的农民专业合作社供应链金融信贷中，农民专业合作社依托与建档立卡贫困农户的有效衔接，激励和引导贫困社员农户通过订单农业生产、农地流转、合作社劳务雇工、订单环节服务外包、定向技能培训等帮扶措施减贫增收。一方面，政府部门积极整合地方和中央财政资源，将产业扶贫专项资金以及扶贫项目整体打包作为激励农民专业合作社积极开展扶贫的有效手段。政府部门通过遴选出具有较强组织示范带头作用、脱贫效果显著的农民专业合作社作为重点扶持对象，推动乡村集体经济产业发展，从而实现共同富裕。另一方面，产业扶贫的核心在于将产业发展与精准扶贫治理目标有效结合，在扶持农民专业合作社发展以及增加扶贫项目供给上，不断增强农民专业合作社在帮扶贫困农户时的社会责任感。例如，农民专业合作社通过降低入社门槛来吸纳更多贫困农户加入，以合作社这一载体来实现贫困社员农户组织化水平的提升，并采用市场化手段来实现精准扶贫。此外，农民专业合作社供应链金融信贷服务的产业项目需要强化农民专业合作社的设立标准和内部治理能力的组织规范，以保障入社农户的合法权益。

二、金融支持

农业供应链金融信贷主要通过金融扶贫政策来支持农业产业发展，推动金融减贫。金融支持涉及多方金融服务主体，主要包括金融监管机构（中国人民银行）、金融信贷机构（商业银行）、金融保险机构（保险公司）以及金融担保机构（担保公司）等。

中国人民银行主要通过推进金融精准扶贫数据库的建设，实现扶贫村内金融扶贫工作站的全覆盖。中国人民银行通过对建档立卡贫困农户及农民专业合作社进行调查、信用评价、授信以及信贷发放制度等规则的制定，依托信息技术将相应数据纳入中国人民银行征信系统中，实现金融服务产业发展的精准对接。同时，中国人民银行积极引导商业银行大力支持建档立卡贫困农户在农民专业合作社供应链中嵌入农业订单、劳务雇工、农地流转和托管以及资金入股等利益联结机制，充分发挥以农民专业合作社为核心的供应链金融信贷主体对贫困农户脱贫致富的带动作用。此外，中国人民银行各地中心支行借助支农再贷款及扶贫再贷款实现存贷款基准利率的差异化专项扶持，引导和激励商业银行积极扩大涉农信贷资金投入，特别是针对贫困农户的农民专业合作社供应链金融信贷，提高社员农户的信贷可获得性和降低金融信贷资金成本。

商业银行是农业供应链金融信贷支持产业发展的重要主体，其通过农民专业合作社将农业产业扶贫资金嵌入符合贫困地区特色产业发展的信贷产品和服务中，以精准对接特色种养殖业、乡村旅游、特色农产品的农村电商等方式，实现对贫困农户的"无担保、免抵押、全贴息"的扶贫小额信贷支持，提升贫困农户的信贷可获得性。商业银行通过构建评级授信制度和贷款监管机制来发挥效用。一方面，对农民专业合作社这一供应链金融信贷主体，商业银行的评级授信制度采取"三会三公示两审核"的方式来实现评级授信的公开、公平和公正。首先，商业银行对贫困农户的授信调查由老党员、村干部、村组代表、老农民以及农民专业合作社负责人等代表形成推选会、商业银行评审小组培训会以及建档立卡贫困农户的调查评级会来实现。其次，商业银行对"三会"所得结果进行公示，包括代表公示、评级结果公示以及授信结果公示，即"三公示"。最后，商业银行根据公示结果进行审核，包括县产业金融服务中心和商业银行同时审核农民专业合作社的资质，即"两审核"。商业银行通过"三会三公示两审核"的评级授信制度来最大限度降低其选择农民专业合作社为供应链金融信贷主体的风险和交易成本。另一方面，贷款监管机制重点通过制定规范的信贷发放、使用、风险防范等监管条例，对贷款发放采取县、乡、村产业扶贫金融服务中心以及商业银行"四级审批"的模式，发挥多方贷款监督管理和清收的作用，督促农民专业合作社积极发展产业和贫困农户用好信贷资金。涉及农业供应链金融信贷资金未有效利用或用途混乱的农户，商业银行及时对其予以提示和告知，并提醒贫困农户及时还本付息。

金融保险机构和金融担保机构是农业供应链金融信贷顺利推行的有效保障。金融保险机构和金融担保机构通过对银行和政府扶贫项目推行的扶贫贷款提供保险服务和信贷担保服务，既能降低信贷风险又能让风险防控更为稳固。政府部门为商业银行开展农业供应链金融信贷提供风险补偿金，进而发挥金融杠杆效应，使农村信贷市场更好地服务于精准扶贫。风险补偿金主要针对贫困农户损失类贷款进行适当兜底补偿。损失贷款的额度一般按照一定比例分别由风险补偿金与商业银行来分担。这一举措为进一步化解商业银行推行农民专业合作社供应链金融信贷的系统性风险提供了保证。

三、风险防控

农业供应链金融信贷的风险防控主要依靠政府部门来构建金融服务网络，协助贷款监督和考核奖惩。

首先，风险防控的源头在于筛选出信用度较高的贫困农户和资质较好的农民专业合作社，积极发挥农民专业合作社供应链金融信贷在产业扶贫中的杠杆作用。政府部门通过给予农民专业合作社政策优惠、扶贫项目以及对农民专业合作社进行评价来发挥信号传递的作用，更好地为商业银行筛选农民专业合作社供应链金融信贷主体提供依据。

其次，政府部门协助商业银行加强提升农民专业合作社的治理能力，对贫困农户进行技能培训，推动信贷资本转化为产业资本，激发农民专业合作社对贫困农户的带动作用，提升贫困农户的脱贫能力。这有利于商业银行扩大信贷资金的投放规模和降低商业银行对农民专业合作社的信贷交易成本，间接助力实现脱贫的目的。

再次，政府部门积极强化信用评级制度，优化项目选择制度，实现信贷资金投放产业的本土化和特色化，在农业供应链上推动利益联结机制的内部监管制度和贷款公开化制度，让农业供应链利益相关者共同承担信贷风险，从而较好地降低单个供应链成员的信贷风险，进一步激发商业银行的信贷积极性和降低信息不对称引发的道德风险。

最后，在信贷利率投放上，政府部门协同采取信贷担保和政策性保险等风险转移工具，强化信贷风险与保险担保工具的有效组合，同时不断改善考核与激励机制，充分调动金融保险机构与金融担保机构为农业供应链金融信贷支持产业扶贫保驾护航的积极性。

第三节　委托发展模式下的
合作社农业供应链金融信贷减贫机制

委托发展模式是在一定的协议框架内，将贫困农户获得的小额信贷扶贫资金或政府扶贫专项资金量化后的股份委托给农民专业合作社统一经营管理，将贫困农户获得的农业资本回报作为偿还贷款的依据的一种模式。这种模式主要是以债权和股权为主，分别通过固定比例收益或股份分红使农户享受到农业产业发展带来的资本收益回报，从而帮助农户实现脱贫（见图7-2）。委托发展模式下的合作社供应链金融信贷产业扶贫主要依托农民专业合作社承接政府产业扶贫项目并对社员农户进行股权量化，金融机构对贫困农户进行小额信贷资金供给，贫困农户则以农地经营权的资本化或小额信贷资金作为生产投资入股，或者委托农民专业合作社统一经营管理，农民专业合作社将产业扶贫项目获得的收益拿来为贫困农户分红，贫困农户以此偿还贷款以及维持基本的生活。为了更好地监督管理农民专业合作社在产业扶贫项目上的发展，贫困农户选举产生代表加入监督管理小组对生产经营进行监督管理，使扶贫项目和贫困农户的权益得到有效保障。

在委托发展模式下的合作社农业供应链金融信贷中，依托农民专业合作社进行资本收益扶贫成为农民专业合作社参与扶贫激励措施的有效手段。从现实情况来看，深度贫困农户大多是缺乏脱贫能力和贷款意愿的农户，这部分人群依托其自身能力参与"造血式"产业扶贫的可能性较低，但依托资产收益扶贫模式则可以获得财产性收入，从而摆脱贫困。具体而言，该模式主要有通过农民专业合作社将国家财政扶贫专项资金及其他涉农资金用作贫困农户参与产业扶贫时股权量化的股本金，并通过将建档立卡贫困农户量化的股本金纳入农民专业合作社进行统一经营管理，获得的保值增值收益作为贫困农户长期脱贫的重要收入保障，但贫困农户不能将该量化入股的资金撤资或退股。

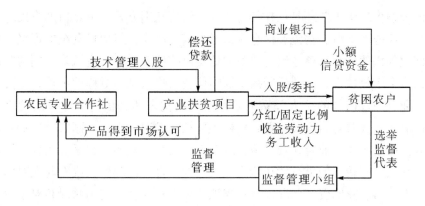

图 7-2 委托发展模式下的合作社农业供应链金融减贫机制

同时，获得国家扶贫项目资金的农民专业合作社将积极承担扶贫社会责任，通过将扶贫项目资金产生的收益或部分自有资本用于对建档立卡贫困农户进行配股和捐股，设立资产股份账户作为贫困农户获取收益的重要途径。完全丧失脱贫能力及耕种效率非常低的贫困农户也可以采用农地经营权流转或托管入股等方式，成为农民专业合作社统一经营的一部分。农民专业合作社最后负责对资产收益进行分红，实现收益扶贫的目的，逐渐形成以资产收益扶贫为主导的帮扶体系和长效机制。此外，农民专业合作社作为农业供应链的核心主体，也是主要对缺乏脱贫能力的贫困农户进行股权和债权管理的代理方。贫困农户与农民专业合作社之间形成了一种典型的委托代理关系，农民专业合作社有义务提供稳定的资产收益分红作为缺乏脱贫能力的贫困农户脱贫的重要收入保障。这种委托代理关系使得农民专业合作社内部治理结构成为影响农民专业合作社供应链金融信贷减贫成效的重要决定因素。

一、农民专业合作社供应链金融信贷内部治理结构

农民专业合作社供应链金融信贷模式主要分为信贷直供模式与信贷间接模式。信贷直供模式是商业银行直接针对贫困农户进行供应链资金的信贷管理和监督，农民专业合作社负责为商业银行在征信、信贷供需信息匹配等方面提供支持的模式。这种模式主要适用于一些组织程度低、经营规模较小以及发展时间短的农民专业合作社，农民专业合作社作为农业供应链主体缺乏对资金管理的经验。同时，农民专业合作社内部治理结构也不够健全和完善。因此，商业银行在农业供应链金融信贷中主要还是依托较为传统的信贷甄别方式，重点借助农民专业合作社从产业链上下游、物流和信息流来考察信贷风险，但信贷资金的评级、授信以及回收等仍然取决于商业银行自身的信贷监控体系。在信贷风险甄别与贫困农户的信贷资金投放上，商业银行由于面临信贷农户信息不对称的困境，主要借助农民专业合作社内部的熟人关系网络和治理结构来达到信贷资金投放的有效监管。同时，商业银行将农民专业合作社理事长和发起人作为贫困农户信贷资金的担保人。由于农民专业合作社理事长或发起人的股权较多，农民专业合作社理事长或发起人具有较强的借款偿还能力。农民专业合作社理事长或发起人对内部社员的生产生活、家庭资产状况以及对当地社员农户的基本信用状况相对了解，具有内部软约束监督的作用，从而有利于商业银行将信贷资金投放到以农民专业合作社理事长或发起人为主导的农民专业合作社中。一旦农民专业合作社内部社员无力偿还信贷资金时，社员农户特殊的抵押物（如农地经营权、劳务外包抵债权等）可以灵活地作为担保物或抵押物在农民专业合作社内部进行转让。

农民专业合作社供应链金融信贷间接模式主要是商业银行把农民专业合作社作为其信贷供给和信贷监督的代理人，即两者之间存在典型的委托代理关系的模式。这种信贷间接模式的核心在于农民专业合作社向商业银行获得"批发"贷款，然后根据社员农户的信贷需求开展"零售"贷款。批发信贷利率相比零售信贷利率低，总体上可以降低社员农户的信贷成本。同时，农民专业合作社也可以通过对社员农户的信贷来增强农民专业合作社自身的服务能力。总体而言，这种模式往往要求农民专业合作社的组织结构规范、经营规模较大、信用级别较高，从而有利于商业银行对农民专业合作社提供批发信贷服务。农民专业合作社从商业银行获得批发信贷后根据社员农户对资金的需求情况进行转贷分配。农民专业合作社统一购销农资并提供给社员农户，然后统一收购农户的农产品并销售。在这一过程中，商业银行基本上不参与社员农户资金监管，农民专业合作社在农产品实现销售后统一归还贷款给商业银行（见图7-3）。这种联结模式的核心在于农业供应链金融监管的内部化和商业银行只面临农民专业合作社甄别不力带来的信贷风险。

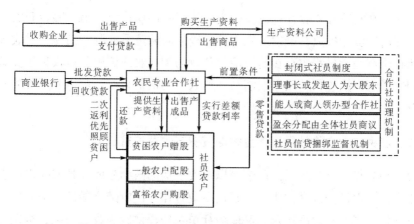

图7-3　农民专业合作社供应链金融信贷减贫机制

商业银行在对农民专业合作社进行信贷甄别和整体授信时，重点考察农民专业合作社中信誉良好和经济实力较强的理事长和发起人。通常，农民专业合作社主要由企业、种养大户、乡村干部等领办，不同领办主体在商业银行批发信贷授信中存在较大的差异，带来的减贫效果也存在异质性。农民专业合作社供应链金融信贷间接模式既降低了商业银行直接面对农户而产生的信息不对称和道德风险，又能较好地刺激农民专业合作社通过自身发展带动贫困农户脱贫。由于农民专业合作社理事长和发起人在农户信贷过程中可能面临资金供给上的歧视性和信贷偏好，造成信贷资金的内部人控制，因此由贫困农户选举产生的代表组成的监督管理小组可以化解内部人控制的资源错配问题。

此外，社员农户对信贷资金投放上的内部信贷捆绑监督，即信贷资金的投放需要考虑社员农户自身的信贷需求和社员之间的互相担保情况，也在一定程度上有利于信贷资金投放上的公开透明和降低信贷资金投放上的监管缺位带来的风险。农民专业合作社供应链金融信贷既发挥了农户信用甄别和筛选的作用，又能协助商业银行对贷款对象进行贷后资金的监督和催收。在"互联网+农业供应链金融"逐渐渗透到农村市场后，农民专业合作社成为社员农户信用收集、记录、资金管理、还款来源以及信用评价的载体和桥梁。农民专业合作社为社员农户建立信贷信用档案，并将其及时有效地传送给商业银行大数据信息管理系统；商业银行根据相应的信用评价结果按户发放相应等级和额度的信贷资金。农户取得贷款后，农民专业合作社协助商业银行对信贷农户还款进行监督和催收，并为贷款提供担保。在农民专业合作社供应链金融信贷间接模式中，商业银行对农民专业合作社在信贷资金投放和征信过程中的积极风险防范采取激励措施，对农民专业合作社在生产经营过程中存在的风险经营行为和在农户信用资料收集中弄虚作假采取相应的惩罚措施，并及时取消与违约农户的信贷合作，对情节严重的及时移送至金融监管部门和公检法部门处理。

二、农民专业合作社供应链金融信贷资产收益扶贫机制

效率和公平一直是公司治理中难以有效平衡的两个方面，其同样也存在于农民专业合作社内部治理结构中。在农民专业合作社供应链金融信贷中，如何让农民专业合作社既能高效率运营，又能为社员农户提供较高收益回报，特别是在收益分配过程中更加注重贫困农户和弱势群体的利益，成为农民专业合作社肩负的"双重使命"。目前较多的农民专业合作社存在由核心社员控制和利润分配偏资本化的问题，从而导致农民专业合作社出现"使命漂移"与"精英俘获"等制度变异的现象。做到农民专业合作社"双重使命"的均衡，需要内部治理机制的完善。内部治理机制作为农民专业合作社"双重使命"的前置条件，其内容包括农民专业合作社内部采取封闭式社员制度、理事长或发起人为大股东、农民专业合作社为能人或商人领办型合作社、盈余分配由全体社员投票决定（商议）、社员信贷捆绑监督机制等方面（见图7-3）。封闭式社员制度能够对合作社内部成员进行信贷软约束和同伴监督，起到农业供应链金融信贷风险防范的作用。理事长或发起人为大股东以及能人或商人领办型农民专业合作社是通过股权控制和社会资本控制双重约束来实现农民专业合作社的组织管理和风险管控。股权控制在农民专业合作社管理中起基础性的作用。特别是在农民专业合作社供应链金融信贷中，贫困农户往往处于增收难度大和抗风险能力弱的两难困境，小农户只能跟随大农户、企业或村集体干部领办型合作社寻求整体发展。这些领办型合作社中的精英社员处于资本的核心地位，普通社员大多是以"临界资本"或以"资格股"的身份加入，往往出资额较少且相对平均，处于资本的边缘地位。这种核心资本与边缘资本组成的二元资本结构成为目前农民专业合作社发展的主要股权分布结构。核心资本在农民专业合作社经营管理中处于决策权、经营权、剩余索取权和分配权的主导地位。实际上，核心资本已经成为驱动农民专业合作社发展的核心动力，这也是农民专业合作社在效率原则下的必然结果。农民专业

合作社供应链金融信贷减贫过程需要更加注重公平原则，农民专业合作社的剩余索取权和分配权需要分离。剩余索取权主要是由股份资本决定的，但剩余分配权应重点关注弱势群体和贫困农户的核心利益，即实行农民专业合作社经营管理权与剩余分配权的"两权分离"。

相对普通社员而言，农民专业合作社中的精英社员在政府合作、市场开发等渠道获取外部资源的能力上具有较强的比较优势，而普通社员在时间机会成本较低、物质资本较少以及社会资本互惠共享上具有一定的比较优势。因此，根据其内部监督和凝聚社员的禀赋优势，大股东或发起人成为负责农民专业合作社的日常运作的主要经营管理者。他们在政府扶贫项目支持、农产品市场销售等方面具有较强的资源获取和整合能力，能够争取到政府扶持、项目资金、交易网络和交易伙伴信任等。普通社员在面对市场和政府过程中发挥弱关系的作用，但内部社会网络形成的丰富社会资本能够有效降低农民信贷的风险性。普通社员之间形成的社会资本能够重复交易来降低机会主义行为，从而更好地促进农民专业合作社的稳健运行。随着大股东社员和普通社员之间的关系互动以及政府和市场交易网络的不断拓展、交易次数的不断增多，大股东社员和普通社员之间形成更为紧密的利益共同体，彼此的信任程度也会进一步提升（见图7-4）。

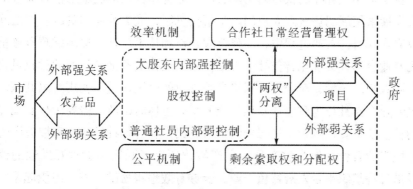

图7-4　农民专业合作社股权控制中的"两权"分离机制图

农民专业合作社作为农民协作发展的经济组织，本身具有内在的互助性和社员资源禀赋的差异性，从而造成社员结构在扶贫过程中的异质性，造成最终剩余索取权和控制权的不同。农民专业合作社内部成员根据各自资源禀赋和参与要素的数量来获得话语权，从而使得合作组织的主导权集中于精英社员手中，而普通社员的收益获取能力逐渐被弱化，造成资源上和利益分配上的"精英俘获"。普通社员无法参股或参股意愿较低造成产权结构异化，带来权益的分化，其核心在于农村社会阶层结构不断变化造成社员农户资源禀赋上的异质性。

长期以来，社员农户的资源禀赋异质性造成一部分贫困农户参与农业供应链金融信贷的意愿较低。即便是参与的贫困农户，其进行农业生产经营所需贷款也较少。贫困农户大多是依靠农民专业合作社订单农业生产来组织贷款，通过组织化程度的提高来提升农产品销售的能力。但农业供应链金融信贷具有较强的商业性，必须遵循盈利性原则来推广，这无形中使得一些地区扶贫资源利用效率低下，真正的贫困农户无法分享金融信贷减贫带来的好处，造成背离制度性扶贫的政策设计目标。在传统的扶贫模式下，一些政府扶贫项目往往从上往下传递，资金利用效率低下导致各级部门层层损耗资源，同时资金项目瞄准也存在瞄准偏差的难题。农民专业合作社信贷供给过程中往往存在合作社精英社员与农村边缘势力横架在农村扶贫项目与贫困农户之间的现象，他们是扭曲国家扶贫政策和成效的结构性力量。通常政府项目是引导农民和社会资本参与扶贫的载体，商业银行信贷供给作为配套支持，土地整理作为依托，农民专业合作社定向扶贫等作为路径，激发了贫困农户的内生动力和积极性，构建了以政府项目扶贫和农民专业合作社产业扶贫相互补充的扶贫格局。农民专业合作社供应链金融信贷通过嵌入村落社会发展来拓展弱势贫困农户的内生帮扶机制，成为政府和贫困农户之间的桥梁。政府在项目扶贫的过程中，加强金融合作和技术培训，提高财政资源精准对接农民专业合作社，优化合作社治理结构来实现扶贫资金与资源的股权量化并倾向于贫困农户的分配，充分保障弱势贫困农户的合法权益，实现互惠共赢。在选择农民专业合作社作为政府扶贫项目资源承载主体时，政府需要考核农民专业合作社的社会扶贫责任意识，增强党组织对农民专业合作社的引导和带头作用。

农民专业合作社作为农产品的生产经营提供者和民主管理互助性的经济组织，凭借经济组织平台发展特色产业，能够有效地将松散的农户组织起来。农户加入农民专业合作社存在一定的门槛。政府将产业扶贫基金作为引导，重点将该基金量化为农民专业合作社中贫困农户的股本，即作为贫困农户的入社股金。农民专业合作社对相关资产进行保值增值，贫困农户享受相应的收益而无法撤资撤股。脱贫能力不足的贫困农户可以将土地委托或流转给农民专业合作社来统一经营。农民专业合作社应探索贫困村集体经营性建设用地入市来构建资产收益分配机制，带动贫困农户减贫增收。政府可以推动农民专业合作社发展的专项资金与精准扶贫目标相契合，并进一步降低农民专业合作社门槛，使其承担扶贫的社会责任，建立健全农民专业合作社内部治理机制来保障贫困农户的合法权益。

农民专业合作社依据"资源资产化、资产资本化、资本证券化"的思路，通过资产收益扶贫的核心理念和市场化的脱贫机制，将传统的"项目到户、资金到户"扶贫模式转换为"权益到户、资本到户"的扶贫模式，从而使缺乏脱贫能力的贫困农户可以享受到资本收益带来的联合致富效果。农民专业合作社将政府财政补贴资金、信贷资金以及自筹资金整合成一套股份合作机制，引导和动员财政扶贫资金或项目资金以贫困农户赠股和集体补贴的方式实现贫困农户资产收益扶贫的目的。资产收益扶贫能够有效地将股份合作制的思想整合到扶贫项目资金、村集体资源以及农户个人资产中，进一步壮大集体经济，然后通过确权到户的方式使贫困农户拥有集体经济收益，最终获得资产收益分红。这种减贫机制能够较好地使由资本、劳动、土地等要素形成的农民专业合作社以更加灵活多样的股份合作制形式来承接各类扶贫资源，进一步提高农户之间的组织化程度。

农民专业合作社供应链金融信贷资产收益减贫机制的核心是借助农民专业合作社这一组织载体，通过股份合作制的方式将农户松散的资源有效整合到农民专业合作社这一平台上来，并进一步将资本分配和资本运营予以适度的分离，创新资产收益减贫机制。在资本运营过程中，农民专业合作社坚持市场和能力相统一的原则，逐步将资产的经营权集中到精英社员手中，实现资源利用的最有效经营；在资本分配过程中，坚持公平和公正的原则，加大对贫困农户和弱势群体的分配力度，特别是给予丧失脱贫能力的贫困农户收益分配优先权，使贫困农户能够分享到农业规模经营和产业发展带来的收益分红。这种方式有利于兼顾公平和效率，农民专业合作社天然地拥有这种属性。同时农民专业合作社进一步促进村集体经济的发展来参与脱贫攻坚，提升集体经济对扶贫的带动作用，将农户和市场及农业产业成果的分享联系起来，发挥社会黏合剂的作用及推动农民专业合作社股权和债权的资产收益扶贫。

第四节　农业供应链金融信贷产业扶贫趋势

　　农民专业合作社是新型农业经营主体的重要代表，社员贫困农户是否具有脱贫能力对社员农户自主发展和可持续脱贫尤为关键，以农民专业合作社为载体的农业供应链金融信贷对不同贫困农户表现出不同的减贫机制。自主发展模式下的农民专业合作社供应链金融信贷重点通过产业发展、金融支持与风险防控三大利益联结机制，以产业链横向和纵向一体化发展促进农业产业与金融资本的有效融合，推动有脱贫能力和意愿的贫困农户进行可持续性的产业脱贫，达到"造血式"脱贫的目的。委托发展模式下农民专业合作社供应链金融信贷减贫的前提在于优化农民专业合作社内部治理结构，构建农户和农民专业合作社之间的利益联结机制，形成农民专业合作社精英社员经营管理权与普通社员剩余分配权的"两权"分离，实现农民专业合作社供应链金融信贷减贫的有效治理结构。农民专业合作社在坚持公平和效率的基本原则下，发挥农民专业合作社产业扶贫对贫困农户的带动作用，借助政府扶贫专项资金及贫困农户信贷资金的股权量化，发挥债权和股权等资产收益的作用，保障贫困农户的基本权益，推动贫困农户财产性收入的增加，实现贫困农户的减贫增收。受篇幅所限，本书未进行相应的实证检验，笔者前期已经通过实地调研数据做了相关研究，也基本证实了书中农业供应链金融信贷减贫机制的有效性，但以农民专业合作社为载体的农业供应链金融信贷如何与内置金融形成有效的衔接，更好地发挥农民专业合作社金融扶贫的作用还值得进一步探讨，特别是随着金融科技、区块链技术和大数据信息技术在农业供应链金融信贷中的有效应用，如何提升以农民专业合作社为载体的新型农业经营主体在融资增信中的能力，如何优化农民专业合作社内部治理结构和加强对农民专业合作社的融资增信评级，如何防范新型农业经营主体为载体的农业供应链金融信贷风险等成为下一步需要深入研究和探讨的内容。

第八章　乡村产业振兴赋能：
提升城乡资本配置效率

改革开放以来，中国农村经济发展历程的本质是资本、土地和劳动力三大基本生产要素不断被市场机制配置的过程。2018 年 1 月 2 日，《中共中央 国务院关于实施乡村振兴战略的意见》明确提出"开拓投融资渠道，强化乡村振兴投入保障"，更加强调了资本要素在乡村振兴中的重要作用。但是中国农村地区始终面临资本要素的短缺问题，其原因在于农村资本大量流向城市。因此，研究城乡资本配置效率，对于加快推动乡村振兴战略的实施，破解城乡二元结构具有重要的现实意义。

新古典经济学要素报酬理论认为，受资本边际报酬递减规律的影响，人均资本较低的地区资本边际回报率较高，为了追求更多的利润，大量资本流向了人均资本较低的地方，直到各地区的资本边际回报率相等，从而达到均衡状态。由此可以推断，在城乡资本能够自由流动的经济环境下，由于人均资本较低的农村地区的资本边际收益率往往高于城镇地区的资本边际收益率，资本将从城镇持续流向农村，最终城乡资本边际收益率将达到趋同。因此，如果城乡资本边际收益率差异存在持续扩大的趋势，则说明城乡资本存在错配问题。

为了考察城乡资本配置效率的演进趋势，我们需要对城乡资本边际收益率进行有效测算。辛祥晶等（2007）、彭小辉等（2012）、周月书等（2015）对中国不同时期的城乡资本边际收益率分别进行估算后，发现中国农村的资本边际收益率一直远高于城市，且城乡资本边际收益率差值呈增大趋势。高帆等（2005）通过优化资本边际收益率测算逻辑，重新估算中国城乡资本边际收益率后得出相反的结论，即中国城镇资本边际收益率始终高于农村资本边际收益率。我们对现有的资本边际收益率的估算方法进行梳理后发现，方法测算和口径确定等方面仍有许多值得商榷的地方。例如，不少研究将第一产业数据作为农村数据，忽视了农村第二、第三产业所占的比重。因此，我们认为有必要对城乡资本边际收益率重新进行科学的测算。

此外，已有对农村改革发展阶段的研究，往往以重大历史事件为节点来定性划分但缺少定量依据。例如，孔祥智等根据发展内容和成就将中国农村改革历程划分为四个阶段。已有文献对城乡资本配置问题有较为丰富的阐述，指出了资本低效配置的特征，但研究中仍存在一定空白。鲜有研究将改革开放以来中国农村经济发展的历程从城乡资本配置效率视角进行阶段性划分和动态研究，或者将不同阶段的"三农"政策与城乡资本配置情况结合起来加以分析。本章根据城乡资本边际收益率的测算结果对其进行了趋势划分，以期为发展经济学和发展政策理论研究提供补充。

第一节　政策偏好与城乡资本收益率差异

在不同发展时期，一个国家的经济发展战略会有所不同。在经济快速赶超阶段，一个国家往往会遵循城镇优先发展战略。城镇优先发展战略在政策上涉及价格、投资、税收、金融等环节。在价格政策方面，政府通过实行"剪刀差"政策来扭曲产品价格和生产要素价格，以此获取农业剩余以补贴工业。在投资政策方面，政府通常采取向城镇工业部门倾斜的投资政策，以加快工业化进程。在税收政策方面，政府加大了对农村征税的力度，却在投资和利益分配方面对农村少有惠及。在金融政策方面，农村金融机构吸收的农户存款从信贷渠道再次回流到城镇地区，即农村资金通过"金融城镇偏向"流向城镇。

城镇优先发展战略对城乡资本配置的影响如何通过城乡资本边际收益率差异变动来体现呢？通过分析可以发现，政府在价格、投资、税收、金融等方面采取城镇偏向性的政策行为，导致大量资本从农村流向城镇，从而使城镇和农村的资本出现错配现象。由于资本边际报酬递减规律的存在，流向城镇的巨额资本使得城镇资本边际收益率开始快速下降，而农村区域资本的短缺导致该地区资本边际收益率逐渐上升。在两者的共同作用下，城镇优先发展战略在城镇和农村地区产生的不同效应导致城乡资本边际收益率的差值将呈现扩大的趋势，具体作用机制如图 8-1 所示。

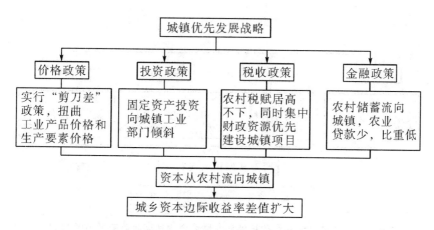

图 8-1 城镇优先发展战略影响城乡资本边际收益率差值的机制

在城乡统筹发展阶段，政府开始推行城乡经济一体化战略，同时更加注重城乡资本的有序流动。城乡经济一体化战略在政策上同样涉及价格、投资、税收、金融等方面。在价格政策方面，政府通过实施"托市收购"等政策提升农产品价格来对农业予以补贴。在投资政策方面，政府采取向农业部门倾斜的投资政策，以加快农业现代化进程。在税收政策方面，政府在减免农业税的同时，加大对农村的公共投资和利益分配方面的力度。在金融政策方面，政府向农业发展提供必要的信贷支持，同时大力发展农业保险、大宗农产品期货等来分散农村信贷风险。与城镇优先发展战略所带来的结果相反，城乡统筹发展战略使城乡资本配置效率得到快速提高，并给农村资本回流带来了显著的正向效应。在资本边际报酬递减规律的作用下，农村地区资本边际收益率逐渐下降，城乡资本边际收益率差值开始缩小（见图8-2）。

需要注意的是，在一段时期内，经济政策产生的效果并非由某单一因素或发展倾向决定，而是在诸多因素交互影响、共同作用下的综合结果。因此，城乡资本是否得到有效配置，即城乡资本边际收益率差异的扩大与缩小取决于在两种发展倾向下，实施多重政策的共同影响。这就需要针对不同阶段的具体情况做具体分析，通过标志性事件发生的时间顺序对该阶段的发展历程进行宏观梳理和系统研究，发现影响城乡资本配置效率的主要原因并总结提炼发展经验。

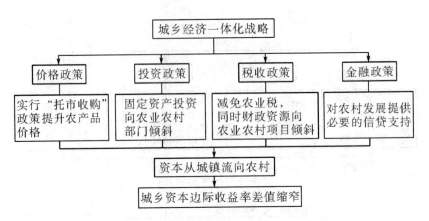

图8-2　城乡经济一体化战略影响城乡资本边际收益率差值的机制

第二节　城乡资本配置效率与资本流动测度

一、模型设计

为估算城乡资本边际收益率，本书借鉴辛祥晶等、褚保金等、周月书等对资本边际收益率的测算方法，基于新古典经济增长理论，引入柯布-道格拉斯生产函数：

$$Y_t = L_t^{\alpha} \cdot A_t K_t^{\beta} \tag{8-1}$$

其中，Y_t、A_t、L_t、K_t分别表示经济产出、全要素生产率、劳动投入与资本投入，α、β分别代表劳动和资本的产出弹性。由于本书的研究主要聚焦于对城乡资本配置效率的考察，为消除劳动投入影响，我们将（8-1）式两端同时除以劳动投入L_t，在不变报酬类型假设下，$\alpha+\beta=1$，则生产函数可转化为：

$$Y_t / L_t = (L_t^{1-\beta} \cdot A_t K_t^{\beta}) / L_t = A_t (K_t / L_t)^{\beta} \tag{8-2}$$

即

$$y_t = A_t k_t^{\beta} \tag{8-3}$$

其中，k_t和y_t分别表示劳均资本和劳均产出。我们对（8-3）式两端取对数可得：

$$\ln y_t = \ln A_t + \beta \ln k_t \tag{8-4}$$

我们再对（8-4）式进行计量回归，即可估算出资本弹性 β。进一步地，我们还可以求出资本的边际收益率：

$$r_t = \partial y_t / \partial k_t = \beta y_t / k_t \tag{8-5}$$

二、数据来源

国内生产总值（GDP）、GDP 指数、第一产业 GDP、城镇化率数据来自中国经济数据库（CEIC 数据库）。乡镇企业增加值和就业人口数据来自《中国乡镇企业年鉴》与《中国乡镇企业及农产品加工业年鉴》。总就业人口、第一产业就业人口数据来自 CEIC 数据库。固定资产投资额数据来自《中国统计年鉴》。

三、变量说明

本书采取农村 GDP ＝第一产业 GDP ＋乡镇企业增加值×（1−城镇化率）的计算方法来对经济产出予以衡量，城镇 GDP ＝ GDP −农村 GDP。为了剔除通货膨胀对 GDP 的影响，本书利用中国 1981—2016 年 GDP 指数（1978 ＝ 100）和 1978 年名义 GDP 计算出历年以 1978 年为基年的 GDP 不变价格。同理，本书采取农村就业人口＝第一产业就业人口＋乡镇企业就业人口×（1−城镇化率）的计算方法来表示劳动投入，而城镇就业人口＝总就业人口−农村就业人口。资本投入一般用当期资本存量来表示。本书采取学术界通常使用的永续盘存法来对资本存量进行估算，即 $K_t = I_t / P_t + (1-\delta) \cdot K_{t-1}$。其中，$K_t$、$I_t$、$P_t$、$\delta$ 分别代表 t 期资本存量、以 t 期价格计算的投资额、t 期投资价格指数和资本折旧率。

考虑到数据的可获得性，本书采用固定资产投资额作为 I_t，采用固定资产投资价格指数作为 P_t，由于《中国统计年鉴》只公布了 1991—2016 年的固定资产投资价格指数，因此 1981—1990 年的省际固定资产投资价格指数采用学术界通用做法，即用投资隐含平减指数来代替固定资产投资价格指数。其中，t 期固定资本形成总额指数（1978 ＝ 1）＝ ［t 期固定资本形成总额（当年价格）/t 期投资隐含平减指数（上一年＝ 1）］/（t−1）期固定资本形成总额（当年价格），t 期固定资本形成总额与固定资本形成总额指数都可以从《中国国内生产总值核算历史资料（1952—2004）》中获取。最后计算得出 1981—1990 年投资隐含平减指数（上一年＝ 1）。我们结合 1991—2016 年固定资产投资价格指数进行汇总。郭庆旺、贾俊雪通过推算得知 1978 年中国固定资产净值为 3 837 亿元，本书按此口径确定基期资本存量。折旧率 δ 按已有文献的做法取通用值 5%。

　　按上述方法确定中国的基期资本存量、投资价格指数以及折旧率后，我们便可以测算出中国 1981—2016 年的资本存量，并依据城乡固定投资比进一步得知中国城镇与农村资本存量。

第三节　城乡资本边际收益率差异变动阶段

　　我们利用上述数据分别计算得到中国城乡人均投入与人均产出值，再将数值代入式（8-4），计算得到中国城镇和农村的资本产出弹性分别为 0.61 和 0.67。我们将中国城乡资本产出弹性值代入式（8-5），计算得到中国 1981—2016 年城乡资本边际收益率变动趋势（见图 8-3）。

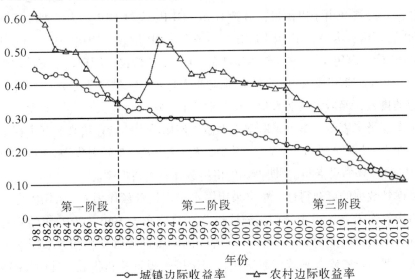

图 8-3　中国 1981—2016 年城乡资本边际收益率变动趋势

　　1981—2016 年，城镇资本边际收益率始终保持下降的趋势，农村资本边际收益率则呈现先下降后增长再下降的趋势。城乡资本边际收益率的差值先缩小后扩大再缩小，到 2016 年差值缩减为 0。我们由此可以得出结论：改革开放后，中国农村虽然始终存在价值投资洼地，但从 2005 年开始，其投资价值相比城镇开始减少，到 2016 年，资本虽然仍能从农村获得投资回报，但与城镇相比，已不存在极差收益。从资本配置效率来看，20 世纪 80 年代中国城乡资本配置是有效的。进入 20 世纪 90 年代后，城乡资本配置开始失灵。从 2005 年开始，城乡资本重新开始有效配置并一直持续至今。本书根据城乡资本边际收益率差异的变动趋势将改革开放 40 多年来农村改革历程划分为三个发展阶段，以标志性事件发生的时间顺序对各阶段的发展历程进行梳理和分析。

一、快速收窄阶段（1978—1989 年）

党的十一届三中全会确立了"解放思想、实事求是"的思想路线并确立了"以经济建设为中心"的战略决策，就此拉开了农村改革的序幕。《中共中央关于加快农业发展若干问题的决定（草案)》得到通过，目的是尽快解放农村生产力，加快农业发展，减轻农民负担。从 1982 年起，中央又连续五年发布以农业、农村和农民为主题的中央一号文件，对农村改革和农业发展做了具体部署。其中，中央于 1982 年、1983 年、1984 年连续三年总结、明确和巩固了家庭联产承包责任制作为中国农业主要经营方式。1985 年中央提出要大力帮助农村调整产业结构，积极发展多种经营的方针，并开始逐步取消 30 年来农副产品统购派购的制度，有力推进了农产品流通体制改革。与此同时，中央将社队企业改组为乡镇企业，明确和肯定了乡镇企业发展起到的"以工补农"的作用。至此，乡镇企业开始异军突起。1986 年的中央一号文件通过放宽乡镇企业贷款条件进一步促进了乡镇企业的发展。

总体来看，在这段时期，农村发展的政策环境逐渐变得宽松。其中，人民公社制度的废除、乡镇人民代表大会和人民政府的设立与家庭联产承包责任制的推行使农村重新焕发出活力，统购派购制度的取消使农村进入了商品经济发展阶段，有力地促进了农村的经济发展。同时，在中央一号文件的指导下，农作物的生产布局进行了有效调整，农业生产结构得到了极大改善，农业机械化也得到有效普及，农村的价值投资洼地效应开始凸显。一系列支持乡镇企业发展政策的出台，打破了资本在城乡之间流动的行政壁垒。乡镇企业的快速发展不但吸收了大量的农村剩余劳动力，还吸引了土地和工商资本等生产要素的流入，从而缓解了农村地区剩余劳动力的就业紧张问题。乡镇企业的快速发展在促进了农民增收的同时，还带动了农村经济的快速增长。由于改革开放初期重点以农村经济改革为出发点，因此"予多取少"的政策方针有效地解放了农村劳动生产力，也提升了农村资本投资价值。这一阶段城乡资本配置效率也获得了提升，城乡资本边际收益率的差异也相应开始收窄。

二、重新拉大阶段（1989—2005 年）

党的十四大确立了社会主义市场经济体制改革的目标，但这一阶段中国农村的经济发展却与城镇的经济发展有差距拉大的趋势。首先，由于宏观经济形势的变化，中国的经济由物资全面短缺走向物资相对过剩，国家对乡镇企业发展采取了紧缩政策，乡镇企业税收、信贷等优惠开始减少，资金更主要地靠农民自筹。在这种情况下，乡镇企业的发展受到严重阻碍，增长速度从 1991 年开始快速下降。其次，随着金融体制改革的深入，银行加快了商业化进程。在防范金融风险的指导思想下，金融机构上演了一场从农村到城市的全面撤退。邮政储蓄在农村只存不贷，农业银行、农村信用合作社等金融机构在执行存款职能的同时也很少愿意承担贷款的责任。这造成的直接后果就是 1989—2001 年农村资金通过邮政储蓄机构流向城镇的金额达到 2 024.9 亿元，1990—2000 年农村资金通过农村信用合作社流向城镇的金额更是高达 25 671 亿元。再次，这段时期财政支农占财政支出的比重在不断下降。同时，税收政策却继续加重农民的负担。例如，各地允许乡镇政府自筹财政经费，地方性收费政策在执行中通过层层加码，极大地增加了乡镇企业和农民的负担。最后，在这段时期，农产品结构性供求关系矛盾逐渐凸显。几乎所有农产品都呈现出区域性、结构性和阶段性的供过于求问题。原因在于 20 世纪 90 年代中期，受 1994 年和 1996 年两次粮食提价的影响，农业结构调整的力度不及预期，农业结构调整既没有适应市场需求的变化，也没有从根本上扭转单纯追求产量目标的特点。其本质仍然是根据市场短期需求变化而被动地进行产品结构适应性调整。

总体来看，这段时期中国改革的重点从农村转向城市和国有企业，并采取了让农业农村来承担大部分改革成本的路径，这在相当程度上抵消了农村改革发展的前期成果。尽管党中央、国务院就如何搞活农村经济、发展农业产业化经营、促进农民增收、减轻农民税负等问题出台了一系列的政策，但是都没有取得实质性的进展，造成了"三农"问题凸显，导致"农民真苦、农村真穷、农业真危险"。工农"剪刀差"的政策取向、大规模的城市化发展以及城乡市场化程度差异不断拉大，这些改革政策取向使得城市工业快速发展，大量的农村资本流向城市，城乡资本配置效率之间的差异又开始逐渐拉大。在"重工轻农"的政策取向下，虽然农村资本边际收益率高于城镇，但受市场风险等其他因素的综合影响，城乡资本配置出现了较大的偏差，城乡资本边际收益率差异也相应地被快速拉大并一直保持较大的差距。

三、重新收窄并趋近于零阶段（2005 年至今）

党的十六大报告提出了"统筹城乡发展"的战略指导思想，把多年来形成的"三农"问题正式提升到国家宏观经济层面来解决。这标志着中国农村改革进入了以调整国民收入分配关系为核心的重大历史转变时期。从 2004 年开始，中央再次连续发布旨在破解"三农"问题的中央一号文件。从这段时间开始，中央以统筹城乡发展为主线，以"多予、少取、放活"为方针，为新时期中国农业、农民和农村的发展开辟了广阔道路。在这一阶段，中央逐步实施了缩小城乡收入差距、减免农业税、实施农业补贴政策、建立农村社会保障制度、普及农村九年义务教育免费制度、培训进城务工人员、深化农村土地制度改革、构建新型农业经营体系、加快农村金融制度创新、壮大新产业新业态等一系列创新政策。一系列中央一号文件对解决"三农"问题有极强的针对性，为改善农村基础设施条件、提高农业技术装备水平和大力发展农村新经济等方面提供了政策保障，实现了农村经济的飞跃发展。

具体来看，在农村金融方面，在商业化、股份化、盈利性银行离开农村后，农民合作金融创新在一系列政策支持下取得了巨大进步，特别是 2006 年《中国银行业监督管理委员会关于调整放宽农村地区银行业金融机构准入政策更好支持社会主义新农村建设的若干意见》允许开展三类新型农村金融机构试点，即村镇银行、贷款公司和农村资金互助社，这让农村融资难的问题得到了有效缓解。在财政政策方面，2005 年，第十届全国人大常委会第十九次会议通过表决废除了《中华人民共和国农业税条例》，这意味着在中国沿袭 2000 年之久的"皇粮国税"的终结。仅减免税一项，国家每年减轻农民负担 1 335 亿元。在土地制度变革方面，"三权分置"创新了农地产权制度，放活了土地经营权，允许其在更大范围内进行优化配置。2016 年，中共中央办公厅和国务院办公厅印发了《关于完善农村土地所有权承包权经营权分置办法的意见》，为农地规模化经营和农业现代化发展提供了制度保障。这些政策不但盘活了土地要素市场，还提高了土地利用率和农业生产率，也对工商资本下乡起到了积极的促进作用。

在 2020 年全面建成小康社会的目标背景下，为解决当前人民日益增长的美好生活需要和不平衡不充分发展之间的矛盾，尤其是解决城乡发展不平衡和农村发展不充分的问题，党的十九大报告提出实施乡村振兴战略。这表明中国解决农业、农村、农民问题已经进入了一个新的阶段。2018 年 2 月，党中央和国务院下发《中共中央 国务院关于实施乡村振兴战略的意见》（以下简称《意见》），标志着乡村振兴战略的正式实施。《意见》在继续强调要巩固和完善农村基本经营制度、深化农村土地制度改革、推进农村集体产权制度改革和完善农业支持保护制度的同时，着重提到要开拓投融资渠道，强化乡村振兴投入保障，要求公共财政更大力度向"三农"倾斜，尽快建立和完善涉农资金的统筹整合长效机制，旨在充分发挥财政资本导向作用，通过财政资本来撬动金融和社会资本更多地投向农业农村。可以预见，在乡村振兴战略的实施保障下，未来城乡资本将会得到更为有效的配置。

总体来看，在这一阶段，中央坚持把解决"三农"问题作为全党工作的重中之重。这段时期农业和农村政策出现了一系列变化，如减免乃至取消了农业税，并加大了对农民的补贴力度。中国由此正式进入了"以工补农，以城带乡"的城乡发展新阶段。"既予又活"的发展思路和政策取向使工商业资本下乡的积极性不断提升，越来越多的城市资本开始流向农村，也逐渐拉平了城乡资本配置效率的"差异沟壑"。在一系列组合政策的指导下，财政支农占财政支出比重逐渐增加，农村金融体系日渐完善，工商资本下乡开始成为常态。随着社会主义市场经济体制机制的完善，城乡资本重新得到有效配置。但值得注意的是，伴随资本的有效配置，城乡资本边际收益率差异开始逐年收窄，到 2016 年中国农村与城镇的城乡资本边际收益率已经趋于一致，这意味着中国农村已不再存在价值投资洼地。如何重新提振农村的资本边际收益率成为时下亟待解决的新问题。

通过观察改革开放 40 多年中国"三农"政策的演进脉络，并对不同阶段城乡资本配置空间演进趋势的影响进行探讨和分析，我们发现，城镇优先发展战略下城市偏向政策是导致城乡资本配置效率低下的主要原因，固定资产投资和财政支出的城市偏向越多，城乡资本边际收益率差异越大，城乡资本配置效率也越低。"工业反哺农业、城市支持农村"方针的确立是重新提升城乡资本配置效率的关键。具体来看，国家通过加强农业基础设施建设，完善以农产品和农业产业发展为核心目标的农业补贴制度，着手消除阻碍城乡统筹的体制性因素，加快破除城乡二元体制，构建城乡平等和完备的公共产品供给体系以及推动农村金融体制改革，放宽农村地区银行业金融机构准入政策都能促进资本从城镇流向农村，有效提高城乡资本配置效率。长期来看，政府应关注不同经济发展阶段宏观经济政策制定和实施对城乡资本配置效率的作用，并适时调整经济发展政策，以适应中国城乡经济均衡发展的要求。

第四节　乡村振兴战略下提升城乡资本配置效率的措施

本书通过改革开放40多年城乡统筹发展背景下的城乡资本边际收益率的变动，测算和分析了中国1981—2016年城乡资本的流动趋势。结果发现：第一，中国城乡资本配置效率呈先高后低再变高的走势，即1981—1989年城乡资本配置效率较高；1989—2005年城乡资本配置出现了变化，城市资本挤压了农村资本配置空间；2005—2016年城乡资本边际收益率基本拉平，差距不断收窄，城乡资本配置效率重新变高。第二，城乡分开测算结果证明，中国城镇资本边际收益率始终保持下降的趋势，中国农村资本边际收益率则呈现先下降后增长再下降的趋势。城乡边际资本收益率的差值先缩小后扩大再缩小，到2016年城乡资本边际收益率已经相同，即当前中国农村已经不存在价值投资洼地。第三，从资本配置有效性来看，20世纪80年代中国城乡资本配置是有效的；进入20世纪90年代后，城乡资本配置开始失灵；从2005年开始，城乡资本重新开始有效配置并一直持续至今。本书在此基础上将改革开放40多年来农村的发展划分为三个阶段，以标志性事件发生的时间顺序对农村不同阶段的发展历程进行了宏观梳理和系统研究，发现城镇优先发展战略下城市偏向政策是导致城乡资本配置效率低下的主要原因，而通过政策扭转城市偏向，是提升城乡资本配置效率、缩小城乡差距的根本举措。

在乡村振兴战略背景下，如何有效利用工商资本下乡来重振乡村投资价值，进一步提高城乡资本配置效率以推动乡村振兴发展呢？首先，在当前城乡资本配置效率已得到较大改善，城乡资本边际收益率不存在差异的情况下，破解城乡二元结构、推动城乡一体化发展的重点应放在资源和劳动力要素的有效配置上。具体来看，政府应继续在基建、教育、医疗、社保方面，推进城乡基本公共服务均等化；同时，从创新人口管理、市民化推进机制健全等方面，推进农业转移人口市民化。其次，从长期来看，城乡资本配置效率的改善和城乡资本边际收益率差异的大幅收窄是中国市场化进程推进过程中的必然结果。这就需要政府在继续加大财政、金融支农的政策力度的同时，着力构建完备的现代农业产业体系、生产体系、经营体系，以此为农村吸引更多的资本创造有利的外部条件。最后，中国城乡资本边际收益率近年来均呈现出快速下降的趋势，这说明继续单纯依靠资源、资本和劳动力等要素投入驱动经济增长已经不再可行，经济发展模式应由劳动密集型和资源密集型转向知识与技术密集型。加大科技创新投入和提高技术效率与资本配置效率成为城乡经济继续保持中高速增长的关键。

第三篇

生态宜居

第九章　生态振兴基石：
深挖绿水青山价值

习近平总书记提出："绿水青山就是金山银山。"总书记的论述深刻阐明了新时代中国乡村潜在的宝贵价值和巨大的价值提升空间。这不由得引发我们的思考，长期以来，拥有"绿水青山"的广大乡村为什么不仅没有因为资本要素集聚而成为"金山银山"，反而因为诸多生产要素的流出呈现衰败的局面呢？这是经济学中著名的"卢卡斯之谜"的中国版问题。"卢卡斯之谜"又称为卢卡斯悖论，是诺贝尔经济学奖得主卢卡斯教授在 1990 年提出的。他认为，按照新古典经济理论，资本的边际报酬递减，那么资本越稀缺的地方就能够吸引到越多的投资。但现实恰恰相反，资本往往流向更为富裕的地区。通俗地讲，就是在城乡之间，资本往往从相对匮乏的乡村流向相对富裕的城市，而不是反向流动。如何破解"卢卡斯之谜"，实现资本在从城市到乡村的流动，使乡村生态本底、历史人文、资源要素等潜在内生价值转变为经济、社会、文化等外在的价值实现，是乡村振兴战略面临的历史重任，也成为实现"绿水青山就是金山银山"的关键所在。

习近平总书记指出：实施乡村振兴战略，首先要按规律办事，在我们这样一个拥有 13 亿多人口的大国，实现乡村振兴是前无古人、后无来者的伟大创举，没有现成的、可照抄照搬的经验。我国乡村振兴道路怎么走，只能靠我们自己去探索。

我们观察到，成都市在实施乡村振兴战略，推进城乡融合发展过程中，初步找到了破解"卢卡斯之谜"的钥匙，探索出了"绿水青山就是金山银山"的天府路径。2018 年，成都市策划实施乡村振兴项目 586 个，完成投资 614.6 亿元。2019 年伊始，总投资近 300 亿元的 14 个乡村振兴重大项目完成集中签约。巨额的投资进入了乡村，带动了产业、生态、人才、文化和组织的全面振兴。资本、劳动力等生产要素持续流入乡村，一个个"网红"村落新罗棋布，天府林盘、乡村绿道串点成线，特色镇、田园综合体、现代农业园区集聚发展，天府乡村展现出新的风貌。成都市是如何通过实施乡村振兴战略破解"卢卡斯之谜"的呢？又是如何深入解构"绿水青山就是金山银山"的天府路径的呢？

第一节　重塑乡村价值理念

正确认识乡村绿水青山的价值，是乡村振兴战略的逻辑起点。如果将乡村产业仅仅局限在传统农业，将乡村文明视为落后的、必将被取代的文明，将乡村视为必将被城镇所替代的过渡形态，那么乡村的绿水青山永远无法转变为金山银山。从全球城镇化进程的规律来看，当城镇化率超过 70%，就会出现逆城镇化现象。成都市作为一个常住人口超过 1 600 万人的特大城市，常住人口城镇化率达到 73.12%。随着城乡居民收入水平的不断提升，消费升级带来的城市居民品质化休闲度假需求和乡村居民高水平公共基础设施与公共服务需求叠加，乡村绿水青山的潜在开发价值不断提升。成都市实施乡村振兴战略，围绕着乡村价值理念重塑，将乡村生态价值、经济价值和文化价值的实现作为乡村振兴的出发点。成都市通过乡村人居环境改善，大地景观、乡村绿道、川西林盘建设全面提升乡村生态环境；通过农、商、文、旅、体、养产业融合发展全面延伸乡村产业链价值链；通过乡村书院、博物馆、民宿、手工艺作坊、农业体验等文创项目全面传承天府农耕文化。乡村价值理念的重塑使得绿水青山的潜在价值开发备受追捧，天府乡村成为老百姓向往之地，乡村产业成为资本聚集之地，新村民也逐渐成为令人向往的职业。

第二节　固化绿水青山价值表达

绿水青山的潜在价值得到重新审视后，如何通过市场化手段固化其价值表达成为必须面临的选择。乡村山、水、田、林、路、湖、草等资源资产如果不能够参与市场化运营，其价值必然无法实现。成都市在统筹城乡改革的基础上，全面推进农村产权制度改革，完成了对包括农地、宅基地、集体建设用地以及集体林权等各类农村资源、资产产权的确权颁证。成都市通过深化农村集体产权制度改革，规范开展农村集体经济组织登记赋码，赋予了集体经济组织合法的市场经济地位。这些措施构建了乡村资源资产明晰的产权制度安排，赋予了乡村组织合法的市场经济地位。在此基础上，成都市通过建立和完善各类乡村资源资产的产权交易市场，实现资源的市场化流动；通过探索集体经营性建设用地直接入市、宅基地"三权分置"、集体建设用地建租赁房等试点改革，合理盘活乡村闲置资源，打通了资源的市场化路径，明确了资源产权结构安排，赋予了乡村组织合法市场地位以及构建了合理合法的资源市场化路径。这些市场化指向的改革探索使绿水青山的潜在价值通过市场渠道得到有效配置，绿水青山成为乡村吸引外部资本的最大砝码。

第三节 优化乡村价值空间形态

长期以来，大城市往往形成圈层式发展形态。乡村振兴战略要求重构城乡发展形态，推进城乡融合发展。习近平总书记提出，要"看得见山，望得见水，记得住乡愁"。成都市在重构城乡发展形态方面，紧紧围绕"深入诠释公园城市的乡村表达"的要求，加快推动公园形态与大美乡村空间有机融合，打破城乡规划的行政壁垒，将镇、村两级纳入规划体系，建立健全"多规合一"的空间规划体系，做到精准规划。成都市在项目建设中坚持不策划不规划，不规划不设计，不设计不建设。成都市以城乡融合的规划引领城乡发展的格局形态，以航空走廊、交通沿线、景区景点为重点，分类型实施大地景观再造工程，坚持"景观化、景区化、可进入、可参与"理念，凸显乡村自然景观特色风貌。在资源配置上，成都市抓住镇级节点辐射能级不足的关键，以特色镇（街）建设为重点，构建农业产业功能区—特色镇（街）—农村社区（林盘聚落）三级城镇体系，实现城乡形态由行政布局向功能布局、特色要素禀赋布局的转变。同时，成都市规划建设全国乃至全球最长的天府绿道，通过绿色廊道建设构建从城市到乡村的"快进慢出"的生态交通体系，城乡发展格局逐渐打破传统圈层形态，城乡融合发展的格局态势初步构建。

第四节　打造乡村价值实现载体

乡村虽然具有广袤的空间和丰富的资源，但在发展过程中，由于人、地、钱等多种要素制约，必然需要构建发展的点、线、面、网，形成资源要素的空间集聚。成都市在发展乡村产业过程中，通过发展农、商、文、旅、体、养产业跨界融合，乡村新产业新业态不断凸显。由于突破了传统农业在地理空间上无法集聚的限制，乡村产业，特别是一些新经济主体的空间集聚成为可能。成都市顺应这一规律，基于资源禀赋特点和产业链特色在全市构建了中国天府农博园等 6 个产业功能区和"绿色战旗、幸福安唐"乡村振兴博览园等 7 个重点发展的现代农业产业园区，"6+7"现代农业产业园区构建起了功能互补、产业协同的乡村经济地理新空间，使得乡村外部的资本、人才、技术可以依据产业链有针对性地选择投入区域，实现资源资本的有效结合，充分发挥产业集聚的规模经济和溢出效应。同时，成都市在产业功能区内部，围绕乡村绿道、川西林盘、特色小镇、田园综合体、农村产业融合示范园等发展载体，为政策、项目以及人、地、钱的集聚形成具象化的空间载体，从而为绿水青山向金山银山的转变创造了空间上的载体保障。

第五节　推动乡村管理体制变革

乡村的发展导致乡村经济结构和社会结构发生巨大变化，产业跨界融合形成的新产业新业态、城乡人口交互流动形成的新村民，都对乡村的行政管理体制和社会治理方式提出了新的要求。生产力的发展必然要求相应的生产关系变革。成都市遵循乡村经济社会变迁的自然规律，打破行政区域界线，构建以现代农业主体功能区为基本单元的管理体制，通过"管委会+投资公司"的运营模式来主导功能区发展的经济工作。在乡镇层面，成都市通过实施拆乡并镇、乡镇改街道办事处，在适度扩大乡镇（街道办事处）范围的同时，强化公共服务和社会管理职能，从而解决长期困扰乡镇（街道办事处）的权责不对等问题。在村级组织层面，成都市通过集体经济组织同自治组织的分离、"居站分离"等举措，促进公共服务职能下沉，避免集体经济组织和自治组织职能的混淆。成都市通过乡村管理体制变革，初步构建起"二级政府，三级管理"的行政管理体制；通过厘清乡村组织功能，避免职能的错位和越位，更好地适应了乡村生产力发展水平的要求。

第六节　设计利益联结体制机制

习近平总书记在谈到农村改革时强调："不管怎么改，都不能把农村土地集体所有制改垮了，不能把耕地改少了，不能把粮食生产能力改弱了，不能把农民利益损害了。"实施乡村振兴战略，打造金山银山的最终目的是让农户分享增值收益，否则就背离了改革发展的初衷。从产权制度看，乡村的山、水、田、林、路、湖、草资源，都属于村集体所有。社会资本进入乡村，实现资本和资源的结合，不仅不能把农户挤出乡村，还要通过构建利益联结体制机制带动农户。成都市在实践中通过深化农村集体产权制度改革，完善以产权为纽带、以股份制改造为载体、以盘活农村资源为核心的农民财产性收入新机制，探索建立农民参与发展、共享发展的农村经济组织机制。成都市通过大力发展新型农业经营主体，完善"龙头企业+农民合作社+家庭农场（农户）"机制，大力推广"农业共营制"，让农户能够分享新型经营主体的经营收益。在公共财政方面，成都市通过将财政资金投入农业农村形成的经营性资产股权量化到村、到户，增强农户的市场参与能力。成都市通过加大医疗、教育、便民服务等乡村公共产品供给标准，构建15分钟社区生活服务圈，提升农户生活便利性。随着一系列体制机制的创新和改革，乡村的金山银山最终为老百姓带来实实在在的生活水平的提升。

2018年是乡村振兴战略的开局之年，成都市深入贯彻落实习近平新时代中国特色社会主义思想，遵循乡村发展规律，按照"重塑乡村价值理念→市场化乡村价值表达→重构乡村价值空间形态→打造乡村价值实现载体→构建乡村价值实现保障→分享乡村价值增值收益"的改革路径，探索出了绿水青山就是金山银山、绿水青山向金山银山转化的路径。不仅如此，成都市的乡村振兴探索还从理论层面破解了"卢卡斯之谜"，围绕城乡融合体制机制构建了实现生产要素在城乡间的双向流动。这些改革探索，对推动乡村振兴战略的实施具有十分重要的典型意义。改革只有进行时，没有完成时，我们期待着天府乡村上演更多的精彩故事，为中国乃至世界的乡村振兴贡献更多的"成都智慧"！

第十章　农村人居环境
整治突破口:"厕所革命"

党的十九大报告做出了实施乡村振兴战略的决定，提出了"产业兴旺、生态宜居、乡风文明、治理有效、生活富裕"二十字总要求，其中"生态宜居"既是乡村振兴的关键，也是贯彻习近平总书记"绿水青山就是金山银山"指示的具体表现。习近平总书记多次对农村人居环境整治、"厕所革命"和垃圾分类等做出具体指示，中央也多次提出要以推动农村人居环境整治为重要抓手，重点开展农村生活垃圾治理、农村"厕所革命"、农村生活污水治理、畜禽粪污资源化利用、村容村貌提升等建设内容。为进一步分析农村人居环境的现状及找到破题关键，本章选择目前涉及面最广的农村"厕所革命"为分析对象，以四川省为例，以点及面提出破解农村"厕所革命"难题的对策建议。

第一节　四川省农村户用厕所基本现状

农村"厕所革命"包含农村户厕、农村公厕、乡村旅游厕所和交通沿线厕所等内容，农村户厕是其中占比最高、任务最重的民生工程，农村"厕所革命"主要针对农村户厕建设。为了更加清晰地反映四川省农村户厕的改建情况，本节使用 2013—2017 年的统计数据，从全国和四川省两个层面反映四川省农村"厕所革命"的基本情况和趋势变化，同时通过 2019 年工作推进思路来反映当前农村改厕的新要求。

一、四川省农村户厕在全国的水平分析

20 世纪 80 年代，爱国卫生运动开始推进改水、改厕、健康教育，此时改厕

主要从卫生防病角度入手，以改变厕所"数量少、环境差"的问题。20世纪90年代，中国农村掀起了一场轰轰烈烈的"厕所革命"，农村改厕工作纳入《九十年代中国儿童发展规划纲要》和《中共中央、国务院关于卫生改革与发展的决定》，在厕所质量上的要求不断提高，公厕的配套设施不断完善。

2019年之前，农村"厕所革命"由卫生健康系统负责，主要是实施农村卫生厕所新改建。公开数据显示，全国的农村卫生厕所逐年增长，截至2017年年底，全国农村已累计建成21 700.6万个卫生厕所。党的十八大以来，四川省农村户用卫生厕所数量从1 456.2万户增长至1 741.8万户（截至2017年年底），增幅接近20%，农村户用卫生厕所的累计建成数量排名也从全国第4名升至全国第2名。截至2017年年底，四川省农村户用卫生厕所数量占全国农村户用卫生厕所数量的比重达到8.03%（见表10-1）。

表10-1　农村累计使用卫生厕所户数

	2013年	2014年	2015年	2016年	2017年
全国（万户）	19 400.6	19 939.3	20 684.3	21 460.1	21 700.6
四川省（万户）	1 456.2	1 509.2	1 577.7	1 689.8	1 741.8
占比（%）	7.51	7.57	7.63	7.87	8.03
全国排名	4	4	3	3	2

数据来源：《中国农村统计年鉴》，国家卫生健康委公布的数据。

同时，从2013—2017年统计数据来看，四川省农村卫生厕所普及率与全国农村卫生厕所平均普及率基本持平，四川省农村卫生厕所普及率处于全国平均水平，并从2016年开始逐渐超过全国平均水平。截至2017年年底，四川省农村卫生厕所普及率已达到83.4%（见表10-2），这与四川省持续开展新农村建设是密切相关的。虽然四川省农村卫生厕所普及率逐年上升，但农村卫生厕所普及率仍有较大提升空间，导致四川省农村卫生厕所普及率只能排名全国第13名。四川省农村卫生厕所普及率基本能够代表全国的平均水平，这也是本书选择四川省作为分析对象的理由之一。

表 10-2　农村卫生厕所普及率

	2013 年	2014 年	2015 年	2016 年	2017 年
全国（%）	74.1	76.1	78.4	80.3	81.7
四川（%）	71	74.3	77.7	80.9	83.4
全国排名	16	16	14	13	13

数据来源：《中国农村统计年鉴》，国家卫生健康委公布的数据。

二、四川省农村厕所的具体分布情况

通过前面的分析可以得知，四川省农村卫生厕所的普及情况呈现逐年递增的发展趋势，但是仍然存在巨大的提升改造空间。四川省由于地形复杂、地貌多样、农村人口众多且生活习惯差异较大，因此在农村厕所模式的选择上与卫生厕所的推广程度上呈现了较强的局部特征。

四川省第三次全国农业普查公报数据显示，截至 2016 年年底，四川省使用水冲式卫生厕所的农户有 622.92 万户，占 34.4%；使用水冲式非卫生厕所的有 99.02 万户，占 5.5%；使用卫生旱厕的有 316.41 万户，占 17.5%；使用普通旱厕的有 733.54 万户，占 40.5%；无厕所的有 40.63 万户，占 2.1%。当前四川省水冲式卫生厕所和普通旱厕最普遍，中间过渡型厕所反而占比很小，说明地区差异很大。

按照地形地貌，我们可以将四川省分成成都平原（四川省中部）、川南地区、川东北地区、攀西地区和川西北地区。统计数据显示（见表 10-3），水冲式卫生厕所在成都平原地区更加普遍，达到了 41.2%，这与经济水平和平原地形关系密切；而普及度最低的地区是攀西地区，这和当地居民的生活习惯息息相关。川东北地区的水冲式非卫生厕所在各地区中占比最高，说明川东北地区具备水冲条件，但生活习惯仍然比较落后，属于过渡型区域。川南地区的卫生旱厕占比达到 20.5%，是五个地区中占比最高的区域，说明川南地区在经济水平提升过程中，农民的卫生意识在增强，也属于过渡型区域。攀西地区的普通旱厕在各地区中占比最高，达到60%，说明这个区域的农民生活习惯比较封闭落后，卫生意识较差。川西北地区的无厕所情况在各地区中占比最高，达到了 18.5%，这与当地高寒地形和存在牧区等因素有很大关系，并且川西北地区地广人稀，农牧民对卫生厕所甚至普通厕所的需求不高。因此，攀西地区应该是当前四川省改厕难度最大的地区，川南地区和川东北地区两个过渡区域是农村"厕所革命"最易见成果的地区。

表 10-3　按农户家庭卫生设施类型分的住户构成　　　　单位:%

	四川省平均水平	成都平原	川南地区	川东北地区	攀西地区	川西北地区
水冲式卫生厕所	34.4	41.2	30.7	34.3	8.0	13.7
水冲式非卫生厕所	5.5	5.3	4.9	7.1	1.5	2.9
卫生旱厕	17.5	17.5	20.5	16.7	13.3	10.1
普通旱厕	40.5	35.6	42.9	40.6	60.0	54.8
无厕所	2.1	0.4	1.0	1.3	17.2	18.5

　　注:数据来源:四川省第三次全国农业普查公报。"川西北生态经济区"已在四川省委十一届三次全会中更改为"川西北生态示范区"。

三、四川省推进农村"厕所革命"的安排部署

　　从 2019 年开始,农村户用厕所新改建任务已经从住建系统移交到农业农村部门。目前,农业农村部门对农村户用厕所提出了"卫生厕所"和"无害化厕所"的改造概念,分成三类地区,按照各自的标准,重点以"厕污共治"和"整村推进"的思路来完成农村"厕所革命"任务。四川省从五个方面统筹推进农村"厕所革命"。

　　(一)摸清底数,部署任务

　　四川省目前有 4.6 万个行政村、2 000 万户左右农户,正以县为单位定期摸清农村卫生厕所普及率、农村无害化厕所普及率、需改建的农村厕所户数等数据,自下而上建立健全全省农村厕所基础数据库,为有效决策部署农村"厕所革命"工作提供准确依据。四川省计划用 5 年左右时间,力争实现全省农村户用卫生厕所普及率达 90% 以上,行政村公共厕所实现全覆盖,粪污基本实现有效处理或资源化利用。

　　(二)整合资金,整村推进

　　中央农办等八部门联合出台《关于推进农村"厕所革命"专项行动的指导意见》,明确提出整村推进农村"厕所革命"。财政部、农业农村部联合发布《关于开展农村"厕所革命"整村推进财政奖补工作的通知》,明确中央财政将按照"整村推进、逐步覆盖,区域统筹、差别补助"的原则,支持全国 3 万个行

政村实施整村推进农村厕所改建项目。四川省统筹整合中央和省级财政资金，以村为单位，一村一策，整村推进，实施 3 000 个农村"厕所革命"整村推进示范村建设，完成 110 万户农村厕所改建任务，确保农村"厕所革命"建一户成一户、建一村成一村、建一片成一片。

（三）探索模式，分类推进

农业农村部明确，各省将分三类地区推进农村"厕所革命"，到 2020 年，一类地区农村户用无害化厕所普及率达到 90% 以上，二类地区农村卫生厕所普及率达到 85% 以上，三类地区基本实现人居环境干净整洁。四川省将根据全省高原、高山、丘陵、平原等不同地形地貌，坚持"因地制宜、分类施策、梯次推进"的原则，立足各地地理、气候、经济等现实情况和基础条件分类，并结合乡村振兴、脱贫攻坚等规划，进一步编制完善农村改厕方案，统筹科研力量，研究推广适合不同地区、不同居住形态的农村改厕模式，重点探索一批适合单户、多户、联户的分类改厕模式和技术。条件较好的地区，标准适当高一点，注重提升整体质量；条件一般的地区，聚焦农民群众反映最强烈的问题，集中力量解决突出短板问题；深度贫困地区，逐步稳妥推进，不脱离脱贫攻坚中心任务。

（四）加强统筹，厕污共治

四川省坚持厕污共治的思路，统筹考虑、有效衔接、共同实施农村厕所建设和污水处理，因地制宜采取分散处理、集中处理或接入污水管网统一处理等方式同步推进厕污共治，积极推动农村厕所粪污资源化利用或无害化处理。四川省重点指导各地分类施策，科学制定排放标准，丘陵地区重点推广三格化粪池，排水还田利用；沼气池较多的地区，指导建设三联沼气池厕所，粪渣粪液进行还田处理；高寒缺水的地区探索适宜的改厕模式，充分考虑厕污合并处理，确保一次到位，不重复投资建设。

（五）健全机制，长效管护

农村厕所既要建设好，也要管护好，关键在健全完善建设维护机制，确保长效发挥作用。四川省按照中央对"厕所革命"的新要求，重点支持农村厕所粪污收集、存储、运输、处理等公共设施建设和后期管护能力提升。四川省探索市场化运作模式，鼓励社会资本开展改厕后的检查维修、定期收运、粪渣资源利用等社会化服务。四川省结合农村垃圾治理，指导各地建立完善保洁员供养机制，健全保洁员管理制度，逐步实现自然村专职保洁员全覆盖，推动形成民建、民管、民享的长效机制，力争垃圾、厕所共同治理，确保农村厕所和垃圾有人管、有人维护。同时，四川省注重对"厕所革命"专业化治理企业的培育，加强对技术管护人员的培养，定期开展业务培训，积极发展专业化服务体系，建立政府引导与市场运作相结合的后续管护机制，保障设施设备安全高效运行。

第二节　四川省农村"厕所革命"的难点和发展短板

农村"厕所革命"成为治理生态环境、优化农村人居条件的重要举措。经过多年的实践，"厕所革命"虽然取得了一些成绩，但也面临较大的困难并存在发展短板。

一、改厕数量大

2017年年末，四川省城镇化率达到50.8%，常住人口8 302万人，乡村人口4 085万人（全国排名第2位），乡村人口占常住人口的比重为49.2%（全国排名第8位）。按照国家卫生健康委的数据（2017年统计数据），四川省还有346.69万户未改建成农村卫生厕所（排名全国第5位），未改厕数量仅次于河南省、河北省、安徽省和陕西省。同时，四川省还有4.6万个行政村，如果要按照中央整村推进的思路开展农村"厕所革命"，基数非常大。

二、改厕难度不一

平原地区地势平坦、经济发达、农民要求高，将农村厕所改造成农村卫生厕所，甚至是农村无害化厕所的难度较小。由于近几年新农村建设和改厕的基础较好，且农村人数众多，农村厕所条件参差不齐，因此丘陵地区和低矮山区的农村属于改厕的重点区域。山区由于农户居住相对分散，且生态容纳能力较强，因此在改厕上可以因势利导、因地制宜，如果强行推进标准较高的模式，难度反而会增大。高寒地区大部分位于四川省的川西北地区，由于高寒缺水等原因，厕所类型多数为封闭式吊脚楼旱厕，而牧区许多农牧民长期处于"无厕所"的生活状态，需要探索出一种既符合当地生产生活方式又安全卫生的改厕模式。

三、改厕周期变长

目前，四川省正处于乡村人口净流出、总人口回流递增、一二线城市人口聚集度增强的人口流动局面。2018年年末，四川省常住人口8 341万人，城镇化率52.29%，并常年保持近2%的增长速度。随着四川省城镇化进程的加速，加上撤乡并镇、村级建制调整等因素，四川省乡村人口还将在较长时期处于净流出状态，回乡创业人数还是少数。虽然2011—2017年，四川省总人口平均每年增加37.2万人，但是2014—2018年，四川省乡村人口每年净流出近100万人，城市的"虹吸效应"正在加剧，大部分乡村年轻人"用脚投票"，留在乡村的是大量的老人和儿童。据统计，2018年全国共有农村留守儿童697万人，其中四川省农村留守儿童规模最大，为76.5万人。2017年，四川省60岁及以上老年人口为1 751万人，占常住人口的21.09%。这就给四川省农村改厕工作带来两方面的困难，一方面是留下来的部分群众现在没有能力改厕；另一方面是有部分人长期在外生活务工，并不需要现在进行改厕。

四、经济发展水平限制

由于四川省许多县（市、区）刚刚脱贫摘帽，正处于由脱贫奔康向乡村振兴的战略转移阶段，因此部分地区开展如农村"厕所革命"等民生工程还缺乏经济基础，仅靠政府转移支付，很难全面铺开、持续推进。财政部和农业农村部在政策层面明确提出了区域统筹、差别补助，中央财政将统筹考虑不同区域经济发展水平、财力状况、基础条件，实行东中西部地区差别化奖补标准，适当向中西部地区倾斜。在国家大力奖补的基础上，四川省一方面需要弥补的是乡村经济基础，通过产业发展、乡村旅游，推动农村集体经济发展；另一方面需要安排好改厕的进度和区域，通过一村一策、整村推进的方式，逐步完成改厕目标。

五、转变思想认识难度较大

以高原藏区为例，农牧民生产生活相对封闭，长期使用旱厕或直排粪污，大部分牧区还多使用烘干牛粪为燃料，缺水现象也比较严重，导致大部分农牧民生活卫生习惯较差。同时，大部分农牧民在家里或牧场养牛，人畜混居导致生活环境卫生更加难以控制。虽然大多数民众已经改善了收入，但仍然没有认识到卫生习惯的重要性，短期内很难主动改变习惯。农村"厕所革命"的难度不仅在于改变民众的生活习惯和思想认识，更重要的是转变基层干部的思想认知。激发基层干部的主观能动性，将好的政策宣传落实到农民群众身上，往往对一项工作顺利推进起到决定作用。

六、改厕资金需求较大

四川省按照无害化厕所标准还需要改厕 800 多万户，按每户平均投入 3 000 元标准计算（仅考虑政府补助的地下设施和后期维护成本），还需要 240 亿元，按平均每年 100 万户的建设量计算，每年也需要 30 亿元的资金投入，中央和省、市、县财政投入很难保证。此外，市场主体参与是具有逐利性的。对民生工程或准公共事业，如果找不到合适的介入模式，我们很难使得市场力量参与。同时，农民的自发参与还涉及宣传发动等前期工作，让农民主动参与还需要经济、社会的进一步推动。

第三节　四川省改厕常见处理方式

四川省农村"厕所革命"中卫生厕所普及率已经达到比较高的比例，当前主要目标是提高农村户用无害化厕所覆盖率。农村户用无害化厕所可以简单描述为：有墙、有顶，厕坑使用便器、避免粪便裸露，厕内清洁、无蝇蛆，基本无臭，设置化粪池（贮粪池）等粪便无害化处理设施，且不渗、不漏、密闭有盖，及时清除粪便并进行无害化处理。常见的无害化厕所包括粪尿分集式厕所、通风改良坑式厕所、三格式化粪池厕所以及双瓮漏斗式厕所、三联沼气式厕所和具有完整下水道的水冲式厕所。农村无害化户厕改造（建设）工作应结合农（牧）民居住的实际情况，优先考虑利用原有厕屋进行改造，不具备条件的可以在原有农户房屋建筑外部建设。农村新建住房要配套建设无害化厕所。高山寒冷地区提倡户厕入室。

平原、丘陵和低矮山地农村无害化户厕改造（建设）正在试点推进以"水冲厕+三格化粪池+资源化利用"方式为主的改厕模式，粪便污水与其他生活污水宜分流则分流、宜集中则集中，粪便污水经有三格式化粪池无害化处理后的去向主要为资源化利用（还田）、氧化塘处理等。高寒地区农村无害化户厕改造

（建设）原则上以"通风改良坑式"和"粪尿分集式+资源化利用"为主，粪便污水可以在处理池堆肥，也可以实现粪尿分集，尿液和粪便经过无害化处理后的去向主要为资源化利用（还田、还草）。

有条件的地方粪便污水经化粪池处理后直接排入污水收集管网，进入污水处理厂（站）经统一处理后达标排放。化粪池出水严禁直接排入雨水管道（渠）或周边水体。在饮用水源保护地等环境敏感区内进行的农村户厕改造（建设），原则上应将化粪池出水封闭引至环境敏感区外进行处理，加以资源化利用。不具备建设水冲式厕所的供水困难地区可以结合实际，按照《农村户厕卫生规范》（GB19379-2012）的有关要求，改造（建设）成其他类型的无害化卫生厕所。

具有完整下水道的水冲式厕所是指厕所具有完整的上下水道系统，是附建式厕所的主要应用模式。城市和厂镇有污水处理能力的区域，可以考虑将周边的农村厕所粪污统一收集纳入管网集中处理。

三格式化粪池厕所由厕屋、蹲（坐）便器、进粪管、过粪管、三格化粪池等部分组成。三格化粪池由相连的三个池子组成，中间由过粪管联通，主要是利用厌氧发酵、中层过粪和寄生虫卵比重大于一般混合液比重而易于沉淀的原理，粪便在池内经过30天以上的发酵分解，中层粪液依次由第一池流至第二池，以达到沉淀或杀灭粪便中寄生虫卵和肠道致病菌的目的，第三池粪液成为优质化肥。新鲜粪便由进粪口进入第一池，池内粪便开始发酵分解。因比重不同，粪液可自然分为三层，上层为糊状粪皮，下层为块状或颗状粪渣，中层为比较澄清的粪液。上层粪皮和下层粪渣中含细菌和寄生虫卵最多，中层含虫卵最少，初步发酵的中层粪液经过粪管溢流至第二池，大部分未经充分发酵的粪皮和粪渣阻留在第一池内继续发酵。流入第二池的粪液进一步发酵分解，虫卵继续下沉，病原体逐渐死亡，粪液得到进一步无害化处理，产生的粪皮和粪厚度比第一池显著减少。流入第三池的粪液一般已经腐熟，其中病菌和寄生虫卵已基本杀灭。第三池主要起储存已基本无害化的粪液的作用。

三联沼气式厕所主要是由沼气池、厕所、畜禽舍等部分组成。三联沼气式厕所把畜禽舍、厕所、沼气池三个部门相连通，利用人畜粪便发酵产生沼气，沼渣进行堆肥，沼液进行还田。三联沼气式厕所在建筑设计上要求进粪口与出粪口应有盖，人、畜粪便均不得裸露。粪便在沼气池内滞留时间至少保持45天。三联沼气式厕所在卫生管理上要求生产用肥需要大出料或维修沼气池时，15天前禁止新鲜原料入池；沼气池池底污泥留用 1/3 作接种物外，剩余部分应按《粪便无害化卫生要求》（GB7959-2012）执行。

双瓮漏斗式厕所由厕屋、漏斗型便器、瓮形储粪池等组成。漏斗形便器置于前瓮的上口，不用水泥固定，可随时提起，以方便从前瓮清渣。前瓮建于厕室地下或厕室外地下，便器下面连一进粪管，通到厕室外的前瓮内。漏斗形便器宜用陶瓷制作，有的用水泥预制，其表面涂一种高分子涂料，增加光滑性。表面光滑、吸水率低，有利粪便的冲洗和下滑。前瓮用作接纳和储存粪便，并有效停留40 天以上。粪便在前瓮充分厌氧发酵、沉淀分层。粪便内寄生虫卵和病原微生物逐渐被杀灭，达到基本无害化要求。后瓮粪池主要是储存粪液。经前瓮消化发酵、腐熟的粪便液体，由连通管流入后瓮，内含大量氨，是优质肥料。后瓮粪池口设有一个水泥盖板，平时盖严，取粪时打开。在寒冷地区，为防冻，可把前后瓮粪池上部脖颈加长，以做到瓮体深埋，可以达到防冻效果。

粪尿分集式厕所主要是由厕屋、粪尿分集式便器、贮粪池、贮尿池等组成。粪尿分集式厕所按结构可分为干燥式粪尿分集式厕所，与双瓮、三格贮粪池、沼气消化池相连接的水冲式粪尿分集式厕所两种类型。粪尿分集式厕所仅用少量水冲洗小便池，用水很少，粪便经干燥处理后重量和体积缩小，处理后的粪便基本无污染环境与危害人体健康的污物排放，且是一种优质的肥料。这一类型的厕所尤其适用于干燥、高寒和供水困难的地区。这一类型的厕所将粪和尿分别导入贮粪、贮尿装置收集，人们可以把数量较多、富含养分且基本无害的尿兑水稀释后直接作为肥料利用。这一类型的厕所采用干燥脱水的方法，将含有致病微生物和肠道寄生虫的人粪单独收集并进行无害化处理。处理后的粪便可以作为优良的土壤改良剂用于农业或绿化，实现生态上的循环，对人类生存环境的保护起到重要作用。

通风改良坑式厕所包括室内免水冲厕所和阁楼式厕所。室内免水冲厕所的厕室安装在室内，坐便器系全封闭，盖板是活动橡胶挡板，封闭严实。排气管由便器底部通向室外，也可以利用房屋排风道或废用烟囱。人在使用便器时用脚踏自动开启挡板，粪便经由便器下部相连的较长的塑料进粪管，进入室外数米深的蓄粪池贮存，也可以进入便器下部较深的蓄粪池。蓄粪池为砖砌，壁和底部做防渗处理，池内粪便一年左右取一次，堆肥后肥田。通风改良式厕所防寒情况好，用户反映卫生情况也较好。阁楼式厕所类似于通风改良单坑式厕所，属旱厕，造价低廉。粪坑部分全部建在地面以上，用土坯或干打垒砌成粪坑壁和厕所围墙，高约3米，粪坑壁与厕室围墙衔接处架以多根木檩，供放置木制蹲板用。取粪口设在粪坑侧壁。取粪口旁设有发酵粪坑（池），粪便经堆肥处理后肥田。厕所旁有多层台阶供人上下，形似阁楼。通风改良式厕所有院有门，能防风防雨，厕室围墙备有通风窗口，蹲板的厕孔上面配一个比厕孔稍大的带柄可提起的木盖；或在厕孔处安置漏斗形便器并使之周边密封，用少量水刷洗便器使之清洁。粪坑底部做防渗漏处理，如用三合土夯实，或者用砖砌水泥、砂浆抹面。取粪口在取粪时（多在春季）打开，平时紧闭，避免苍蝇和禽畜进入。

第四节　加强农村"厕所革命"的对策建议

一、省、市级政府层面

首先，管好总体目标。省、市级政府要从消除旱厕出发，逐步普及卫生厕所和无害化厕所，以五年为一个规划期，按照整村推进的思路，兼顾好民生任务，设定目标逐步推进。

其次，压实各级责任。省级政府应该把控好建设方向，设立专项资金，做好全省层面的目标推进；市级政府应该探索建立建设标准和技术模式，定期督导各县按时保量推进任务目标。

再次，加大专项支持。省、市级政府要设立专项资金推进农村"厕所革命"。对农村公共厕所建设和农村户厕纳入管道处理部分或化粪池的后期维护管理部分，政府要有专项资金补助支持，利用专项资金进行投入，确保农村厕所建得好、管得好。

最后，开展好培训督导。农村"厕所革命"虽然推行了多年，但标准在变，要求也在不断提高，从安全的如厕环境，到卫生防疫要求，再到厕所粪污的无害化处理，国家自上而下的要求在变化，群众自下而上的需求也在变化。因此，省、市级政府要定期开展业务培训，及时总结推广好的经验，学习先进地区的模式和做法，吸取经验教训，在既定目标的基础上，督促指导各地因地制宜，分类推进农村"厕所革命"。

二、市场层面

一方面，研发适合不同地区所需的厕所设备。目前市场上针对旅游景点和城市的厕所与粪污处理设备品类很多，选择范围很广，但是对于农村地区的设备研发还不足。难点在于农村地区地形地貌等情况复杂，厕所难以标准化。此外，建设成本很难控制，旅游景点的建厕模式和某些生物处理模式很难在农村推广使用。因此，成本较低、处理方式灵活简单、粪污处理效果较好的厕所设备，具有广阔的农村市场。

另一方面，强化有偿服务的推广。农村厕所粪污处理和室内设备清掏维护是一项长期的工作，目前许多地区正在探索粪便的有偿还田，但这类模式需要产业发展配合。对于普通农村地区来说，建立保洁保修市场机制很有必要，单纯依靠政府投入是不可持续的，但是市场参与应该是有偿的，不然也是不可持续的。当前在推进改厕过程中找到一种农民群众能够接受、市场投入能够盈利的模式很难，农民合作社或许是一种不错的选择，但是还需要时间来调试介入模式的盈亏平衡点，这样既能服务好农户，又能让市场主体持续参与。

三、基层政府和集体层面

一是强化能人带动引领。良好的制度设计和技术模式需要专业的人来实施推动，乡村精英和能人的带动会加速推动乡村治理进程，推动乡村各类事业发展，特别是对农村公共事业和民生工程推进效果显著。因此，一方面，基层政府要加强对返乡社会能人，如退休公务员、教师等的返乡下乡政策支持；另一方面，基层政府要对进村能人在住房、用地上给予特殊政策支持。基层政府还应该加强对本土人才培育，形成懂业务、爱农村、爱农民、有前瞻意识的人才队伍。

二是合理选择改厕技术模式。一方面，基层政府要制定出可供选择的技术模式。基层政府要在深入调研的基础上，合理设计符合地方特色的技术模式。例如，高原藏区就要立足克服高寒缺水的问题，采用合理的技术实现农牧民正常如厕，对其长期使用的旱厕模式，要保持足够的耐心，取长补短；丘陵地区和低矮山区可以推广三格化粪池厕所；能够使用水冲厕所的地区需要研究好粪污的处理模式，坚决不能让粪污影响正常水体。另一方面，基层政府要因地制宜选择合适的技术模式。四川省农村聚居点、散户、联户等应该合理安排厕所模式，人群聚居的地区要求厕所粪污不能裸露并对其进行无害化处理。排出的水能够达到灌溉还田的标准即可，但如果离水源地比较近，就必须符合相关排放标准。分散的农户要有防渗漏的粪坑，粪坑要有盖，且盖不能封死。

三是高标准推动项目实施。基层政府要注重改厕工作推进策略，一方面要分类推进。财政收入较高的地区可以优先推进农村"厕所革命"，甚至提高改厕要求，开展农村无害化厕所建设；财力薄弱、条件艰苦的地区可以降低标准，先建设一部分，再按部就班推进农村"厕所革命"。另一方面要按需推进。对愿意自己掏钱改厕的农户或要实施农村旅游项目的地区，即有强烈改厕需求的对象，政府可以优先给予改厕项目关注，让这部分农户和地区的厕所条件先得到改善，并对周边农户或地区形成带动效应，让农村"厕所革命"从"要我干"变成"我要干"的事。

四是不断完善各项保障机制。首先，要有健全的组织机构和制度安排。农村"厕所革命"是一项涉及面很广的民生工程，要求是基本消除普通旱厕。必须要有强力的组织保障和制度保障，才能确保这项工程落地落实，才能形成领导重视、单位负责、地方推动、全民监督的良性工作局面。其次，要建立一支能干事的工作队伍。农村"厕所革命"是一件要长期干下去的事业，需要反复地做群众的思想工作，并进行宣传动员，推进过程必然反复曲折，这就要求基层政府建立一支能打硬仗、能打胜仗的干部队伍，将这项工作持之以恒地抓下去。最后，落实一笔专项经费。如果仅靠这里挤一点，那里要一点，形成的项目资金既不稳定，体量也很小，难以持续性开展农村"厕所革命"。下一步，各地应积极配套形成农村"厕所革命"的专项资金，才能保证这项工作如期实现既定目标。

四、群众层面

一是增强农民自愿缴费的基础财力。当前农民最大的潜在资本是土地，要使农民自愿出钱开展农村"厕所革命"，重点和突破口还在农村土地。因此，政府要充分释放农村土地活力，以更加灵活的方式使土地的权能资本化，加速承包经营权的确权颁证工作，赋予农民更多的土地增值收益，从而使得农村的公共设施建设更加完善，公共服务更加惠民，公共管理更加科学。对于部分有条件和有想法的农民工，政府要鼓励其回乡创业，带动当地的经济发展，增加农民收入，传播更多先进的理念和知识，从而为自愿缴费打下良好的基础。有条件的地区要提高农业经营收入，主要通过土地流转后的规模生产和特色农产品经营、技术进步后的产业化融合，努力提高农业的现代化水平。农民在收入水平提升的同时会增强自愿改厕的需求。对于条件确实恶劣的农村地区，政府应该引导当地农民有条件地就近务工，提高其工资性收入，培养其乡土情怀，通过提高个人收入再来回报集体，减轻扶贫压力。

二是完善农村"厕所革命"多元参与机制。政府要增强"一事一议"财政奖补制度的影响力度，形成以政府主导、集体引导、个人参与、市场补充的社会多元供给格局。首先，政府的财政奖补要通过多种渠道和环节来筹集资金，并保持各级政府预算的合理稳定增长，使得财政奖补规模和比例同步上升，突出政府财政的主导和托底功能，使农民积极放心地投入到改厕项目中去。其次，集体经济发展较好的地区应加强引导，带动一部分群众先动起来，开展"厕所革命"。再次，个人或社会团体的捐赠。政府要积极通过激励政策，唤起乡村精英和在外成功创业者的乡土情结，使其将个人和团体的成功与乡村建设构建联系，从而吸引相关社会团体的捐赠，激励其他精英个体积极参与农村建设。最后，民间营利组织与政府之间形成联合制度，推动多种形式的城乡共建，形成"城乡结对""政府+村社+组织"等多种方法和对口帮扶政策，使社会各界合力帮扶农村建设，在一定程度上缓解农村民生工程建设资金的匮乏。

三是突出农村"厕所革命"中群众的需求表达。为了充分体现不同农户的差异化需求，并接纳不同农户的多元化需求表达方式，首先，政府要规范正式表达路径，实现选举、投票、代表大会等正式表达机制的公开透明、公平民主，同时政府需要加大对农村民主治理的宣传，加强村民的民主意识。其次，乡村基层民主组织需要引入多种民主活动形式，为村民营造一种能自由表达意愿和看法的表达环境，让非正式的表达途径形成常态和影响力。再次，政府要加强上下联动的交流与沟通，重视信息对农民自愿供给的影响。随着当前网络信息技术的发展，技术平台具有平等性、匿名性、互动性、广泛性等性质，在一定程度上克服了现代陌生人社会中的信息障碍，有利于引导农民积极参与。最后，政府要鼓励"村民互动"的主动参与模式，积极培育农民自治力量，形成农民、农民自组织、政府三方关于可持续农业建设的共同学习型组织，用以缓和部分乡村精英过于超前发展而引起乡村不稳定的问题。

四是善用能人精英治理农村公共事务。农村地区拥有较强的稳定性，以地缘、血缘和业缘作为纽带，那些存在于农村中的传统习俗、社会规范还有邻里关系依然发挥着重要影响。宗族领袖、宗教精英、经济能手、党员等能人在农村社区中往往具有不可低估的权威，在国家政令传达与落地中能够发挥枢纽作用，可以被称为社区和政府连接的介质。因此，着重提高乡村精英的信任水平，合理配置精英资源，善用精英群体把分散的农户整合起来，对不合作的行为进行规范引导，将有助于形成长期的合作博弈。这不仅能有效推进改厕进度，也能更好地对接国家的财政投入和改革政策，因为乡村精英往往有更高的诉求和更强动机来关注农村各项公共事业的发展，这将有助于国家财政的有效投入和形成农村公共事业健康发展的局面。

第四篇

乡风文明

第十一章 乡风文明建设之魂：
文化引领"三风"和谐

第一节 文化引领"三风"和谐

一、"三风"和谐的意义

改革开放后，市场经济的发展和中西方文化的融汇，对原有的农村文化造成了一定的冲击，但农村居民的文化素质普遍不高，辨别是非的能力不强，很容易扭曲地理解市场经济中出现的某些现象，出现农村社会的道德滑坡，社会风气发生变化，利己主义与拜金主义在农村社会弥漫，以家风、民风、社风，即"三风"为体系的原有的维持秩序、规范行为、凝聚群众的力量开始瓦解。文化的输入有利于唤起农村居民的家风、民风、社风情怀，引导农村社会风气积极向上，唤醒农村居民对文化的归属感和认同感。

家风是一个家庭或家族在世代繁衍发展的过程中逐步形成的传统习惯、生活方式、行为准则与处世之道的综合体，主要内容是其独特而稳定的思想观念、情操和作风，具有道德规范、行为约束、惩戒赏罚的作用，是一个家族的规章制度。良好家风能形成良好的家庭氛围，培育和成就子女，促进社会的良性发展。以千万个家庭的良好家风来构造全社会的风气，能引导整个中国社会积极向上。

民风淳朴是国家、社会、人民对居住生活环境和谐共处的美好愿望，也是农村居民在实现物质生活条件满足的基础之上，思想高度的提升。民风对中国社会秩序、政治秩序等发挥着重要的作用，且民风在一定程度上代表着国家的整体形象。

社风文明是检验乡风文明建设成效的重要标尺，我们不仅要在战略上认识到其重要性，更要在农村居民的道德规范和行为约束上有深刻理解。"产业兴旺、生态宜居、乡风文明、治理有效、生活富裕"二十字方针点明了乡村振兴不仅仅要让农村居民的腰包鼓起来，更要让农村居民在思想上有所建树。乡风文明能引导农村居民形成积极向上的生活态度，对美好生活勇于奋斗，面对困难勇于拼搏。

二、文化引领"三风"和谐的内容

依靠"三风"的内生动力实现农村社会的"三风"和谐，即家风良好、民风淳朴、社风文明，可能会有很长的一段路要走，这需要文化的浸染，即文化为"三风"和谐创造良好的氛围，引领"三风"和谐。

（一）继承中国优秀的传统文化

中华民族自古以来传承着家国思想，蕴含着睦邻友邦、孝悌忠义、诚实守信等观念，我们要将优秀的传统文化植入农村居民的日常生活当中，激发农村居民对传统文化的归属感和认同感。我们要深刻理解中华民族农耕文化的含义，秉承着时代进步文化的理念，为传统文化注入崭新的时代内涵，发挥文化的凝聚效应和教化功能。我们要整合优秀的传统文化，为家风、民风、社风的发展寻求其历史根源。

（二）吸取红色革命文化

红色革命文化是中国共产党带领广大人民群众，反抗列强，艰苦拼搏的优秀精神，是中国共产党带领人民群众在实践中创造和沉淀的精神财富。红色革命文化扎根于以工农联盟为基础的人民群众，具有很强的人民性。同时，红色革命文化是经过实践考验的文化，在革命中发展出了井冈山精神、延安精神、大别山精神等。保家卫国和为美好新中国而拼搏的红色革命文化融入现代的乡村文化之中，为家风、民风、社风增添红色革命文化的精神内涵。

（三）融合社会主义核心价值观

文化不仅需要继承还需要发展。社会主义核心价值观是党带领人民群众在建设美好新中国、实现中华民族伟大复兴实践中凝练而成的核心理念和主流文化。将社会主义核心价值观植入农村文化之中，就是要推动农村文化的现代化，建设富裕、美丽、幸福、和谐的社会主义新农村。

（四）吸收西方文化精华

经济全球化也积极推动着各国文化的交流，农村的乡村文化不仅要继承中国优秀的传统文化、融合党的红色革命文化和社会主义核心价值观，也要吸收和借鉴国外文化的精华，积极推进传统农村文化向新时代乡村文化的转变。

第二节　乡风文明助推乡村文化振兴发展的意义

一、乡风文明为乡村文化振兴营造良好氛围

"产业兴旺、生态宜居、乡风文明、治理有效、生活富裕"是党的十九大报告在关于实施乡村振兴战略中提出的。这二十字方针描述了未来农村建设的新目标，全方位、多层次地指出了如何实现乡村振兴，即不仅仅要通过"产业兴旺"来解决农村人口就业问题、增收问题、人才缺口问题，实现城乡居民同工同酬与全面建成小康社会的目标，还要注重农村居民的精神世界和文化世界的建设。当农村生活物质条件逐步改善的时候，人的需求层次逐渐呈现多样性，即人在追求物质时，也开始探索自身对文化的需求。文化与文明本就是密不可分的关系。良好家风、淳朴民风、和谐社风，能为农村文化创造良好的乡风文明氛围，推动乡村文化建设。我们应以发展现代农业产业、职业农民为依托，用现代文明中的契约精神、奋斗精神、创新精神、爱岗精神助力发展农村文化。

二、乡风文明助力农村文化产业发展

中华民族 5 000 年的历史延续，依靠的就是中华民族文化的包容性和凝聚力，其在历史更迭演进中，生生不息，散发出蓬勃的生机。在这辉煌灿烂的文化中，农耕文明是其重要组成部分。农村不仅要在经济建设上向城市看齐，更要在文化建设上传承和发扬，这是中华民族文化发展的内在要求。改革开放后，农村的生产力得到解放，生产技术不断提高，在部分领域出现农村劳动力相对过剩现象，加上城乡之间差距拉大，出现农村人口流失现象。农村外出务工人口在城乡之间的流动，对农村的文化造成了一定的冲击，农民出现道德缺失和农村风气不良现象。例如，农村老人赡养问题、天价彩礼问题等，这不仅影响农村的社会风气，还对农村的经济发展有一定的影响。基于此，乡村振兴不仅仅要实现产业上的振兴，更要在农村经济建设的同时，积极推动乡风文明建设，从而为农村文化产业的发展营造一种良好的社会秩序。农村文化产业可以在地域上发挥城乡之间

的比较优势。因地制宜发展农村的特色文化产业可以实现农村文化的输出，同时为农村居民的生活富裕提供现实的路径。

三、乡风文明为农村文化发展与传承提供人才保障

乡风文明体现在农村居民生活的方方面面，是意识形态的外在表现。建设好乡风文明有利于发挥意识的能动作用，为农村的建设形成一种良好的社会、经济氛围和生态环境，同时使农村居民树立正确的价值观、人生观、世界观，促进农村村民积极生活。乡村振兴离不开农民自身的参与，乡风文明建设，有利于农村居民充分发挥主人翁意识，积极参与农村的建设，为集体出谋划策。建设乡风文明有利于"扶志、扶智"工作的进行，农村要提高的不仅仅是农村居民的综合素质，还要提高农村居民的思想高度，为乡村文化建设培养一批想干、能干的高素质人才。

第三节　文化嵌入对乡风文明建设的作用

一、文化与文明的内在联系

文化与文明紧密相连、相互融合。文化是指在相对统一的地域范围内，居民在行为准则、精神信仰、思想道德上相对统一的认同感和归属感。文化是一个动态的过程，上一代将知识体系、价值体系、工具体系传承给下一代的时候，又不断融合和创造其他文化，丰富自身的文化体系。文明是文化体系的精炼，是有利于居民、社会、国家发展的客观实在和外在表现。文明有物质基础和上层建筑具体的外在表现，如政治制度、社会制度、宗教制度等。文明是一个相对稳定的静态范畴，在物质基础和文化体系没有发生质的改变时，文明是不会发生根本性的变化的。由此可以看出文化与文明的内在联系，即文明需要文化作为基础，需要文化不断融合和创造，丰富的文化体系才能凝结出先进的文明体系。由于经济发展等各方面的原因，农村文化与文明遭到了冲击，乡村振兴更加需要文化嵌入。文化的嵌入不仅是对优秀传统乡村文化的继承与发展，同时也为乡风文明注入了新元素。

二、文化嵌入的作用

文化嵌入理论是由卡尔·波兰尼提出的，他认为经济是嵌入并交织在社会与政治制度之中的，经济与社会和政治制度是相互交织、相互影响、相互融合的。波兰尼反对过多地将经济"原子化"，随着嵌入性理论内涵的不断延伸，因此他提出了文化嵌入理论。文化嵌入是指共同的价值理念在塑造经济策略和目标上的作用。

（一）为乡风文明提供价值内涵

乡风文明有其内在和外在的表现。乡风文明内在表现为家风良好、民风淳朴以及农村社会氛围和谐等价值观念和精神层面，外在表现为农村居民日常的行文规范。文化是经过历史沉淀的，是现实世界归纳的价值体系、知识体系、工具体系，是由物质世界构成的上层建筑，而文明是文化的精炼，需要文化作为底蕴。如今乡村个人主义、享乐主义、面子思想弥漫，乡风文明建设不容乐观，其原因在于文化脱嵌。我们需要向农村文明输入优秀的文化，为乡风文明提供精神食粮。我们需要将中国的优秀传统文化，如孝悌忠义、礼义廉耻嵌入乡风文明建设中，唤起农村居民对优秀传统文化的认同感和归属感。

（二）为乡风文明提供多元要素

文化具有规范、整合、凝聚、标准化社会群体的意识和行为的作用。文化嵌入不仅仅是为乡风文明提供现实基础，更要将红色革命文化、社会主义核心价值观以及西方文化的精华融入乡风文明，为其提供新的文明要素。乡风文明以中国优秀的传统文化为骨髓，以多元文化嵌入为血肉，构建起向上向善的社会风貌与和谐氛围。

（三）文化嵌入助长乡风凝聚力

文化嵌入可以助长乡风内生的凝聚力，改变农村社会秩序涣散、组织力不强的困境。文化具有凝聚作用，文化嵌入模式可以唤醒农村居民对当地文化的认同感和归属感，增加农村社区内在的向心力，营造和谐、有善、互助的乡村社会氛围。

第四节 乡村文化振兴发展的主要载体

一、乡村公共文化设施

农村文化发展需要实际载体。在农村闲暇时的生活中，农村居民的文化娱乐活动需要实际的媒介与载体，承载文化的交流和发展，同时丰富农村居民闲暇时的农村生活。农村文化发展以文化娱乐、活动等浸染的方式，丰富农村居民的精神世界和提升文化素质，加强农村居民的体质，构建农村社会和谐、向上向善的积极氛围。政府与企业等积极互动，培育农村文化俱乐部，发挥农村经济合作社作为文化交流的平台的作用，同时规划和组建农村特色文化交流活动等。政府积极联合社会组织与社会资源改善农村公共基础文化设施，提升乡村文化的品位与质量，构建新时代乡风文明秩序。

如今也有不少基层政府成功打造乡村公共文化基础设施的案例。政府积极打造"一村一舞台""一乡一展馆""一村一展室"，满足农村居民文化活动的需求，丰富农村居民的精神世界，提高农村居民的文化素质。例如，因地制宜地建设"一村一舞台"项目实现村级文化舞台全覆盖，可以满足农村居民举办文化节庆活动、文体活动等的需求，也为文化团队提供了展示的平台。

乡村公共文化基础设施建设可以采用社会力量和政府合作的方式。基层政府财政资源有限，主要依靠上级财政拨款，在组织地方经济建设及对农村文化基础设施规划和投入方面，可谓捉襟见肘。基层政府需要积极吸引社会力量作为主体参与农村公共文化基础设施建设，使其在农村公共文化建设的资金、管理、人力、物力以及文化娱乐方式创新上起到良好的补充作用。农村公共文化基础设施的服务对象是广大的农民，目的是丰富农民的精神世界以及提高农民的文化素质等。这需要征求广大农民对公共文化设施的意见，实现社会力量、政府、农民之间的沟通联动，促使农村公共文化设施在数量、质量上的有效供给。

二、特色文化产业

文化可以转化为生产力，尤其现在企业文化和文化旅游盛行，文化元素贯穿于物质资料生产的整个步骤，从源头到每一步生产流程。乡村文化旅游就是要把农村土生土长的自然文化资源及传统手工艺品作为文化的载体，以文化元素浸入人心，以文化培育农民的综合文化素质，以文化带动农民思想观念的与时俱进和综合素质的提升，实现农村家风、民风、社风文明。

发展农村特色文化产业要积极挖掘农村文化的深刻内涵，建立手工作坊并积极地把当地一部分农村居民培养成手工艺人，运用扩散效应，提高农村居民的文化素养，不断创新手工艺产品，通过电商平台输出文化产品。发展农村特色文化产业要打造特色文化旅游项目，运用人口流量带动文化产业及其相关产业的经济发展。发展农村特色文化产业要在推进文化引领"三风"和谐的同时又积极地促进当地文化产业的就业，实现农村人口收入增加、技能提高和文化内涵提升，实现文化产业和农民文化素养的双向良性互动，构建和谐、美丽的新型农村社区。

发展农村特色文化产业要积极挖掘地方特色文化，如非物质文化手工艺品、文物、名人故居等，整合物质和非物质文化遗产，积极探索发展文化产业，以文化旅游、文化体验的方式，吸引流量，以产业的发展带动文化遗址、名人故居、非物质文化的保护和发展，以农民切身感受的方式，推进农民学习地方文化的内涵和精要，带动农村居民文化、文明的提升。例如，传统的"剪纸"，一张小小的剪纸就体现了浓浓的乡情、亲情。剪纸是联系亲人之间的载体，剪纸文化的推广可以将传统文化的孝悌忠信、礼义廉耻也传递给了农民，实现以文化带动家风和谐、民风淳朴、社风文明。

三、乡贤引入与培养

乡贤引入与培养可以助力乡村文明建设。乡贤继承了中华民族优秀传统文化，如见贤思齐、崇尚向善、诚信友爱，是乡村文明建设中的领军人物。乡贤的价值取向与中华民族传统美德的价值取向相统一，是中华民族传统美德在新时代的体现。以乡贤文化作为载体，把中华民族传统美德的与人为善传递给农民，有助于促进农村社会和谐，提高农民的思想道德水平。政府应积极吸引和培育新乡贤，在财政及政策上予以倾斜，吸引优秀人才回乡建设农村。基层政府可以联合企业和社会机构，建立援助资金，建立培育新乡贤的具体实施方法和渠道。政府应利用现代化的信息技术，将乡贤文化传播出去，同时加强建设乡贤文化传播的载体，通过电子触摸屏、广播等媒介，传播乡贤文化。

乡贤是在乡村的一定区域内得到村民在思想道德、行为规范上认可的人物，是乡村的楷模。乡贤一般拥有宽广的胸襟、卓越的见识、优秀的品德等品质，通过其个人魅力能在农村居民中起到凝聚民心的作用。乡贤是基层政府与农村居民的重要纽带，可以帮助基层政府做政策宣传，实实在在替农户办实事，在农民群众中起带头模范作用，同时提高农村居民的政治觉悟和思想道德水平。乡贤以身作则将优秀的乡村文化扩散到农村，传递正能量和文明的生活方式。乡贤也是农民群众的代言人，替农民群众发声。

第五节　农村新型社区建设与乡村文化振兴

一、农村新型社区

文化元素依托建筑空间表达思想观念，对个人思想观念的形成，有着重要的意义。吴良镛（2011）指出，任何建筑空间除了自身的居住、实用功能之外，含有物质内容，更应该注入精神上的内容。这种承载精神观念的空间又会作用到个人的意识之中。耿海燕等（2001）也认为，任何一种无意识的信息在反复的刺激后，都会形成特定的思维意识，文化空间又会构造一种场域，让村民在无意识中把身体动作转变为一种生活习惯。构建新型农村社会，改变传统农村社会的差序格局，要以农村新型社区作为依托，促使人们在人际交往、思想观念、行为规范上发生改变，实现新型农村社会和谐、美丽、向上向善的新秩序格局。

农村新型社区可有机地整合若干个行政村，统一规划、统一建设，旨在缩小城乡差距。但与城市新型社区不同，农村新型社区能够让居民在享受到城市便利生活的同时，又不用离开自己的故土。农村新型社区在发展的探索过程中出现了三种模式：一是城镇开发建设带动模式，即对县域经济进行规划统筹，实现县域经济的工业化和农业现代化。二是产城联动模式，即产业与城市之间的双向互动，促进农村新型社区的发展，以社区建设为突破、以产业发展为支撑、以人文关怀为纽带、以文明建设为保证，以产业为依托，解决农户增收问题和就业问题，农户在收入提高后，会选择环境良好的社区居住。三是中心村建设模式，即由农民企业家和政府对农户家庭住宅和生活服务区出资和补贴，完善基础设施和公共服务设施建设，建成功能齐全的宜居社区。

二、农村新型社区与乡村文化互动机制

农村新型社区是传统农村社区与城市的过度，是农村传统的熟人社会与现代城市契约社会的融合。农村新型社区和乡村文化相互影响。农村新型社区在形成和发展的过程中，由于其传统的熟人社会和宗教体系分解，以差序格局为代表的人际关系逐步退化，形成以制度体系、政治体系、文化体系、知识体系、宗教体系、工具体系为体现的社会文明。社区文化使农村新型社区的居民不断形成凝聚效益，现代文化不断地规范、同化社区居民的行为规范和思想价值观等，形成农村新型社区居民对文化的认同感和归属感，并促进农村新型社区和农村文化的同步发展。

农村文化依托于农村的乡土文化，是联系和凝聚农村居民的精神与思想的黏合剂。在新型农村社区中，为了凝聚农民，社区需要以文化娱乐为媒介，开展与乡土文化相关联的休闲娱乐活动，同时注入现代文化的元素，形成既有传统乡土文化又有现代文明的新型农村社区文化。相较于传统农村社区零散的居住方式而言，新型农村社区的广大农民群众都聚居在一个大型的社区中，便于乡村基层政府组织与领导，并且在大型社区居住的农民会自动地共享、传递文化，助推乡村文化的创新与发展。政府应该支持地方文化组织和民间艺术团体的合作，开展富有乡土文化气息的群体活动，同时注入现代化社区文明，助推乡风文化与文明的发展。同时，新型农村社区文化有凝聚、同化、规范群众的作用，应持续传递新型农村社区文化，巩固和吸纳农民的融入，实现良性互动。

在推动新型农村社区建设时，政府应结合地方农村的传统文化，同时注入现代化文化、文明，形成特色文化，不仅要打造地方文化产业，还要把居民的生活和生产结合起来，提高农村居民的文化素质。传统文化有着很深的群众基础，新型农村社区是以农民为基础的，应以社区文化的形式继承、发扬、创新传统文化。新型农村社区是传统文化与现代城市文明的过渡，新型农村社区新在医疗、教育等社会组织的完善，这些社区组织有着自己的文化。

第六节　乡风文明建设中存在的问题

一、思想道德滑坡比较严重

在农村，一部分村民思想道德滑坡比较严重，奉行个人主义、享乐主义，面子思想严重。在集体经济逐步被削弱后，农村社会开始出现阶层化问题，阶层与阶层之间为了巩固自身的利益，在获取资源能力有限的情况下，为减少家庭内部损耗，出现无人赡养老人的问题，不愿为集体做出让步，甚至不考虑集体利益。科技的发展带来农村生产效率的提高，大大解放了劳动力，但农村居民的思想和道德意识并未与经济发展同步，加上农村经济发展水平提高，享乐主义在农村社会弥漫。在物质需求得到满足后，部分农村居民因为意识没有得到正确的引导，丌始通过面子来获得精神上的满足。部分农民通过大摆宴席、高额礼金来获得面子。这是资源的极大浪费，有的农村甚至出现"越吃越穷"的现象。

二、个别领导组织"微贪腐"与"不作为"

农村乡镇政府作为国家基础行政组织，执行国家的战略方针、政策措施等，乡镇政府对政策的理解和执行能力，在很大程度上会影响农村社会的发展。但个别乡镇政府对中央的政策方针理解不够，把更多的资金投入经济建设中，不重视乡村文明建设；基础公共文化场地和农村文化服务不配套或缺失，不能满足广大农村居民对文化场地和服务的需求。此外，个别基层政府不能意识到意识对物质的能动作用和乡风文明具有创造良好的市场经济环境、促进经济发展的作用。个别基层政府"微贪腐"。问题贪腐存在损害国家和人民的利益，破坏了广大人民群众对党和国家的信任，造成干群关系紧张。一些乡村干部为应付上级部门检查，不顾及农民利益，机械地应付相关政策，可谓"上有政策下有对策"。一些乡村干部只是把自己的职位当成谋私利的渠道，没有切实履行责任，使得上级的政策和关怀不能有效、真实地传达给农民，阻碍了政策的实施，损害了农民的利益。

三、农村公共文化场所建设供给不足

农村经济与乡风文明是经济基础和上层建筑的关系。经济基础发展时，需要文明建设，使文明建设有物质建设的支撑，为广大乡村居民创造文化阵地及农村文化服务阵地，让乡风文明引导农村居民积极向上，为农村居民创造和谐的社会氛围。乡风文明建设相较于农村经济建设过程较为缓慢，且不少农村基层政府人不敷出，在资金匮乏的情况下，更难以开展文明建设活动。

我国农村基础文化设施和服务体系的建设主要依靠政府投资，但这种政府主导式的农村基础文化设施与服务体系的建设，让本就入不敷出的地方财政更加窘迫，而且政府主导式的农村基础文化设施与服务体系的建设会导致社会资源难以有效地投入文明建设中，社会资源难以流通，限制了农村文化服务体系的建成。农村基础文化设施与服务体系服务的对象是广大农民群众，没有广大农民群众的实际参与，农村基础文化设施与服务体系难以得到长足的发展。

四、乡贤引入与培养的危机

随着我国城市化进程的加快，城市良好的就业环境、医疗和教育环境等吸引着农村人口向城市迁移，且农村人口迁移至城市后再难返乡，这些都影响着农村乡贤引入与培养工作的展开。同时，农村乡贤的政治意识、文化素养等仍有待提高。乡贤是政府与农民之间沟通的桥梁和纽带，但在政策执行和实施过程中，一些乡贤对政策的内涵理解存在偏差，这对农村建设和农民的发展都是不利的。在现实生活中，也有一些追名逐利的"乡贤"，其为了自己在地方上的威望、名誉和利益，以权谋私、假公济私，不仅让基层政府的工作难以开展而且严重影响社会风气，阻碍乡贤文化的建立。

五、新型农村社区问题

当前新型农村社区的建设侧重于经济建设，忽视了农民的精神文明建设，没有健全的文化政策保障机制。同时，文化保护意识不强，由于农民自身知识及认识水平有限，文化资源和乡土产品等得不到重视。文化内容单一，缺乏创新。一些地方只重视文化基础设施的建设和服务，但是在内容上缺乏创新，文化娱乐形式单一，营造的农村文化氛围不佳，对农民的吸引力不强，传播力度有限。

第七节　乡风文明建设的有效路径

一、社会治理力量的参与

社会治理不同于政府治理之处在于，在党的领导下，社会组织协调，群众参与，政府负责，多方主体共同参与治理，旨在积极发挥社会各方力量，拓宽治理渠道，达到提高解决社会问题效率、实现社会治理效果最佳的目的。

社会治理能提高治理效率和改善治理成效，因为多方主体共同参与治理，可以相互补位。传统的治理是依靠司法机关根据既定的法律条款执行法律，从而进行治理。但其治理效果与现实世界期望的治理效果相比是有相对滞后性的，并且法律具有制定后不能随意更改的强制性。这样一来现实中就出现各种规避法律后果的手段和方式，我们经常在现实中看到钻法律漏洞的"打擦边球"行为等。传统的治理存在一定的局限性，往往是治理机关本身运用成本最低且较易获取的资源与技术手段解决问题，不能解决所有的矛盾和纠纷，无法达到治理效果最佳的目的。法治与德治不同，法律依靠国家强制性机关来保证实施，德治是人民内心的行为约束，而法治具有强制性，且依靠国家暴力机关执行。德治需要社会广大群众和社会组织的参与，积极引导社会舆论，发挥道德评价功能。社会治理还可以实现社会治理主体之间多方的监督治理，实现治理成本内部化，运用多方资源，在复杂关系中充分发挥治理主体之间的联动效应，实现社会治理效率提高、治理水平提高。

二、提高农户思想道德素养

（一）各级党组织和政府引导

中国共产党党员（以下简称党员）要发挥先锋模范作用。在实现乡村振兴过程中，党员要带头执行党和国家的各项政策和方针，切实为广大人民群众谋福利，党员和基层政府工作人员，要想方设法将政策福利传递给农户，使他们切实感受到实惠。这样农户才会对党员和基层政府有信任感与认同感，为开展乡风文明建设打下基础。党和基层政府在帮农户解决困难时，要注重农户的思想道德建设，优化农户的行为习惯，将优秀文化注入其日常生活之中。

（二）教育培养

农村受高等教育的人口少，这也在很大程度上影响乡风文明的感召力。不少农民认为乡风文明建设没有眼前的实际物质利益重要，从而忽视文化和知识。教育可以为农村的发展和乡村振兴储备人才。

农村教育为实现乡村振兴提供文化精神资源和人才储备。农村小规模教育是指为农村区域适龄儿童就近入学而设置的规模适中的学校。我国幅员辽阔，农村居民居住的特点是零散化，没有集群效应。根据这种居住特点而建立的学校，容易造成农村教育资源的匮乏。随着城镇化的推进，建立农村小规模学校的外在条件逐步形成。乡村文明振兴是一个相对漫长的过程，对农村儿童进行教育就是在储备农村发展的动力。

三、加强农村文化建设

（一）做好经济建设，抓好文化设施建设

我们在进行经济建设的同时，也要重视文化建设，而基础文化设施、文化服务中心等是农村文化发展的重要载体。政府要把基础文化设施建设纳入乡村规划，以政府为主导，大力加强农村基础文化设施建设和文化服务中心建设，提高农村基层文化服务水平。政府应积极打造"一村一舞台""一乡一展馆""一村一展室"，满足农村居民的文化活动需求，丰富农村居民的精神世界，提高农村居民的文化素质。

（二）发展农村文化产业

乡村应建立以文化旅游和特色文化体验为导向的文化产业，通过发展文化产业，延长产业链，促使农户增收，带动农户就业；通过发展文化产业，带动经济增长。农户在此过程中受到优秀传统文化的影响，提高了文化素养，有助于创建文明乡村。

第八节 乡风文明建设的有效模式

一、文化产业嵌入模式

农村社会自古以来就是一个熟人社会。费孝通提出传统农村社会的人际关系格局如同水面上泛开的涟漪一样，按照圈层结构由近及远扩散，宗法关系和血缘关系起主要作用。随着农村生产力的发展，由经济基础决定的上层建筑正在发生质的变化，原来的熟人社会转变为半熟人社会，或者转变为现代社会典型模式，即契约型社会，这是社会高度文明的体现。文化产业能够带动经济的发展，又能以文化浸入的方式传递现代文明和城市文明。

从当前乡村发展建设的实践轨迹和经验来看，乡村特色文化产业的确能给当地乡风文明建设带来显著的影响效果。一方面，随着"文化扶贫"措施的实施，许多地方通过积极挖掘乡土文化内涵发展农村特色文化产业和文化手工艺品等，使当地农民摆脱了贫困，实现收入增长。农村特色文化产业的不断发展壮大，为当地乡风文明建设积累了原始资本，助推了当地社会文化事业的发展。文化旅游业的发展需要吸引一定规模的人口流量，在此基础上要完善农村基础设施、发展文化教育卫生事业、提升农村思想道德水平，因此乡村面貌和乡风也得到了一定的改善。另一方面，政府和相关社会力量由于需要发展当地特色文化产业，因此越来越重视乡土文化遗迹和非物质文化的保护与传承，在政策上予以倾斜，在资金上予以支持。例如，政府对具有民族特色的传统村寨、传统建筑、农业遗迹等加以保护，注重将历史记忆、地域特色、民族特点融入乡村建设与维护之中，注重对当地少数民族文化、民间文化的保护与传承（李小燕，2019）。从实践经验来看，乡村特色文化产业的发展，不仅可以为当地乡风文明建设提供必要的资金和人才支持，而且可以激发和唤醒当地农民、政府等对乡土文化遗址和非物质文化的保护，调动乡村精神文明建设的积极性。因此，乡村特色文化产业发展为持续开展乡风文明建设提供了坚实的物质条件和持久的精神动力。

二、乡贤引导模式

乡贤是一群拥有乡土文化的农村能人，他们希望将自身才能运用到农村事业发展中。乡贤应具有卓越的见识、先进的知识和崇高的信仰，乡贤通过无形的示范或积极的带动助力农村发展、农民致富，激发农民的奋斗精神，实现乡村振兴。一些企业家在外积累一定的精神财富和物质财富后，回归乡土，为农村的建设添砖加瓦。他们以身作则，在带领农户脱贫致富时，转递知识、能力、精神、信仰等。

（一）树立乡贤人物，引导乡风文明

政府应将在地方上有所建树、有品德、有贡献、有声望、有影响力、受农民

爱戴的人评选为乡贤，树立典范，引导农村社会文明风貌积极发展。政府可以通过互联网、电视、电子触摸屏等媒介，面向群众收集关于树立乡贤文化的线索，借此促使广大农民积极参与宣传乡贤的活动。广大农民在参与的同时主动汲取乡贤文化，营造要做德才兼备之人的氛围。

（二）培育乡贤文化，带动乡风文明持续发展

乡贤的培育与教育以德育为主。政府应积极开展乡贤的评审活动，通过表彰及树典型的方式，传播乡贤文化。政府应采用"以前带后"的方式，推动已有乡贤在实际中用行为规范带动培育新的乡贤，促使乡贤人物不断出现，壮大乡贤队伍，形成人人争做乡贤的局面，促使乡风文明建设可持续发展。

（三）宣传乡贤文化

一是创新打造地方性的乡贤展示阵地。政府应积极推出名人名贤堂建设项目，集中展示地方性名人的生平事迹。每个乡镇可以建设一个乡贤馆或乡贤长廊，每个村可以建立一个善行义举榜。二是编撰乡贤系列丛书。政府可以编撰地方性乡贤传记，收录地方有史以来乡贤等有名望的历史人物，编撰成书。三是组建乡贤宣讲团。政府可以把已评选出的乡贤的生平事迹、信念精神，以宣讲团的形式传递给广大农民，同时开展推进乡贤精神进政府、进乡村、进社区、进家庭、进学校等活动。四是推动乡贤文化品牌化。政府应推动乡贤文化品牌化、国际化，积极举办有影响力、有吸引力的乡贤文化旅游活动，面向全国宣传有影响力的乡贤文化和名人事迹，为地方民众创造荣誉感和自豪感，使民众积极主动约束自身行为，同时主动参与到以乡贤文化推动乡风文明当中。五是以乡贤带头组织集中学习。政府可以开展各行各业学习乡贤文化、引领新型农村社区文化的主题活动，宣传乡贤文化精神内涵，塑造良好社会风气。六是依托宣传教育，弘扬乡贤文化。政府应依托道德讲堂、农民大讲堂、文化讲堂等宣教载体，教育引导农民向身边的乡贤靠拢，形成向上向善的文明氛围。七是结合党建工作，推动乡贤文化。政府可以制作反映当地有建树、有贡献、有品德以及受当地农民爱戴的党员的先进事迹的党建宣传教育作品，影响和感召党员干部和群众积极投身经济社会建设，带动更多的党员干部和群众注重思想文化建设。在积极推行乡贤文化的同时，政府应结合发展现代化农村、农业和职业农民的需要，积极发展创新乡贤文化，以文化滋养民心，推动乡风文明建设可持续发展。

第五篇

治理有效

第十二章 乡村组织振兴：
治理历程、风险与模式创新

第一节 乡村治理的演进历程

从历史的维度来看，我国的乡村治理大致可以划分为六个阶段，分别是中国古代的"皇权+绅权+族权"结合治理阶段，1949—1977 年的高度"集中化"治理阶段，1978—2005 年的"乡政村治"阶段，2006—2012 年的治理主体、目标转变阶段，2013—2017 年的乡村治理机制完善与创新阶段，2018 年至今的乡村治理新体系探索阶段。

一、"皇权+绅权+族权"结合治理阶段

在自给自足的传统中国，国家权力与社会自治力量共生，农村基层社会治理结构是自上而下的"皇权"与自下而上的"绅权"和"族权"相结合的模式，并主要经历了三个阶段。

一是"以官为主"阶段。其主要特征是以政权作为主要的权力单位，乡村的治理由各级官员负责，宗族力量作为补充。秦汉时期，封建王朝采用从中央到地方由皇帝直接统治的郡县制进行治理，并以户籍制度作为补充的治理方式。魏晋南北朝时期，封建王朝采用"三长制"的治理方式，由"三长"（五家立一邻长，五邻立一里长，五里立一党长）负责乡村一般行政事务。

二是"官绅结合"阶段。这一时期官员与士绅共同治理乡村，每"百户"或"百里"选取有才能的士绅协助治理。隋代以"乡、党、里"为乡村统治体系，后提出废止"乡官"；唐代县以下地方基层组织结构为"乡、里、邻保"，

并且"坊与村坊制"开始兴起。

三是"士绅为主"阶段。这一时期民间组织更易管理民众，无论是"保甲制"还是"村社制"都是从民间组织选贤举能，士绅成为主要的基层治理者。宋代废除了原有的乡级设置，将乡分成若干的"管"，"管"成为乡村基层组织单位；辽金元时期推行"村社制"治理乡村。

二、高度"集中化"治理阶段（1949—1977 年）

中华人民共和国成立初期，农村的相关事务处于百废待兴的阶段。土地改革的完成进一步稳定了农村的经济。国家推行人民公社模式，以保证乡村的治理工作能够顺利进行。人民公社的定位在当时来看既是农村的基层政权组织，又是管控农村经济的基本单位。人民公社对内实行"三级所有、队为基础"的管理模式，各项生产资料如土地等归为公社、大队、小队三级集体所有。国家为了兼顾效率和公平，实行了"平均主义"，建立了以"生产集体化"为核心的村庄治理体系。乡村治理的模式经过了三种变化，即一是乡与行政村并存，二是村与社的合一，三是乡与村的合一，也叫作"政社合一"，实现了国家行政权力体制与乡村社会经济组织的结合。"政社合一"的人民公社行使乡镇政权、职权，农业生产合作社改称为生产大队。在组织形态高度集中的背景下，农民"搭便车"的行为悄然出现，"瞒产私分"现象严重，由此引发的"公地悲剧"和"干群矛盾"等问题逐渐显现。国家原本期望通过人民公社，农民可以参与村级各项事务，以实现农村政治的民主化，但是却在推行过程中建立成了一个高度集权的治理体制。这样的体制使得政权组织的权力集中与渗透能力达到了空前的高度，也使得原本离散的乡土社会高度整合到了政权体系当中，打击了农民的劳动积极性。

三、"乡政村治"阶段（1978—2005 年）

1978 年，安徽省凤阳县小岗村的 18 位农民冒着风险，探索出"分田到产、包干到户"的模式，提高了农民的积极性，解决了温饱问题，家庭联产承包责任制由此在各个农村出现。农村的经济体制改革催生了乡村治理模式变革。1982 年，新修订的《中华人民共和国宪法》规定乡执行本级的相关决定和命令，管理相应的行政工作；进一步明确了村委会作为农村基层自治组织的法律地位。国家开始建立以村民自治制度为核心的治理体系，形成了乡镇政权与村民自治的"乡政村治"的治理模式，并成为"治理有效"的实践与理论的起点。在之后的几年时间，国家围绕着村民自治出台了相应的法律制度，同时开展了各项村民选举和示范活动，农村普法活动也随即展开。1994 年，《全国农村村民自治示范活动指导纲要（试行）》出台，首次提出了在我国农村建立民主选举、决策、管理和监督的村民自治民主制度。1998 年，《中共中央关于农业和农村工作若干重大问题的决定》提出制定农村政策的首要出发点是要保障和承认农民的权利，要把调动农民的积极性放在首位。1998 年，《中华人民共和国村民委员会组织法》进行了修订，使得乡村治理的法治基础更加牢靠。2004 年，《中共中央办公厅国务院办公厅关于健全和完善村务公开和民主管理制度的意见》出台，强化了"村务公开"在农村民主监督中的作用。直到 2005 年，国家一直延续对农民收税的传统，引发了农民税费负担过重、干群关系紧张、村庄治理挑战严峻等问题。

四、治理主体、目标转变阶段（2006—2012 年）

从 2006 年起，各项惠农政策开始实施，国家资源不断向"三农"输入，基层政府向"服务型"政府转变。但是由于取消征税，政府财政收入减少，出现了乡村公共治理方面的新问题。2008 年，《中共中央关于推进农村改革发展若干重大问题的决定》指出，要提高农村依法治理的意识，即推进村民自治制度化、规范化、程序化，进而依法保障农民知情权、参与权、表达权、监督权，农民的主体地位越来越明显。2010 年，新修订的《中华人民共和国村民委员会组织法》在治理主体、规范、具体实施方面提出了新的要求，突出了需要加强的关于农村基层组织建设的内容。同年，中央一号文件提出进一步培育社会组织，完善符合国情的农村基层治理机制。2012 年，党的十八大报告提出要健全基层群众自治机制的治理目标。

五、乡村治理机制完善与创新阶段（2013—2017 年）

自 2013 年以来，乡村的治理机制逐渐受到重视，新的治理机制对于提升乡村治理水平与保障水平有着重要的作用。于是，国家在 2013 年提出了需要完善乡村治理的机制，在 2014 年提出需要改善乡村治理机制，在 2015 年提出创新和完善乡村治理机制，在 2016 年提出继续创新和完善治理机制的同时强调了农民的主体地位以及乡村治理的主线——"增进农民福祉"。从 2015 年起，中央一号文件在重视"自治"的基础上，更加强调"法治"和"德治"在乡村治理中的积极作用。2015 年的中央一号文件强调了法治建设的重要性，提出需要推进农村法治建设，运用法治思维和村规民约等解决农村问题等。2016 年的中央一号文件在强调法治的作用的基础上突出了德治的重要性，强调需要加强思想道德教育、诚信教育、提高农民素质等。

六、乡村治理新体系探索阶段（2018 年至今）

党的十九大报告指出，农业、农村、农民"三农"问题是关系国计民生的根本性问题，实施乡村振兴战略是解决"三农"问题关键战略。实施乡村振兴战略要加强农村基层工作，健全以自治、法治、德治"三治"相结合的乡村治理体系。这也标志了中国特色乡村治理体制的形成。2018 年，《国家乡村振兴战略规划（2018—2022 年）》更加明确地指出要实现乡村振兴，治理有效是基础，要建立现代乡村社会治理体制，创新自治、法治、德治相结合的乡村治理体系，让乡村走上善治的道路。

第二节　乡村治理面临的风险

传统的乡村社会具有边界封闭、农民流动少的特征，使得乡村能够依靠内生的规则和机制维持原有的秩序。但是在现代化国家建设的推进过程中，乡村的经济、价值、政策基础都发生了变化，致使传统乡村发生包括观念、社会认同、行为方式等多方面的转变。原有的乡村治理体系难以适应治理基础的变迁，其体制表现出滞缓和不适应。在新时代背景下，为了乡村社会适应发生的变化，党的十九大报告提出了要实施乡村振兴战略，随即提出了"产业兴旺、生态宜居、乡风文明、治理有效、生活富裕"的二十字总要求。学者对乡村治理的内涵进行了探讨，认为需要从价值培育、治权塑造以及机制创新等层面，挖掘乡土社会内生资源，构建起新型乡村治理体系。这要求作为政治主体的广大村民的积极参与，治理的最终目的在于维护广大人民群众的根本利益。在新时代背景下，乡村治理是既包含公共领域又包括私人部门的一个过程，是一个持续性的互动，强调的是协调而不是控制，即不是一种权威和固定的制度。乡村治理中的"治理有效"是对"治理质量"的考察，其有效实施有赖于代表政府权力的乡村公共权力主体与不同组织关系之下的广大民众所代表的权力客体间的相互协作。

从总体上看，乡村治理虽然表面繁荣，但是暗含着"复合性危机"。

一是多元主体间的危机。各个治理主体存在共识不足、功能发挥不平衡等问题。例如，乡镇政府职能转变不到位、村"两委"组织涣散、社会组织发育滞后、农民参与不足等。在村干部方面，部分村干部素质不高、任务化治理的倾向严重，在治理过程中重形式轻目的，造成干群信任流失、治理绩效内卷化。在农民主体方面，农村"空心化"带来治理主体缺失、精英缺乏的障碍，个别地区出现村霸、混混治村等乱象，多个行动主体"分利"、乡村治理"灰色化"等问题突出。农民主体的参与不足，致使村民的参与网络失效。在利益关系方面，多对利益关系之间形成了多种矛盾，如社区自治与政府管理间的博弈、个体与公共利益之间的抵触、治理文化与硬性法律规则之间的矛盾等。

二是德治弱化的危机。在社会秩序方面，传统的乡土社会的乡村治理可以依靠乡绅、乡约、宗族力量等内生性力量整合。但是在乡村社会从"传统熟人社会"走向"无主体熟人社会"的过程中，乡土社会逐渐呈现出个体原子化、关系陌生化等特征。农村不再是传统的、封闭的，而是朝着开放性、流动性、异质性、变化性等方向转变。于是，村民自治制度、法制法规、社会组织等外生力量嵌入，与原本存留在乡村的内生力量互相博弈，形成乡村疏离化、乡村失序化等困境，导致社会治理失灵。与此同时，乡村道德体系被打乱，传统礼俗与现代秩序观念未能有效契合，原本用于约束村民行为的村规民约并不能有效实行。乡村道德不同程度滑坡、传统优秀文化失语、社会主义核心价值观无法引领乡村文化的现象严重。

三是资本流动的危机。在人力资本方面，劳动力流失会使得农村无论是在生产方面还是管理方面都后继无人；劳动力回流又会带来治理主体间的矛盾，在特定利益面前，回流村治精英和当地村治精英间存在博弈失衡局面。同时，人口迅速增长致使村民原子化程度加深，社会呈现失序状态。在经济资本方面，农业本身对经济资本的吸引力不足，造成农村发展较难获得资金。当国家输入大量资源时，基层组织无法有效承接，或者存在村庄过度依赖政府而导致缺乏内在营造力量，无法实现可持续性繁荣的问题。

四是法治虚化的危机。首先，中国传统乡村社会是一种"无讼社会"。传统社会调解矛盾通常不会将法律的制度或诉讼的相关手段作为首选方式。为了推动法治乡村的建设，国家采取"送法下乡"等多种措施为乡村进行普法，但是短期内结果并不算特别理想。其次，村民对法治权威的信仰有所缺失。行政干预司法现象在农村地区不同程度存在，法律实施运行过程中的失范状态曲解了村民对法律的认识，误导了村民对法律的评价。乡村社会的基层行政机构的依法行政意识需要增强。最后，现有法律规范在乡村社会存在不适应性。法律规范与乡村价值之间存在落差，司法制度难以处理村民之间细腻纷繁的纠纷，造成了法治悬浮的情况，且并不是所有的纠纷都是违法的。

第三节　乡村治理模式创新

一、强化基层党建引领型

党的十九大报告强调基层组织是落实党的政策方针的基础。《关于加强和改进乡村治理的指导意见》中也指出完善村党组织领导乡村治理的体制机制。实际上，当前基层党组织还存在着思想、组织方面的建设问题。在思想建设方面，一些党员学习党的知识流于表面，形式化倾向严重，造成党员意识淡薄、理想信念缺失的问题；在组织建设方面，许多农村党组织存在人才流失、组织管理松散甚至纪律松散的情况。因此，很多地区农村基层党组织的战斗堡垒作用并没有发挥出来。湖北省大冶市、广东省佛山市南海区、陕西省安康市汉阴县、四川省成都市战旗村、福建省泉州市洛江区等地区注重加强基层组织建设，走出了党建引领的乡村治理新道路（见表12-1）。

表 12-1　党建引领型案例总结

序号	地区	治理亮点	治理痛点
1	湖北省大冶市	"村支部领导、理事会搭台、村民参与"模式	农民群众诉求多元
2	广东省佛山市南海区	"村到组、组到户、户到人"三层党建网格	干群联系不紧密

表12-1（续）

序号	地区	治理亮点	治理痛点
3	陕西省安康市汉阴县	"三线联系群众"模式	干群联系不紧密
4	四川省成都市战旗村	"党建引领、村民自治、社会参与"模式	公共服务供给不足
5	福建省泉州市洛江区	党建"同心圆"，创新区域党组织建设	征地矛盾

案例1：党建引领，活力村庄（湖北省大冶市）。

湖北省大冶市就乡村治理问题做了基层调查，发现农村基层存在着"五化"问题，即基层组织"弱化"、乡村治理"虚化"、群众人心"沙化"、村组干部"老化"、群众价值"空化"。基层党组织面临着队伍素质弱、后备力量不足的问题，而农民群众的意愿又无法得到满足，矛盾得不到有效解决。在充分听取群众意见的基础上，大冶市各个农村建立起了村庄理事会。村庄理事会在经过划分村庄、建立理事会、民主推选理事会成员三个步骤后便可成立。党建引领贯穿在理事会的各个方面，如鼓励村民小组长、党员加入理事会，同时又培养理事会成员成为党员等。依托村庄理事会，大冶市各个农村在引进人才、建设乡村、调解纠纷等方面都取得了不小的成绩。

大冶市经验总结：坚持党的领导，切实根据群众意愿开展基层工作，真正做到村民说事、议事、主事，保证农村基层党组织的战斗堡垒作用。

案例2：织密网格，紧密联系群众（广东省佛山市南海区、陕西省安康市汉阴县）。

在2016年的环保督察中，广东省佛山市南海区的群众投诉有202项，是广东省群众投诉最多的区（县）之一。南海区针对干群关系联系不紧密，从而引发干群矛盾隐患的问题，构建了村到组、组到户、户到人三层党建网格，实施了以驻点干部和党员与每户联系加网格化管理的制度，让每一名党员都作为一户或一个家庭的联络员。与南海区做法相似的陕西省安康市汉阴县同样重视干群、党群间的联系，建立了"三线"联系法，即党委联系支部、支部联系党员、党员联系群众，人大主席团联系代表小组、代表小组联系人大代表、人大代表联系群众，政府指导（联系）村委会、村委会联系中心户长、中心户长联系群众，真正做到党组织深入到群众当中，为群众服务，发挥党员的先锋模范作用。

南海区、汉阴县经验总结：加强党员队伍建设，发动群众、凝聚群众力量，形成"党组织+群众"的稳固合力。

案例3：党建引领社会组织协同治理（四川省成都市战旗村）。

随着广大农民群众实现集中居住，村民对社区公共服务的要求也越来越高。为满足村民日益增长的物质文化需求，四川省成都市战旗村引进了名为成都同行社会服务中心的社会组织。随后，该组织调查了解村民的相关情况，为群众生产生活提供了多元化服务。例如，开展了包括乐健康、养生课堂、兴趣工坊等内容在内的老年健康工程，促国学经典、颂扬家风家训系列活动。战旗村同时注重突出党组织的核心地位，不断完善党组织领导下的村民协商议事机制，定期听取自治组织的报告，及时协调办理村民诉求。

战旗村经验总结：积极培育社会组织，满足群众多元化公共服务需求；明确党组织核心地位，在党组织领导下开展各项工作。

案例4：构建党建"同心圆"（福建省泉州市洛江区）。

福建省泉州市洛江区构建党建"同心圆"的思路源于一个项目引发的征地矛盾。为发展旅游业，马甲镇引入了泉州海丝野生动物世界等项目，但是在征地时却遭到群众的反对。为解除群众的顾虑，经过多方协商，最终以土地流转的方式合理解决了争端，顺利推进了项目。借此机会，洛江区探索出多方联动的"同心圆"区域党建共同体的模式，形成了以镇党委为主要领导，区域共同体的议事机构为中心，区域内的党组织和党员相互帮助、相互学习分享的框架，提升了基层党组织管理、服务的水平。

洛江区经验总结：结合城乡接合部的特殊治理问题，从区域化党建视角构建整体联动的党建工作方式。

二、探索"三治"融合型

实现乡村善治关键在于构建自治、法治、德治相结合的乡村治理体系，其中自治是前提与基础，法治是保障底线，德治是有力支撑。一些地方充分发挥自治、法治、德治的作用，探索"三治"结合的有效途径，健全乡村治理体系，走出一条"三治"融合的治理道路，如浙江省嘉兴市桐乡市、广东省惠州市、宁夏回族自治区吴忠市红寺堡区等（见表12-2）。

表 12-2　"三治"融合型案例

序号	地区	治理亮点	治理痛点
1	浙江省嘉兴市桐乡市	"自治、德治、法治"融合治理	"三治"弱化、虚化
2	广东省惠州市	一村一法律顾问	法治虚化
3	宁夏回族自治区吴忠市红寺堡区	以自治为核心促进德治与法治	自治瓶颈

案例 5："自治、法治、德治"融合治理（浙江省嘉兴市桐乡市）。

浙江省桐乡市在基层党组织领导下，健全完善百姓参政团、道德评判团、百事服务团、村民议事会、乡贤参事会的"三团两会"载体。在自治方面，桐乡市厘清村居权利边界，建立基层群众自治新机制；在德治方面，桐乡市建立道德评议组织，实施文化惠民工程，完善道德规章标准；在法治方面，桐乡市组建"法治驿站"等社区组织，扩大普法队伍，推行"组团式"法律顾问模式，成立百姓参政团等，实现了乡村的事务一起做、一起判、一起管的新局面。

桐乡市经验总结：构建自治、法治、德治"三治"融合治理体系，不断增强乡村自治活力，增强村民法治意识，提高村民道德素质。

案例 6：一村一法律顾问（广东省惠州市）。

由于村民法律意识缺失，因此许多基层矛盾难以通过法律途径疏解，容易造成更严重的后果。广东省惠州市推行一村一法律顾问制度，为群众提供法律服务。法律顾问定期开展法治宣传，开设法治讲堂，成为调节乡村矛盾的主力军，畅通了乡村矛盾的化解渠道。

惠州市经验总结：各村通过入驻法律顾问，潜移默化地为群众与干部注入法治思维，防范和化解基层社会矛盾。

案例 7：规范村民代表会议制度（宁夏回族自治区吴忠市红寺堡区）。

宁夏回族自治区吴忠市红寺堡区推行"55124"模式，即五步工作法、五联工作表、一份议事清单、乡村两级监督、四级联动督查，以村民代表会议制度为核心，完善民主选举、决策、管理、监督机制。红寺堡区具体通过规范选举村民代表、严格执行提出的相关议案、接受民主评定、公告之后进行组织实施和监督管理、规范填写"五联表"、细化议事清单等措施，形成在村党组织领导下充满活力、和谐有序的村级治理格局。

红寺堡区经验总结：设立严格的从选举到监督的一体化程序，规范村民自治，促进法治、德治建设。

三、创新村级事务型

村级事务繁杂，规范村级事务有利于推进基层治理发展。完善基层议事协商机制、利用现代信息技术等创新治理方式，能够提升乡村治理能力，如浙江省宁波市象山县、湖北省宜昌市秭归县、上海市宝山区等（表12-3）。

表 12-3　创新村级事务型案例

序号	地区	治理亮点	治理痛点
1	浙江省宁波市象山县	"村民说事"制度	村民意愿复杂
2	湖北省宜昌市秭归县	变村落为自治单元	群众协调困难
3	上海市宝山区	互联网结合的治理模式	信息化需求旺盛

案例8："村民说事"制度（浙江省宁波市象山县）。

浙江省宁波市象山县"村民说事"制度由"说、议、办、评"四环节组成，通过"说事"，村民与村干部打破沟通隔阂，集聚了乡村共同发展的合力，促进了乡村的发展。通过线上与线下结合，采用现场集中或网络反馈的形式"说事"，该制度对民意疏导、合力决策起到了重要作用。

象山县经验总结：村庄治理事宜都可以依托"村民说事"制度得到处理。该制度在有利于密切联系群众的同时，更充分体现了治理民主。

案例9："村落自治"（湖北省宜昌市秭归县）。

湖北省宜昌市秭归县是脐橙之乡，当脐橙成熟之时，机动车却无法开进村庄。为了改变这一现状，提升农民的收入水平，秭归县精品果园试验示范区项目应景而来，然而修路征地却遭到群众反对，协调困难。原来因为前期合村并组，造成建制村的单元过大，村干部的精力不足，村庄无法实现有效自治。于是秭归县决定划分村落为小型自治单元，取消村民小组，实行一条从党组织到党小组再到党员的运行线路和"村委会—村落理事会—农户"的双线运行、三级架构治理模式。秭归县实行以党小组组长和村落理事会理事长为骨干的"两长"和负责宣传、帮扶、调解、管护等八方面的管理员推进村落自治的模式。自此，修路征地问题便迎刃而解了。

秭归县经验总结：村民间缺乏利益联结机制，大型建制村难以协调众人达成一致，划分为小型村落，可以细化村落自治任务。

案例 10："社区通"智慧治理（上海市宝山区）。

在互联网时代，乡村社区急需探索新载体、寻求新途径实现治理有效。宝山区依托"社区通"完成乡村社区的多项治理工作。宝山区通过设立独立二维码，形成以村为单位的微小治理单元，村民通过实名认证、党组织审核后成为用户，治理重心真正下沉到村落。"社区通"中设立了诸如社区公告、党建园地、议事厅、物业之窗、业委连线、警民直通车、家庭医生、公共法律服务等功能版块。宝山区切实通过"社区通"把党的建设渗透到基层治理的各方面、各领域，畅通党和政府与群众之间的互动沟通。

宝山区经验总结：利用互联网思维，利用新平台、新载体激发社区治理活力。

四、聚焦治理陋习型

我国是一个注重人情的国家。在现代化进程中，中国乡村仍然保留了很多包括"人情礼"和"红白喜事操办"在内的传统习俗。这些传统习俗在一定程度上有助于巩固人情关系、维护秩序，但是在实际生活中，一些习俗已经成为加重群众负担的陋习，如红白喜事大操大办、天价彩礼、天价殡葬等。移风易俗、树立文明风尚、整治乡村陋习已经成为乡村治理的重要环节。浙江省宁波市宁海县、安徽省滁州市天长市、山东省临沂市沂水县、河北省邯郸市肥乡区等地区针对这些陋习走出了新的治理之路（表 12-4）。

表 12-4 聚焦治理陋习型案例

序号	地区	治理亮点	治理痛点
1	浙江省宁波市宁海县	权力清单明确村干部权力边界	贪污腐败
2	安徽省滁州市天长市	权力清单加积分管理	贪污腐败
3	山东省临沂市沂水县	殡葬改革	丧葬陋习
4	河北省邯郸市肥乡区	红白喜事规范	红白喜事大操大办

案例 11：防治"小微腐败"（浙江省宁波市宁海县、安徽省滁州市天长市）。

为了更好地约束乡村小微权力，浙江省宁波市宁海县梳理出台了《宁海县村务工作权力清单36条》，对村干部的权力进行了规定，其中包括集体资产的相应管理，如村内重大事务、项目招投标等，也包括了便民服务的管理，如宅基地的审批、困难补助等。权力清单的出台一方面加强了群众监督，另一方面也提升了村内事务公开化、透明化程度。

同样面临"小微腐败"问题的还有安徽省滁州市天长市。天长市除了制定涉及村党组织等相关的责任清单以外，还设置了负面清单，更加全面地规定了村干部的权力边界。对于村干部的平时工作，天长市提出积分管理的制度，对村干部的工作进行考核，积分与村干部的薪资待遇、绩效直接相关，加强了村干部的自我约束。

宁海县、天长市经验总结：建立权力清单、积分制管理村干部，实现村内事务从"暗箱化"到"阳光化"的转变，提升基层工作效率。

案例12：殡葬改革破除丧葬陋习（山东省临沂市沂水县）。

传统的丧葬仪式在遗体的运输、火化、墓地选择等方面都需要花费数量庞大的资金，而奢靡的大宴酒席更是铺张浪费。但是由于部分群众存在根深蒂固的丧葬观念，殡葬改革一直难以推行。山东省临沂市沂水县打破了丧葬改革的僵局，实施丧葬费用全免的改革工作，得到了群众的一致认可。为减免丧葬费用，沂水县建立了大量的公益性公墓，对丧葬全过程费用进行免除，包括火化费、运输费、骨灰盒费用、墓地使用费等，提倡节俭丧葬。在仪式选择方面，沂水县改革了原有的宴席形式，推广宣读生评、鞠躬告别的追思会，提倡更为环保的丧葬仪式。

沂水县经验总结：简化丧葬流程，革除丧葬陋习，对推进移风易俗具有重要借鉴意义。

案例13：红白喜事规范管理（河北省邯郸市肥乡区）。

红白喜事对人们来说是重要的人生大事，但是乡村的红白喜事操办却存在金额巨大的问题。河北省邯郸市肥乡区由此制定了红白喜事的操办标准，对红白喜事进行了规范管理，针对宴席规模、用车、时间等都做出了具体的规定。同时，肥乡区设置了巡查小组，对违规进行红白喜事操办的行为进行曝光和处置。肥乡区关于红白喜事陋习的现象已经得到了全面的遏制，群众的操办支出下降很多。婚事新办、丧事简办成为了新的习俗。

肥乡区经验总结：抑制天价彩礼、人情攀比、婚丧事大操大办等不良风气，全面推进移风易俗。

第十三章　农民工党建：
引领乡村人才振兴大格局

习近平总书记就保障和改善民生特别是做好农民工工作做出一系列重要指示，强调全社会要关心关爱农民工，切实保障农民工合法权益。在当前和今后一个时期，我们只有坚持把抓农民工党建工作作为一项重大政治任务，作为推进乡村振兴战略、提升基层党建工作质量的着力重点和关键突破口，全力构建以党建引领为核心、以"引育用"为重点、以强化服务保障为根本的农民工党建工作大格局，才能扎实推动服务保障农民工各项工作任务落地落实、取得实效。

第一节　充分认识农民工党建的重要意义

党的十九大报告提出要实施乡村振兴战略，这是以习近平同志为核心的党中央从党和国家事业全局出发，着眼于解决我国社会主要矛盾、实现"两个一百年"奋斗目标、实现全体人民共同富裕做出的重大决策，在我国"三农"发展进程中具有划时代的里程碑意义。习近平总书记强调，实现乡村振兴，关键在党。

作为乡村振兴战略和中国农村现代化建设的主体力量之一，广大农民工队伍建设的好坏直接决定农村现代化的进程快慢和质量高低。因此，农民工党建工作关系乡村振兴战略的推进和农村现代化的实现，关系党在农村的基层党组织的巩固和领导核心作用的发挥。

一、推进乡村振兴战略必须加强党的建设

（一）从党的组织建设历史进程来看，加强党的领导是实施乡村振兴战略的根本保证

列宁深刻指出："无产阶级在争取政权的斗争中，除了组织，没有别的武器。"我们党从成立起就始终坚持把党的组织建设摆在突出位置。1921年，党的一大在中国共产党第一个纲领中对党的建设原则做出明确规定，党的二大通过的《中国共产党章程》对党的组织性质、组织形式、组织方式等做出详细规定，党的六大对党组织路线进行了阐释。建党90多年的历史充分证明，重视党的组织建设是我们党区别于其他任何政党的强大政治优势。这期间，在新民主主义革命时期，党走农村包围城市的革命道路，亿万农民翻身得解放；在社会主义革命建设时期，党领导农民开展互助合作，极大改变了农村贫穷落后的面貌；从改革开放以来，实行家庭联产承包责任制，农业农村发生翻天覆地的变化；党的十八大以来，以习近平同志为核心的党中央坚持把解决好"三农"问题作为全党工作的重中之重，持续奏响重农强农的最强音。我们党始终充分发挥运用这一重大政治优势，切实加强对农村工作的领导。实践证明，只有加强党的组织建设，构建严密的组织体系，全面加强党的领导，精心做好乡村振兴顶层设计，统筹协调、整体推进、督促落实，才能凝聚起实施乡村振兴战略的磅礴力量。

（二）从党的组织建设内在要求来看，强化政治引领是实施乡村振兴战略的关键要务

中国特色社会主义进入新时代，意味着我们党必须持续推进党的建设新的伟大工程以确保党在新时代呈现新气象，创造新作为。习近平总书记在党的十九大报告中明确提出新时代推进党的建设的总要求，指出"以党的政治建设为统领"，并突出强调要"把党的政治建设摆在首位"。这是以习近平同志为核心的党中央以更高的政治站位和更强的政治责任，对新时代党建工作进行的科学部署和战略定位，是我们党当前和今后一个时期推进党建工作的根本指南。基层党组织是党联系群众的桥梁和纽带，政治组织是首要定位，加强政治建设、强化政治引领是基层党组织建设的内在要求和题中之义。

基层党组织政治建设与实施乡村振兴战略有着紧密的内在联系，加强基层党组织政治建设，才能确保基层党员干部以坚定的政治信仰、牢固的政治意识、优

良的政治品格实施乡村振兴战略，确保乡村振兴战略沿着正确的政治方向阔步前进。新形势下，基层党组织的政治建设应当围绕乡村振兴战略来开展推进，以引领实施乡村振兴战略为关键要务，坚决贯彻执行党的政治路线，以坚定的政治立场保障乡村振兴加快实施，以良好的政治生态激发群众砥砺奋进，以积极健康的政治文化引领乡风文明。

（三）从党的组织建设时代使命来看，增强服务功能是实施乡村振兴战略的有效举措

服务功能是基层党组织的基本功能。我们党从建党之初，就把全心全意为人民服务写在旗帜上，刻入骨髓里。无论是新民主主义革命时期，还是社会主义革命和建设时期，我们党都始终秉持这一宗旨，依靠为人民服务赢得人民的拥护和支持。改革开放以来，特别是党的十八大以来，我们党与时俱进拓展党组织的服务内涵，提出加强基层服务型党组织建设的重大课题。习近平总书记在全国组织工作会议上明确指出，基层党组织要把服务群众、造福群众作为出发点和落脚点，通过不断增强人民群众的获得感、幸福感、安全感，赢得群众对党的信任和拥护。只有坚持人民至上的价值取向，顺应人民群众对美好生活的向往，增强党组织的服务意识，尽心尽力解难事、优化服务方式，才能提升基层党组织的组织力，把群众组织到火热的乡村振兴实践中来，夯实乡村振兴的群众基础，让基层党组织更具强大的生命力和持久的战斗力。

二、推进乡村振兴战略必须抓好农民工党建工作

我国农民工群体是在改革开放之后出现的。农业劳动力向非农产业转移，是世界各国工业化、城镇化过程中的普遍规律。许多国家的发展实践表明，经济快速增长的过程必然伴随着农业劳动力向非农产业和城镇的快速转移。改革开放以来，我国从基本国情出发，在工业化、城镇化快速发展过程中积极解决农民工就业和生活问题，充分发挥他们在社会主义现代化建设中的重要作用，促进他们自身不断发展和生活水平不断提高。

党的十一届三中全会以后，我国农村改革率先起步，大量农村富余劳动力从土地上解放出来，急需转移到非农产业就业。在这一背景下，1984年的中央一号文件指出，鼓励集体和农民本着自愿互利的原则，将资金集中起来，联合兴办各种企业。第一阶段：乡镇企业快速发展起来，吸纳了大量农村富余劳动力，

"农民工"这一称谓也随之而生，形成了"离土不离乡、就地进工厂"的农民工。第二阶段：20世纪90年代，随着社会主义市场经济的发展，快速推进工业化的东部沿海地区和大城市对劳动力的需求日益旺盛，一大批农村富余劳动力进城务工经商，形成了"离土又离乡，进城进工厂"的农民工。第三阶段：进入21世纪，我国加入世界贸易组织后，工业化、城镇化加速发展，农民工的数量不断增加、素质不断提升，形成了农村富余劳动力跨省转移的农民工。第四阶段：党的十八大以来，农民工发展进入新阶段。习近平总书记在2016年中央经济工作会议上指出，扎实推进以人为核心的新型城镇化，促进农民工市民化。国务院发布了《关于进一步做好为农民工服务工作的意见》。截至2017年年底，全国共有8 000多万农业转移人口成为城镇居民，50%以上的农村劳动力实现了转移就业。农民工发展进入"提升技能、融入城市"的市民化新阶段。

农民工是我国改革开放和工业化、城镇化进程中涌现的一支新型劳动大军，已经成为我国产业工人的重要组成部分，对我国现代化建设做出了重大贡献。农民工是充满活力的流动大军，要把他们凝聚在党的周围，因此抓好农民工党建工作既是党建工程、人才工程，也是强基工程、民心工程，我们要从深入实施乡村振兴战略、壮大党在农村执政骨干力量的战略高度抓农民工党建工作。

（一）农民工和农民工党员是实施乡村振兴战略的重要人力资源

从群体属性看，我国农民工规模之大、流动之大、贡献之大、潜力之大，在世界范围内前所未有。国家统计局2019年4月29日发布了2018年农民工监测调查报告。报告显示，2018年我国农民工总量为28 836万人，比2017年增加了184万人，增长0.6%。面对如此庞大的群体，我们迫切需要加强和改进党建工作。

（二）农民工党建工作是提升农村基层党组织组织力的重要突破口

从价值追求看，进入新时代，农民工这个群体正在从工业化、城镇化发展中的劳动大军成长为现代产业工人的主体。他们有文化、懂技术、会经营，有较强的创新创业意识和实现自我价值的意愿，对经济社会发展有着非常重要的作用。在全面推进乡村振兴战略的大背景下，越来越多的农民工、农民工党员和农村外出务工经商流动党员带着资金、技术、信息和队伍回到家乡创新创业，为家乡经济发展注入了新的活力。近年来，四川省已先后回引农民工村干部2.5万人，占整个村干部队伍总数的9%。其中，高中以上文化程度的占67%，产业带头人和有致富产业的占51%。做好农民工党建工作，不仅有利于加强农村基层党组织建设，而且能为推行乡村振兴战略、建设美丽乡村集聚人才。因此，各级部门特别是组织部门应认真贯彻党管人才原则，把农民工中的各类优秀人才团结凝聚在党的事业周围，为他们干事创业提供坚强组织保障。

（三）农民工党建工作对于创新基层社会治理、防范化解社会风险、维护社会和谐稳定意义重大

进入新时代，农民工这个群体正在从工业化、城镇化发展中的劳动大军成长为现代产业工人的主体，其发展出现了许多值得关注的新趋势。例如，20世纪八九十年代出生的新生代农民工大量投身新业态之中，支撑起新业态的发展；通过企业技能培训和职业技术院校培养，农民工中的技能人才数量快速增长；一批曾在沿海发达地区和大中城市务工经商的农民工，带着技术、项目、资金和营销渠道返乡创业，以独特的方式解决我国农村地区留不住劳动力、招商引资困难、承接产业转移难以落地等诸多难题，在脱贫攻坚中发挥着重要作用，也丰富着新型城镇化的实践。

第二节　四川省农民工工作现状分析

四川省一直都是农民工数量最多的一个省，常年有2 500万农民工外出务工，农民工总量占全国近1/10，仅次于河南省位居全国第二。四川省劳务输出起源于20世纪80年代，最初以省外输出为主、省内转移为辅，直至2012年出现就业拐点，省内务工总量首次超过省外务工总量，并一直上扬，截至2018年年底省内转移就业达1 500万人，高于省外300多万人。2019年1—6月，四川省农村劳动力转移就业2 504.3万人，农民工就业规模保持基本稳定。

随着四川省近年来经济的高速发展，特别是四川省委实施"一干多支、五区协同"发展战略以后，四川省各地进入新的高速发展时期。四川省4万亿元的经济总量、便捷的交通条件、快速的产业转型和城镇化发展，为农民工返乡创业创造了巨大的创新创业空间，选择"留下来"的农民工越来越多。截至2019年年底，四川省共建立农民工返乡创业园（孵化园）403个，新增返乡创业农民工2.79万人，新增创办企业9 025个，带动11.58万人就业；累计返乡创业农民工近68万人，创

办企业 17.1 万余户，带动就业 210 余万人，实现总产值近 4 000 亿元。

长期以来，四川省委、省政府高度重视农民工工作，制定出台并强力实施"加强农民工服务保障十六条措施""返乡下乡创业二十二条措施"等一系列政策措施，同时把农民工作为战略性资源来定位，把服务保障农民工作为一项战略性工程来抓，把农民工劳务收入和创业产值作为农民工经济来看待，初步建立起省、市、县、乡四级农民工工作体系。四川省基本形成了横向党政主要领导同志统筹协调，领导小组牵头抓总，成员单位各司其职的工作机制；纵向省、市、县、乡、村五级整体联动，社会各界广泛参与的良好工作格局。四川省农民工工作呈现出前所未有的发展态势，取得了良好的社会效应。

一、制定政策措施，构建制度体系

（一）构建农民工创业支持制度

四川省加强创业用地支持，按照不低于全省下达年度新增建设用地计划总量的 8% 单列用地计划。第一，加大土地流转补贴力度。四川省加强创业资金支持，将各类创新创业投资引导基金向返乡下乡创业项目开放，鼓励市、县设立返乡下乡创业扶持基金。四川省改进金融服务，按各地担保基金实际分险金额的 50% 对市、县实施创业担保贷款分险奖补，充实创业担保贷款基金。2018 年上半年，四川省发放创业担保贷款 9.43 亿元，比 2017 年同期净增 4 亿元。第二，打造创业平台。四川省依托现有各类开发区、农业产业园，整合发展一批返乡创业孵化基地、返乡创业园区。第三，优化创业服务。四川省持续深化商事制度改革，简化返乡创业登记方式，不断降低创业门槛。四川省实施返乡下乡创业服务能力提升行动，分级分类制定返乡创业指导目录，每年为 10 余万人（次）提供免费创业指导、项目推介等创业服务。四川省对创业失败的创业者按照规定进行失业登记，纳入社会保险和社会救助体系。第四，开展常态化技能培训。四川省探索建立农民工技能档案管理制度，组织实施农民工职业技能培训、返乡创业培训、农村青年电商培训、新型职业农民培训等专项培训计划，推广校企合作、订单培训、定向培训模式，不断提升返乡创业者技能水平和经营能力。2019 年 1—6 月，四川省共开展农民工各类培训 2 000 余期，培训农民工近 10 万人。

（二）构建农民工绿色通行制度

第一，交通绿色通行。针对春节期间农民工"出行难"问题，四川省协调铁路交通部门开通专列（专车）、预留团体票、开设专门购票窗口，在车站、码头等交通集散地设立便捷服务点，积极为农民工返乡、返岗提供交通保障。2019年春运期间，四川省铁路开行专列（专厢）45趟，公路客运开行专车4.6万余班次，帮助100万余名农民工返乡、返岗。第二，教育绿色通行。四川省健全农民工随迁子女就学机制，完善以居住证为主要依据的农民工随迁子女入学政策，进一步简化、优化农民工随迁子女入学流程和证明要求。四川省落实符合条件的进城务工人员随迁子女可以在就读地报名参加普通高考的政策，确保农民工随迁子女考生在四川省参加高考无障碍。地方财政设立专门资金，对按计划接收农民工子女的学校进行专门补助，每年为120多万名家庭经济困难寄宿生发放生活补助。第三，安居绿色通行。四川省实施"农民工住房保障行动"，将农民工纳入城镇公租房住房保障体系，每年将30%的公租房定向提供给农民工。四川省鼓励开发区、工业园区和劳动密集型企业建设集体宿舍类公租房，着力解决农民工基本住房问题；鼓励有条件的地方对符合条件的农民工发放公租房货币补贴，推进住房公积金制度向农民工覆盖。第四，证照办理绿色通行。四川省聚焦农民工回乡"办证难"问题，协调省外公安机关，开展川籍农民工身份证、出国（境）证件异地办理等业务。四川省各地在春节前后开辟"绿色通道"，为农民工提供证件和各类证明办理便捷服务。此外，四川省进一步完善农民工落户政策，推动农民工进城落户。

（三）构建农民工关心关爱制度

第一，走访慰问机制。四川省坚持县主导、乡村为主体的原则，全覆盖开展返乡农民工及其家庭走访慰问活动。四川省鼓励党员干部、大学生、企业家等各界人士积极参与志愿服务农民工活动。第二，健康检查机制。四川省开展重大疾病防治工作，为农民工免费提供婚前、孕前检查，免费提供艾滋病、包虫病等重大传染病防治检查和治疗，免费为符合条件的女性农民工提供宫颈癌、乳腺癌检查，督促用工企业对从事接触职业病危害作业的农民工开展职业健康检查。第三，文体服务机制。四川省把农民工纳入城市公共服务体系范畴，鼓励各地在农民工集中居住地规划建设简易实用的文化体育设施和"农民工之家"。四川省持续开展送文化下乡、进村、入企活动，积极举办农民工原创文艺作品大赛、农民工技能大赛、全民健身运动会等文体活动，丰富农民工的精神文化生活。第四，留守人员关爱机制。四川省健全农村留守儿童、留守妇女、留守老人关爱服务体系。四川省实施"童伴计划",落实 75.6 万名农村留守儿童监护责任人;健全留守老年人社会福利和社会救助制度,开展农村养老服务体系建设试点,建立老人日间照料中心和养老服务等机构。

(四)构建农民工权益保障制度

第一,工资保障制度。《四川省人民政府办公厅关于印发四川省保障农民工工资支付工作考核办法的通知》要求,加强工程建设领域欠薪源头治理,严格执行施工总承包企业直发农民工工资、工资专用账户、工资保证金、欠薪应急周转金等制度。四川省加大政府投资工程项目监督考核和督查问责力度,打击欠薪等违法犯罪行为。第二,维权救助制度。四川省建立完善省际、市际维权联动机制,协调解决农民工伤残伤亡案件和重大劳动纠纷案件。四川省完善劳动争议快速处理机制,对农民工劳动争议仲裁,采取先行裁决、先予执行等措施快速妥善处理。第三,法律援助制度。四川省将农民工维权服务纳入各级政府购买法律服务范围,建立法律服务志愿者队伍,为符合条件的农民工免费提供法律咨询、代拟法律文书等服务。

(五)构建农民工激励表彰制度

第一,政治激励机制。四川省出台《农民工定向回引培养工作实施方案》,从农民工中培养发展党员,每年每个乡镇发展 2 名左右农民工党员。四川省从优秀返乡创业农民工中定向选拔村"两委"班子成员;加大从优秀返乡农民中考录乡镇机关公务员力度,积极推荐优秀农民工按程序担任各级党代表、人大代表、政协委员,参加劳动模范、先进工作者评选。第二,评选表彰机制。四川省定期开展评选表彰,每两年评选表彰一批创业明星、示范企业、示范园区。四川省组织召开四川省优秀农民工暨返乡创业先进集体和个人表彰大会,隆重表彰了50 个返乡创业示范企业和 100 名返乡创业明星。四川省农民工优秀代表胡小燕被党中央、国务院授予"改革先锋"称号。第三,举办创新创业大赛。四川省举办"四川工匠杯""天府杯"和"中国创翼"青年创新创业大赛、农民工技能大赛等比赛活动,全省各地也积极开展本地技能大赛活动,为广大农民工返乡创业者提供竞技比武、交流学习的平台。四川省在 2019 年开展的第三届农民工原创文艺作品大赛,共有 1 万多名农民工踊跃参赛,3 000 多件作品入围、294 件原创作品获奖,引发 100 多万人点击关注。

二、统建服务平台，服务提质增效

（一）打造农民工"网上家园"

按照四川省委主要领导指示要求，四川省大数据中心自2019年2月开始筹建以来，边筹建边推动建设农民工服务平台，目前已上线试运行。平台以落实"农民工服务保障十六条""返乡下乡创业二十二条"为主线，着力实现信息服务、办事服务、互动交流三大功能，为全省2500万农民工量身打造了集网站、手机客户端、微信小程序于一体的服务平台，让农民工在平台上找到家的感觉。一个省级平台横向整合省级部门的16个相关业务系统，纵向连通省、市、县、乡、村五级线上服务。截至2019年年底，各地各部门累计推送信息27.6万余条。四川省通过网络调查，确定了就业招聘、返乡创业、家乡发展、权益维护等20个方面的信息服务内容，实现信息内容的量身定制。在信息推送方式上，四川省充分利用大数据技术，定点定人，实现了农民工走到哪里，就把哪里的信息推送给他；他是哪里的人，就把哪里的信息推送给他。

（二）完善农民工基本信息数据库

按照四川省委对精准建立农民工档案的指示要求，四川省人社厅在四川省就业服务管理局之前建成的四川省农村劳动力实名制数据库的基础上，对农民工基本信息数据库进行了优化升级，通过入户采集、线上线下业务办理，与公安、市场监管、社保、技能鉴定等部门和机构的数据协同，让农民工的个人档案信息更全面、数据更精准，为农民工就业创业提供更加精准的公共服务。同时，按照省委省政府要求，数据库还将与省直相关部门协同共享共建数据，进一步深化和拓宽数据库内容，增加优秀农民工、农民工党员、农民工村干部、留守儿童、留守老人（和举家外出）等数据信息及外省在四川省务工的农民工数据信息。

第三节　农民工党建工作存在的不足与原因分析

一、农民工党建工作存在的不足

农民工党建工作是一项复杂的系统工程，但是当前农民工党建工作总体上较为薄弱，表现在以下几个方面：

（一）农民工党员管理难

1. 农民工建立党组织难

关于党组织机构的设置，《中国共产党章程》第三十条规定："企业、农村、机关、学校、科研院所、街道社区、社会组织、人民解放军连队和其他基层单位，凡是有正式党员三人以上的，都应当成立党的基层组织。"但由于农民工、农民工党员和外出务工经商党员流动性大，流出地党组织对外出党员保持联系和加强管理难度大，流入地党组织、部门囿于打工场所的流动、分散和源于四面八方，确有实际组织困难，加上农民工的所在单位都是大小不一的非公企业，特别是小的非公企业本身没有党的组织，这就给特定条件下的农民工建立党组织带来了实实在在的困难。

2. 组织关系转入难

按目前的规定，组织关系的转入须由县级以上组织部门开介绍信，对城区之间转移的须由市委组织部开介绍信，在转入和转出党的组织关系过程中党员须本人直接办理，不得由集体办理或委托办理。如果一名农民工党员在市场从事某项商业活动，想把自己的组织关系转入经营市场的流动党支部，将要到村党支部、乡镇党委、县委、市委、区委、街道党工委、流动党支部等一系列部门办理手续，复杂又费力，如果要变换自己的经营场所，还要再重复一遍上面的转移过程，因此大部分党员宁愿组织关系留在流出地。另外，由于商业经营的不稳定性，农民工党员也不愿意转移党组织关系。

3. 农民工群体中党员发展难

农民工流动性大、居无定所，他们在外地工作的现实表现，输出地党组织并不了解。由于输入地无明确发展党员的义务，因此许多农民工中的优秀分子，受工作环境的熏陶，产生了入党的想法，但不知道把入党申请书交到哪里。

4. 农民工党员发挥作用难

由于长期疏于教育管理，一些农民工党员党性意识日益淡薄，义务观念逐渐弱化。加上党组织对一些不发挥作用的农民工党员没有采取必要的组织措施，党员的责任感逐渐丧失。有的农民工党员连身份都不愿亮明，甘做无名党员，要他们发挥先锋模范作用就成了一句空话。另外，农民工党员还存在评先进难、参政议政难等问题。

（二）农民工党员教育难

1. 农民工党员组织难

《中国共产党章程》第八条规定："每个党员，不论职务高低，都必须编入党的一个支部、小组或其他特定组织，参加党的组织生活，接受党内外群众的监督。党员领导干部还必须参加党委、党组的民主生活会。不允许有任何不参加党的组织生活、不接受党内外群众监督的特殊党员。"《中国共产党章程》第九条规定："党员如果没有正当理由，连续六个月不参加党的组织生活，或不交纳党费，或不做党所分配的工作，就被认为是自行脱党。支部大会应当决定把这样的党员除名，并报上级党组织批准。"农民工党员的组织管理涉及四方组织，即流出地党组织、流入地党组织、流入地用工单位党组织（有些非公企业没有党组织）、用人单位党组织（不少非公企业没有党组织）。尽管中共中央办公厅于2000年6月印发了《关于加强和改进流动党员管理工作的意见》等文件，对主要原则、主要责任和基本要求进行了明确规定，但在实际应用和落实中会有不少难度。要落实《中国共产党章程》的规定，从输出地党组织来看，农民工打工与输出地党组织相隔千里，教育管理存在间断性和个别化。

2. 农民工党员学习难

党的基层组织是党在社会基层组织中的战斗堡垒，是党的全部工作和战斗力的基础。党的基层组织的基本任务之一就是组织党员认真学习马克思列宁主义、毛泽东思想、邓小平理论、"三个代表"重要思想、科学发展观、习近平新时代中国特色社会主义思想，学习党的路线、方针、政策和决议，学习党的基本知识，学习科学、文化、法律和业务知识；同时，对党员进行教育、管理、监督和服务，提高党员素质，增强党性，严格党的组织生活，开展批评和自我批评，维护和执行党的纪律，监督党员切实履行义务，保障党员的权利不受侵犯。然而，党员教育需要学习时间、学习场所、学习材料、学习师资，需要发生费用，而这些问题对于流动党员来说，做起来也是有相当难度的。

二、农民工党建工作存在不足的原因分析

（一）客观原因

客观原因主要是指由于相关组织面对农民工党员这个新的群体，没能及时有效地建立加强农民工党员组织建设的完善机制和实现途径，缺乏比较深入的理论

研究等客观方面的原因。

1. 管理制度不完善

对农民工党员的管理，截至目前，中央尚未出台针对农民工党建管理的相关制度或意见。现有的组织建设和管理机制已不能适应农民工党组织和党员管理。虽然中央出台了流动党员活动证制度，但执行还不彻底，另外现行的流动党员活动证在使用时对党组织缺乏约束力，使流出地、流入地党组织发证和接证的积极性不高，从而影响了流动党员活动证的使用力度，客观上弱化了党组织对流动农民工党员的管理。因此，农民工党员党组织关系转接不顺畅、党费无法及时足额交纳、对农民工党员教育管理和监督不够等问题时有发生。

2. 组织设置不完善

党组织是否健全，事关党建工作的成效。当前各地在党组织设置上，基本都采取属地原则，基本没有建立专门管理教育农民工党员的党组织。即使有的农村党组织在本村农民工党员集中的地方设立了流动党支部，但由于资金和人员等各方面原因基本处于放任自流状态，没有规范的组织制度。由于市场经济的发展，各个领域出现了大量的新经济组织，然而与之相适应的现行的党组织设置形式相对落后，适应农民工党员管理的组织设置存在空白。对于农民工党员来说，就业的单位和行业大多是个体、私营企业，而这些用工单位和行业，由于种种原因，党组织不健全或没有设立党组织的情况较为突出。这就使得一些农民工党员在所在的用工单位找不到党组织，因此无处转移党组织关系和参加党组织生活。党组织不健全，不仅造成农民工党员教育管理工作难，而且造成了一些农民工预备党员转正难、一些农民工入党积极分子培养教育难等问题。

（二）主观原因

广大农民工受自身工作环境、生活条件、教育程度等多方面因素制约，容易出现党员教育不及时、不到位，党组织关系转接不顺畅，对党建工作重视不够，党费收缴困难等问题。同时，由于长期疏于对农民工党员的沟通和管理教育，农民工党员的党性意识日益淡薄，党员责任感逐渐消失。

第四节 农民工党建工作的关键

习近平总书记就做好农民工工作做出了一系列重要指示批示，突出强调要重视从农民中发展党员，加强带头人队伍建设，打造千千万万个坚强的农村基层党组织。四川省总人口数约 9 100 万人，农民工就占了全省人口的 1/4 还多，四川省应从组织上重视、典型上引领、环境上营造想办法，凝聚起这股散落在全国各地的力量，激发他们干事创业的激情。因此，组织部门作为党委重要职能部门，必须提高政治站位，准确把握蕴含的党建工作新内涵新要求，坚持以科学发展的理念和与时俱进的思维方式，抓住农民工党建工作的关键点、突破口，不断夯实农民工党组织的战斗堡垒作用，解决农民工党建存在的问题。

目前，四川省组织部门建立了优秀农民工、农民工后备力量、农民工村干部"三本台账"，摸排储备优秀农民工 8.9 万名、农民工村干部 2.5 万名、农民工后备力量 3.9 万名。

一、建强组织堡垒

党的力量在组织。做好新时代农民工党建工作，必须发挥党组织的领导核心作用，把党的政治优势、组织优势转化为群众工作优势、服务管理优势，实现哪里有农民工党员，哪里就有党的组织；哪里有农民工；哪里就有党的工作，激发农民工党员的先锋作用，努力开创新时代农民工党建工作新局面。做好新时代农民工党建工作应坚持分类指导、分领域推进。四川省建立了"农民工综合党委+异地农民工党支部+园区农民工党支部"立体式全方位工作体系，实现农民工党组织相互补充、覆盖管理；大力实施"双培双带"工程，采取"乡村推荐+委托培养+接续培养"机制，对在外农民工按照"原籍吸纳、接续培养、双向考察、两地公示"的管理办法，重点向专业技术人员、创业人员、管理人员等倾斜发展党员名额，实现把在外优秀农民工培养成党员、把优秀农民工党员培养成村干部，不断优化农民工党员、村干部队伍结构。

二、健全管理制度

做好新时代农民工党建工作要坚持树立"大党建"理念，分级分类成立农民工服务中心、农民工服务站、农民工服务点，联合组织、宣传、人社、农业、工商联等部门建立农民工党建联席会议制度，推动形成上下结合、齐抓共管、协调推进的工作机制。四川省健全农民工党员流出地与流入地"共建共管"联动机制，通过创新农民工党组织设置模式、开发运用流动党员管理系统、完善工作运行机制等多种途径，确保农民工党员"离乡不离党、流动不流失"。四川省针对流动党员找组织的需求，把"家"建起来。四川省打破流动党员管理以流出地党组织为主的传统，依托驻外机构、商协会、企业等，在市外建立地缘型、业缘型、趣缘型党组织，为农民工和农民工党员搭建倾吐情怀、排忧解难、联络乡情、共商发展、追求进步的"小家"，让农民工能在外感受到家的温暖。四川省针对农民工回乡干事有舞台的需求，把"桥"搭起来。四川省依托项目回引兴业，建立农民工返乡创业示范基地，因地制宜包装一批特色农业、乡村旅游等招商项目，采取主动拜访、双向洽谈、返乡考察等方式，加强精准宣传推介，回引农民工参与家乡重大项目建设。四川省依托政策回引创业，围绕证照办理、土地支持、金融担保、财政奖补、减税降费等环节，精准制定扶持政策，建立资源库、导师库、项目库，着力提高创业发生率和成功率。

三、加大力度培养使用

四川省聚焦充实农村基层骨干力量，全面实施"四个一批"举措，抓实抓细抓深优秀农民工培养使用工作，力争到2021年村"两委"选举时优秀农民工村党组织书记比例大幅度提高，不断以量的突破促进村干部队伍质的提升。第一，着力发展一批党员。四川省创新建立完善农民工党员流出地、驻外机构、流入地共管机制，探索建立乡镇农民工党支部，实施农民工党员发展专项计划，推行"原籍吸纳、接续培养、双向考察、两地公示"的管理办法，不断畅通优秀农民工入党"绿色通道"，确保每年50%的村发展1名以上农民工党员。第二，着力选拔一批村干部。四川省明确村班子成员出缺时主要从优秀农民工后备力量中选配，及时将思想政治素质好、工作实绩突出、群众认可度高的优秀农民工选拔进村班子特别是担任党组织书记。2018年，四川省补充选配村干部中优秀农民工占比达85%以上。第三，着力储备一批后备力量。四川省按照村（驻外机构）推荐、乡遴选、县备案的程序，将35岁左右、学历高中（中专）以上、有能力、有觉悟、有志向为家乡服务的优秀农民工纳入村级后备力量，并采取结对帮带、顶岗锻炼、专题培训等方式进行跟踪培养，确保每个行政村每年发展2名以上农民工后备力量。

四、重视激励留住干好

四川省突出做好"三个结合"文章，不断加大扶持返乡农民工发展特色产业、领办创办项目、发展集体经济的工作力度，助其通过劳动经营增加收入，降低回乡后的"收入差"，确保引得回、留得住、干得好。第一，与扶持村级集体经济发展相结合。四川省在试点基础上下发基层党组织领导扶持壮大村级集体经济的实施意见，对有农民工带头人的村予以重点倾斜；大力选拔懂经营、善管理的优秀农民工担任村集体经济组织负责人，每年从收益中提取一定比例进行分红奖励。第二，与"一村一品"产业发展相结合。四川省整合各类涉农资金，每年重点扶持一定数量的村发展特色优势产业，优先安排有农民工带头人担任村干部的村；因地制宜推出一批特色产业项目交由优秀农民工领办，并出台一系列贷款、补贴等方面的扶持政策。第三，与推进书记主任"一肩挑"相结合。四川省在由优秀农民工担任村党组织书记或村委会主任的村，全面推行书记主任"一肩挑"，明确"一肩挑"带头人可按一定比例兼职兼薪等政策。

五、抓实教育培训

四川省坚持分类施策、个性化精准服务，通过建立农民工服务网站、农民工党建微信群，组织"新年茶话会""党员冬训班"等，对农民工党员开展分类教育、量化考核、积分奖励，实现"线上全覆盖联系+线下全覆盖交流"，推动学习教育常态化、信息化、长效化。同时，四川省注重提升优秀农民工党员学习技能，充分发挥高校、企业、社区作用，将教育培训内容与企业需求对接，将教育培训对象与村级后备干部队伍建设对接，将教育培训方式与农民工特点对接。

第五节　农民工党建的案例

一、案例 1：为乡村振兴注入强大动能

绵阳市涪城区始终把农民工党建作为乡村振兴引才、聚才的重要抓手，突出真情服务、精准摸排和培养使用等重点，坚持用心、用力、用情，全力抓好农民工党建工作。

（一）精准摸排"连心"

涪城区通过"组织找人""老乡寻人""微信加人"等方式，全面摸清全区

4.8万名农民工、435名农民工党员的生活、工作、技能特长和联系方式，建立各类QQ群、微信群等平台50余个。涪城区按照"六个清楚"要求，规范建立农民工党员信息台账、优秀农民工信息台账、农民工村干部台账、农民工后备力量台账，重点掌握年龄、学历、从业情况、回乡创业意愿、担任村干部意愿等14项基本信息，为培养发展党员、回引返乡创业、培育村级后备力量提供基础信息。涪城区坚持农民工动态管理，畅通联系服务渠道，及时更新信息台账，用常态化联系与农民工心连心，增强农民工返乡发展的认同感。

（二）真情服务"暖心"

涪城区层层召开农民工党建暨服务保障工作推进会，压紧压实区级相关部门和乡镇责任，强化工作保障，倾情为农民工办实事、解难事。涪城区发布《涪城区返乡农民工及农民工家庭春节全覆盖走访慰问工作方案》，整合区、镇、村力量，利用春节等节点，全覆盖走访慰问农民工及在外创业人员4.8万人，送出慰问信3.4万封，发放慰问金、慰问品共计10.3万元；发布《涪城区加强农民工服务保障三十条措施》，召开农民工迎新春座谈会47场，开展"送春联、送剪纸、送全家福、送戏曲""关爱服务农民工、春风送岗位""平安返乡·温暖回家"等系列活动50余场（次），涪城区利用座谈会、院落会等方式收集农民工就业创业和推动家乡发展的意见建议500余条。涪城区利用广播、电视、网络、微信等媒体，广泛开展中央和省、市、区委精神和农民工服务保障、创新创业政策措施宣讲活动，宣传刊发各类服务农民工信息50余篇（条），激励引导广大农民工关注家乡变化，用真情服务温暖农民工，增强农民工返乡发展的强烈意愿和归属感。

（三）培养使用"聚心"

涪城区坚持把农民工后备力量纳入基层干部培养规划，发布《涪城区农民工定向回引培养工作实施方案》，全力支持农民工和农民工企业家返乡就业创业。涪城区结合机构改革成立涪城区农民工服务中心，坚持"线上"开展就业指导、创业培训、法律维权等服务；坚持"线下"整合人社、农业等部门资源，常态化开展集中培训指导，提升返乡创业能力；坚持从乡镇领导班子成员、村"两委"主要负责人中指定1名工作经验丰富的干部"一对一"结对帮带优秀返乡农民工；坚持每季度谈心谈话1次，跟踪了解农民工思想动态、提供服务保障。涪城区突出政治素质高、带富能力强、经验发展好等特点，挑选出120名优秀农民工，努力将优秀返乡农民工培养成致富带头人、把致富带头人培养成党员、把党员致富带头人培养成村干部。涪城区对照村级后备力量选用标准，精选 127 名农民工作为后备干部重点培养对象，不断增强乡村振兴发展的强大动能。

二、案例 2：为乡村振兴提供坚强组织保障

宜宾市兴文县长期在外就业创业人员近 15 万人，其中共产党员 1 200 余名。近年来，兴文县紧紧抓住农民工党建工作，为打赢脱贫攻坚战、深入推进乡村振兴战略提供了坚强的组织保障和人才支撑。

（一）建立"流动党委"，引导流动党员心系家乡

兴文县于 2008 年 4 月在广东省中山市探索建立了兴文县广东中山流动党员党委、2018 年 12 月成立了京津冀流动党员联合党支部、2019 年 1 月成立了兴文县成都流动党员党委，加强流动党员教育管理服务，让流动党员离乡不离党。流动党委积极为外出务工经商人员和农民工提供就业信息、创造就业条件、维护合法权益，已成功安置 8 000 余人就业，调解劳资纠纷共计 1 200 余起，为农民工挽回经济损失 3 000 余万元；发动流动党员和外出成功人士支持家乡发展，为兴文县成功招商 40 余宗、引资 2.1 亿元，为家乡捐款捐物 510 万余元，定向资助家乡特困户 76 名；支持流动党员在中山古镇建立兴文土特产经营部，已义卖兴文土特产 10 万余元。

（二）实施"人才回引"，吸引外出人才回乡发展

兴文县依托兴文县广东中山流动党员党委、成都流动党员党委和京津冀流动党员联合党支部，大力实施"返乡人才创业计划"，回引各类人才 650 余人，从返乡农民工中培养村级后备干部 183 名、入党积极分子 133 名、党员 57 名，推荐当选村"两委"干部 126 名，其中村党支部书记 33 人，聘用村资公司管理人员 58 人，评选兴文"创业之星""优秀农民工""情系家乡优秀人士"30 人。兴文县鼓励和扶持返乡农民工带头成立新型农业经营组织 122 个，带动 4 000 余户贫困农户发展产业脱贫致富。

（三）推进"培训提能"，增强群众致富本领

兴文县成立农民工创业就业培训工作领导小组，开展农民工"免餐费、免住宿费、免培训费"培训；实施"职业农民培育工程"，计划从 2018 年起用 5 年时间培训培养新型职业农民 2 000 余人；成立青年创新创业联合会，举办农村电商

等培训，培训青年 2 000 余人；组建兴文县苗家惠嫂贸易服务有限公司，建成兴文县国友职业技能培训基地，打造"苗家惠嫂"家政服务品牌，推出家政、苗医护工、苗家特色餐饮等培训项目，帮助 700 余名妇女实现就业。

（四）开展"三联三同"，营造创业发展良好环境

兴文县创新开展抓党建、促脱贫、奔小康"三联三同"（组织联建、领导联村、干部联户，党群同心、干群同力、城乡同富）活动，28 名县领导分别联系全县 57 个建档立卡贫困村和 77 个重点非贫困村，322 名县级部门科级领导干部全覆盖联系 259 个村（社区），3 222 名县、乡机关干部全覆盖联系全县 10 万余户农村居民。兴文县实行返乡农民工创业对口联系制度，提供"一站式""保姆式"服务，协调金融机构把企业贷款需求纳入年度信贷计划，实施党的建设发展基金贴息贷款项目，帮助企业解决在招商、建设、生产、经营、融资等过程中遇到的困难。

（五）提供"特殊扶持"，降低企业生产成本

兴文县财政投入 10 亿余元推进基础设施项目建设，建成占地 26.2 平方千米的四川兴文苗族工业园区。兴文县出台返乡农民工企业家回乡创业特殊扶持政策，土地出让金按标准安排给企业用于扩大再生产。企业项目建设期间的县级行政事业性收费一律减免，生产期间经营性收费按最低标准执行。新办企业前两年上缴的增值税、企业所得税的县级分享部分全额奖励给企业用于扩大再生产，大幅度降低了企业生产成本。兴文县已回引 14 名返乡农民工企业家到园区兴办企业 10 家，带动 1 000 余名周边群众就业。

第十四章 乡村治理体系创新："三治合一"

第一节 中国乡村治理体系的现实背景

党的十九大报告指出，"三农"问题是关系国计民生的根本性问题，必须始终把解决好"三农"问题作为全党工作的重中之重，实施乡村振兴战略。乡村治理有效是实现乡村振兴战略的基础，也是必经之路。乡村振兴重在治理有效，实现乡村治理有效是国家有效治理的基石，也是我国社会建设的基石。党的十九大报告明确提出了乡村治理的新要求："加强农村基层基础工作，健全自治、法治、德治相结合的乡村治理体系"。加快农村现代化进程，就要准确把握自治、法治、德治，即"三治"之间的内在联系，实现"三治合一"治理体系的创新，构建符合中国特色的以政府为主导的多中心治理体系。为此，基于我国基本国情建立具有中国特色和时代特征的国家治理和乡村善治的研究范式，探索乡村治理体系的创新具有重要的理论和现实意义。

在理论层面，探索乡村治理体系有助于推进乡村治理理论体系、研究方法和指标体系的本土化。乡村治理体系以协商民主理论、多中心治理理论、社会资本理论和发展理论为依据，准确把握中国社会转型与人口转变等结构性、历史性因素，全面剖析乡村治理的基本状况及特征，积极探索乡村振兴背景下农村和农民需求的维度与层次，深入总结和反思既有研究的视角与方法，科学构建政府、企业、社会多方参与，自治、法治、德治相结合的多中心协商民主乡村治理体系，努力尝试将"合理性"的理论探讨转化为"有效性"的实际应用。这有助于促进本土化乡村理论的发展，建立符合具有中国特色和时代特征的国家治理和乡村善治的研究范式。

在实践层面，探索乡村治理体系有助于提高乡村治理政策制定、发展战略部署和管理实践的针对性。乡村治理中政府的角色已经发生了改变，多元化的权力结构成为乡村治理的现实和发展趋势，未来农村的综合进步将日益依赖于公共和私人部门、新兴农村组织和志愿组织的共同介入。与此同时，乡村治理也呈现出治理体系因地区不同而差异化发展的特征。本书的研究着眼于乡村治理中多方参与需求的具体内容和主要特征，分析参与主体、客体和环境的能动性与局限性，能够为制定和完善科学、合理、可持续的乡村保障和发展型社会政策提供决策依据，有助于提高各级政府和社会服务管理机构相关工作的问题指向性。

乡村治理和城市居民自治是基层治理的基础，其治理的好坏直接关系政府的执政水平的高低和国家稳定与否。不同的政治制度和国情下，"符合本国特色的乡村治理"战略思路已达成共识，继中国共产党十八届三中全会提出"国家治理"之后，习近平总书记在党的十九大报告中就农村工作提出了新的目标"加强农村基层基础工作，健全自治、法治、德治相结合的乡村治理体系"。

乡村治理在西方发达国家已经经历了较长时间的发展历程，逐渐形成了不同特色的农村发展模式。在理论层面，乡村治理形成了以社会资本理论（Pierre Bourdieu，1975）和多中心治理理论（Michael Polanyi，1951）为基础的研究。詹姆斯·S. 科尔曼（James S. Coleman，2001）根据自愿群体的参与程度提出公民参与网络理论。埃莉诺·奥斯特罗姆（Elinor Ostrom，2000）提出多中心治理实质上是构建政府、市场、社会共同参与的"多元共治"模式。

20 世纪后期，实证研究成为较普遍的研究范式，相关议题主要集中于对乡村治理的类型特点和社会影响的讨论。有农业经济学者十分关注农民合作问题，在农村内生秩序，尤其是市场经济条件下的内生秩序方面多有研究，比如斯科特关于道义小农和波普金关于理性小农的争论（秦晖，2012）。乡村社会参与研究的重心转向社会参与意义和影响因素。社会参与意义的研究，更倾向于个体层面，也涉及社会层面。学者认为，社会参与能显著改善政府投入不足导致的资金、劳动力短缺问题，提升治理效果。影响因素的研究主要有两类研究范式。一种典型做法是将多个潜在影响变量全部纳入计量模型或典型案例，从中进行统计筛选和理论分析。爱德华兹（Edwards，1984）发现，收入水平、受教育程度、职业类别、社区配套设施、社会政策等个人和环境因素共同决定参与水平。另一种典型做法是集中讨论单类因素，主要包括资金、区域、政策、社会组织和区域等。林德斯特伦（Lindstrom，2001）和沙特克（Shattuck，2010）均发现，健康状况较好和收入水平较高的人群的乡村社会参与内容更为丰富。温特顿（Winterton，2013）和勒瓦瑟（Levasseur，2016）认为，由于资源可获得性、社会组织能力、社区环境支持水平等的不同，不同区域的乡村社会参与水平存在显著差异。

在国内，乡村治理作为一个概念，在20世纪90年代末为国内学界所使用，其研究焦点集中在公共权力问题上，与人民公社解体和村民自治推行之后，如何重组中国农村基层社会这一现实政策问题密切相关。我国乡村治理的基本格局是"乡政村治"，近20年来，学界基于政治与治理的视角，围绕国家对乡村基层治理过程及政策实践而展开了相关研究。乡村治理研究既包括以政治学为视角和学科依托的乡村研究，也包括借用其他学科领域的视角和方法而展开的多学科综合研究。具体来讲，乡村治理研究大体上从宏观、中观和微观三个层面展开。

宏观层面的研究主要是理解乡村治理发生的背景、历史条件以及现实处境，是对乡村治理的外在条件的研究。乡村治理研究是在中国现代化的背景下展开的。贺雪峰（2007）认为，现代化是传统乡村向现代转型和城市化的过程，在此过程中，乡村治理面对的任务目标、规则体系、秩序基础将发生极大变化，这是乡村治理的结构性约束条件。从历史发展脉络上，袁金辉（2019）提出，党的十一届三中全会以后，中国乡村治理进入了新时期，农村地区逐渐形成了"乡政村治"的治理格局。陈潭（2012）、何晓杰（2014）认为，中国近现代以来乡村治理模式经历了五个发展阶段。杜赞奇提出，国家政权建设带来的内卷化问题（温铁军，2012），是20世纪上半叶中国乡村治理受制于国家从农村提取资源这一宏观背景的乡村治理逻辑。从20世纪20年代以来，以梁漱溟为代表的乡村建设派、吴文藻、费孝通为代表的社会学本土化派，以毛泽东、陈翰生为代表的马克思主义派对中国乡村建设和改造都做出了不同设想。从整体发展历程来看，县、乡一级的政府管理是贯彻始终，深入到基层生产单元的全能政府体制消失了，民间力量参与乡村治理的力度则是几经起落，目前呈现回升态势（唐燕，2015）。对乡村治理现实处境的研究，涉及政治学、经济学、社会学、法学等多个领域，成果十分丰富。市场经济条件下，一方面，中国乡村出现"空心化"（贺雪峰，2017）、"原子化"（江赛帆，2014）的困境和日益衰败问题（赵帅等，2009；何显明，2013），不仅表现为资源的外流，还有原有伦理、价值体系的崩塌等问题。另一方面，农村民主意识与农民管理能力增强，乡村治理资源日趋多样化，促使乡村治理主体朝着更加多元与复杂的方向发展，"个体精英"和新兴"乡村组织"（杨帅，2017；温铁军，2011）成长为乡村事务中的中坚力量，权力构成出现了介于干部和群众之间的"中间阶层"（田原史起，2008）。党的十九大提出乡村治理"三治合一"的新要求，乡村治理现实处境中自治水平不高、参与主体缺失、法治观念不强、法治体系建设欠缺、德治基础薄弱等（刘兴景，2018；邓建华，2018；何阳，2018）一系列问题也在日益暴露。

中观层面的研究主要是理解自上而下的政策、制度和法律在农村实践的过程、机制以及结果，为农村政策的实践提供理论解释。站在中国现代化进程的视角看乡村治理，我们首先会面临一个基础性问题，即脆弱的小农如何支撑起一个农村的现代化体系。陆学艺（2000）认为，解决"三农"问题的办法是"消灭"农民，改变城乡分治的局面。林毅夫（2001）认为，应通过国家投资农村基础设施建设来增加农民的就业和收入。温铁军（2000）认为，必须注重农民合作的问题。贺雪峰（2007）认为，重点是组织建设和文化建设。近年来，国内学者对乡村治理的特点及体系进行了系统深入的研究（贺雪峰，2007；徐勇，2002；温铁军，2010；郭正林，2007），从法律层面对乡村治理机制的讨论，集中在本土资源论者与主流的普法派之间的争论（苏力，2015；孙立平，2016）。在政策层面对乡村治理机制的理论性讨论，包括对村民自治研究的民主视角（徐勇，2005；张静，2013）和治理视角。在制度设计方面，桑玉成（2014）认为，构建现代国家治理体系就是要建立政社共治、官民协同的政府治理模式。张晓山（2017）提出，在法治的框架内创新村民自治制度，夯实乡村治理的道德基础。刘炯等（2005）从多中心治理理论出发，认为构建多中心体系（多中心治理模式、多元化的供给主体以及多中心的资金安排等）是走出公共产品供给困境的合理选择。唐燕等（2015）借用社会资本理论，主张借助新兴乡村组织实现公共物品供给。

微观层面的研究主要是理解乡村社会内在的运作机制及农民的生活逻辑。乡村治理内生基础研究涉及三个方面的问题，即人的条件、物质条件、社会和文化条件，它们构成了农村社会存在的自生自发性的内生秩序机制（秦晖，2013）。农民在生产生活中的互助合作能力，非正式组织的兴起（庄坤江，2008；李东泽，2011；袁顺召，2013；张春华，2016），宗族和乡村精英的影响（周红禄，

2010；张艳娥，2010；李宁，2017；张春华，2018）不同区域存在的传统、习俗、文化对乡村治理的影响（邢成举，2010；王君磊，2010；丁成际，2017）构成了乡村治理机制讨论的主要部分。此外，贺雪峰等（2009）从农民认同与行动单位的角度讨论了乡村治理的区域差异，学者试图解释为什么同样的政策、法律和制度，在不同的地区有不同的实践机制和效果的问题（李华，2008）。

　　总体看来，既有研究成果确立了乡村治理的内部和外部两个研究视角。内部视角关注乡村内生资源，是基于乡村历史、传统、社会关系产生的乡村社会内在的运作机制以及农民的生活逻辑；外部视角关注乡村外部资源，包括政策、制度和法律在乡村实践的过程、机制以及结果。从某种意义上讲，中国乡村治理的演化就是乡村内外力量冲突、整合和合作的共同结果，因此从内外两个视角研究乡村治理，符合中国乡村发展和治理的历史与现实，具有历史和逻辑的合理性。但是，乡村治理研究的外部视角主要关注宏观制度、政策、市场在乡村层面的实施及其对乡村治理的影响方式和作用机制，而忽略了"法"作为重要的外部结构化力量的影响和意义；内部视角重在解释村民生活逻辑、日常交往方式、社会资本对乡村治理的影响，而忽略了这些因素的深层次的基础力量——"德"（指导村民行为规范和社会生活的基本规范）。因此，本书认为，乡村治理研究必须将内外视角相结合，乡村治理实践需要整合乡村内外力量，而"法"是外部力量的核心，"德"是内部力量的基础。这意味着乡村治理的有效性取决于"法治"和"德治"的结合，而两者的结合则是在当前村民自治的制度框架下进行的。这一过程并不会自发实现，而需要通过某种有效的机制来实现。本书认为，在"三治合一"治理新要求的基础上，构建以政府为主导的多中心治理体系是实现乡村治理有效的根本途径。

第二节　乡村"三治合一"治理体系的逻辑

　　实施乡村振兴战略是新时代中国发展的客观需要（宋圭武，2017）。实施乡村振兴战略，要落实好"产业兴旺、生态宜居、乡风文明、治理有效、生活富裕"的总要求，毫不动摇地坚持和加强党对农村工作的领导，坚持农业农村优先发展，确保农民的主体地位，调动广大农民的积极性，注重乡村的协同发展，实现城乡全面融合、共同发展，引领乡村绿色发展、注重乡村生态，坚持因地制宜、循序渐进的原则。

提高乡村治理水平是加快农村现代化发展的重要组成部分。关于如何推进乡村的有效治理，徐勇认为，乡村治理是对公共权力的配置与运作；党国英认为，乡村治理是以政府为主体给乡村社会提供公共产品的活动；贺雪峰认为，乡村治理是理解如何维系乡村秩序、如何发展乡村社会的问题；肖唐镖和张厚安认为，乡村治理就是村级治理；袁金辉认为，应从"乡村政治"的角度理解我国的乡村治理。与此同时，学界还存在乡村治理的内涵就是村民自治的观点。对于乡村治理的内涵，学者基于不同的理解提出了多种观点，同时随着时间的推移，乡村治理这一概念也在不断变化、丰富。"治理有效"是乡村实现振兴的必经之路。党的十九大报告提出，要健全自治、法治、德治相结合的乡村治理体系。这不仅是实施乡村振兴战略的内在要求，也是实施乡村振兴战略的重要组成部分。乡村治理在实现乡村全面振兴中占据着极为重要的地位，要实现乡村振兴战略，务必要形成一套符合中国特色的乡村治理体系。乡村社会的治理有效，是下一步实现农村现代化的关键所在（陈锡文，2018）。

一、我国乡村"三治合一"体系发展演进

乡村治理体系的发展往往与政权组织建设、经济组织建设同步进行，在不同的时期，乡村治理体系会呈现出不同的特点，我国的乡村治理体系就经历了一个漫长的变迁过程。以下本书沿着我国乡村治理的发展轨迹进行探索，对不同阶段的乡村治理的特点进行研究，同时对发展至今的"三治合一"的乡村治理模式的内在联系进行梳理，明确自治、法治、德治的交互作用。

乡村治理的发展具有阶段性的特征，在不同的阶段下，我国的乡村治理模式会呈现出不同的特点。马克斯·韦伯将传统时期的乡村社会称为"没有官员的自治地区"。在中华人民共和国成立以前，乡村依靠内生秩序维持着一种"无为而治"的状态，即非现代性的传统治理（李华胤，2019）。1949 年，随着中华人民共和国成立，我国的乡村治理经历了一个漫长的发展历程。乡村治理从最开始独立于国家政权体制之外，到被纳入国家一体化进程中，再到开启农村集体化进程，依托于"政社合一"的人民公社组织，成立村民自治委员会，形成"乡政村治"的乡村治理模式，发展至今形成了"三治合一"的乡村治理体系。

中华人民共和国成立初期，乡村经历了土地改革，国家政权对乡村社会进行了整合，并建立了基层政权组织。原有的乡村社会结构发生巨变，乡村的传统内生秩序受到冲击，本是"无为而治"的乡村被纳入了国家一体化进程，作为国家政权组织而存在。土地改革后，乡村又进行了合作化运动，完成了农村个体经济向集体经济的转变，开启了农村集体化的进程。国家权利作为一股主导力量在乡村社会中渗透，致使原有村落家族共同体的社会功能弱化，这也奠定了"村社合一"的政治组织基础（苏海新，2014）。我国农村集体化进程以互助组为起点，并逐步向初级社、高级社过渡，最终建立人民公社体制（袁金辉，2018）。

人民公社运动是从 1958 年夏季开始的，在很短的时间内，全国农村就实现了公社化。乡村治理体系的发展往往与政权组织建设、经济组织建设同步进行。人民公社是一个实行"政社合一"体制的组织，国家主导力量极为强势地介入了乡村社会，人民公社时期的乡村治理具有集体化、国家化的特点。这一时期的乡村治理呈现出一种"自上而下"的建立机制和运行模式，即依托于"政社合一"的人民公社组织而存在的乡村治理体系。随着社会发展，人民公社暴露出来的弊端让其难以为继，农村公共组织和公共权力呈现"真空"状态。为维系乡村社会的稳定和发展，国家不得不去寻求一种新的乡村治理模式（苏海新，2014）。

党的十一届三中全会后，农村经济体制进行改革，人民公社原有的体制逐步解体。随着 20 世纪 80 年代初人民公社的解体和以包产到户为主要内容的家庭联产承包责任制在农村广泛推行，农村社会的结构再一次受到巨大冲击，我国急需一个新的组织来对乡村进行管理。此时，以自然村（屯）为单位，所有农户联合起来，成立了一个自治性组织，即村民自治委员会。1982 年修订的《中华人民共和国宪法》肯定了村民自治委员会的法律地位，1998 年出台的《中华人民共和国村民委员会组织法》为"乡政村治"治理格局的形成奠定了基础。很长一段时间，我国探索的村民自治的有效实现形式层出不穷。

党的十九大报告提出了乡村振兴战略，并强调治理有效是乡村振兴战略中的重要内容，同时提出了"健全自治、法治、德治相结合的乡村治理体系"新要求，以"三治合一"的乡村治理体系来达到乡村的治理有效要求，从而实现乡村的全面振兴。发展至今的"三治合一"治理模式是实现乡村治理现代化，到达乡村善治的关键，对于该模式的探索与创新时不我待。

二、乡村"三治合一"治理体系的内在逻辑

"三治合一"乡村治理体系建设最早出现于浙江桐乡，之后党的十九大报告中明确提出了要"健全自治、法治、德治相结合的乡村治理体系"。乡村"三治合一"的治理体系，实际上是一个"一体两翼"的治理体系，村民自治制度为主体内容，法治是实现乡村善治的重要保障，德治则是一种辅助手段。自治、法治与德治，既是相互独立的，又是紧密联系的，缺一不可。只有实现"三治"融合，才能发挥系统功能、达到整体效果，实现乡村社会的善治。

（一）自治是主要内容

随着乡村社会的发展，建立健全符合中国基本国情、凸显时代特征的有效的乡村治理体系是第一要务。要实现乡村的有效治理，必然要赋予乡村治理充分的自主性。1982年修订的《中华人民共和国宪法》第一百一十一条规定"村民委员会是基层群众自治性组织"，肯定了村民自治委员会的法律地位。村民自治制度是我国基层民主建设的一大特色，是符合中国国情、具备中国特色的一种乡村治理形式，是中国特色社会主义民主政治在乡村治理领域的重要实践，要实行"三治合一"的乡村治理体系，必须毫不动摇地明确村民自治在乡村治理中的主体地位。村民自治是由广大农民群众直接充分行使自己的民主权利，依法办理乡村各项事务，进行自我管理、自我教育、自我服务"三位一体"的社会政治制度（邓建华，2018；何阳，2018；卢艳齐，2018）。要推动村民自治的发展，必然要落实好"四个民主"工作的开展，让村民全面实现民主选举、民主决策、民主管理、民主监督。乡村治理"三治合一"体系的建立健全，必须重视村民自治制度中"三个自我"和"四个民主"工作的开展，让村民自治制度发挥其重大作用，实现有效的管理。

（二）法治是重要保障

法治是人类政治文明的重要成果，是现代社会的基本框架。党的十八届四中全会提出"全面依法治国"的战略方针，是发展社会主义市场经济的客观需要，也是社会文明进步的显著标志，是确保国家长治久安的重要保障。贯彻实施依法治国基本方略，必须把法治基础放在基层，在乡村治理层面必然要实现依法治村。法治在"三治合一"的乡村治理体系中占据着不可替代的地位，必须坚持法治才能使得乡村治理变得有保障。乡村治理中的村民自治是法治基础上的自

治；德治也必须是在符合法治要求的条件下才能开展。简言之，"三治合一"乡村治理体系必须要以法治作为重要保障，才能得到良好实施。法治作为"三治合一"乡村治理体系建设的重要保障，自始至终占据着关键地位，乡村治理中有了法律的约束性、强制性，才能使各项工作有效开展。坚持全面依法治村，需要有法可依，在任何乡村治理建设工作实施前都应该确保其合法性。关于"三治合一"治理体系中对法治的要求，何阳（2018）提出，法应为良法，体现人民意志，且只有实现了程序合法和结果合法的有机统一，才能称得上真正意义上的法治。

（三）德治是辅助手段

德治是儒家学说倡导的一种道德规范，也是针对在乡村熟人社会中进行乡村治理的一种重要手段。随着现代化建设进程的推进，乡村社会正在历经转型，乡村中传统的内生秩序面临崩塌、失序的风险，树立符合新时代特性、与时俱进的道德体系，能在乡村的熟人社会中发挥重大作用。坚持以德治村，通过道德规范约束人们行为，形成并维护人们所期望的社会秩序是建立健全"三治合一"乡村治理体系中的辅助手段。自治作为乡村治理的主要内容，同时也是乡村治理的基本制度框架；法治作为乡村治理的重要保障，同时也是乡村治理的底线；仅有自治、法治作为乡村治理体系的组成部分是不完整的，必须还要有德治的辅助，这样才能让治理变得自律，才能让乡村治理实现可持续发展。德治作为"三治合一"乡村治理体系中的辅助手段有其独特的价值，尤其是在乡村的熟人社会中，其作用不可小觑。坚持以德治村应让具有时代性的、符合社会主义核心价值体系要求的道德规范体系深入人心，发挥道德引领、规范、约束的内在作用，增强乡村自治和法治的道德底蕴，在潜移默化中，获得村民的认同与支持，让乡村治理变得更高效。

（四）自治、法治、德治相辅相成实现善治

善治是使公共利益最大化的社会管理过程，表示国家与社会或者说政府与公民之间的良好合作。乡村治理的理想状态则是实现善治，最终实现乡村全面振兴的目的。党的十九大报告中对乡村治理提出的"三治合一"的新要求，就是实现乡村善治的有效途径：以自治为核心，真正实现"三个自我"和"四个民主"，让村民充分发挥自己的民主权利；以法治为重要保障，划定有限政府的权力界限，确保乡村自治在法治轨道上顺利实现；以德治为辅助手段，弘扬具有时代性的道德规范，促使村民主动维护良好的自治秩序。"三治合一"使乡村治理体系更符合现代化进程的发展，推动乡村全面振兴。

在"三治合一"的乡村治理体系中，自治是主体，法治与德治是两翼，三者相辅相成，缺一不可，构成了"一体两翼"的重要格局。乡村治理的有效性取决于"法治"和"德治"的结合，而两者的结合则是在当前村民自治的制度框架下进行的，唯有"三治"融合，同行并进才能使得乡村治理到达善治，体现"三治合一"乡村治理体系的价值。

三、乡村"三治合一"治理体系的理论基础

（一）多中心治理理论

多中心治理理论的创立者是以文森特·奥斯特洛姆夫妇为核心的一批研究者。该理论认为，强化层级节制、权责界限清晰、同一件事情必须交由一个部门完成、集权的政府单中心统治未必能够保证或提高效率。吴光芸认为，多中心治理理论是一种全新的公共管理理论，是一种支持权力分散、管辖交叠、存在于政府之外的多中心的治理模式。王志刚提出，多中心治理的主体是复合主体，包括政府、企业、非营利组织等，结构是网络型的，目标是实现公民利益最大化和满足公民多样化的需求，方式是"合作—竞争—合作"。

（二）协商民主理论

协商民主理论研究起始于 20 世纪 80 年代，吸引了越来越多的学者如哈贝马斯、罗尔斯、吉登斯、米勒等人的研究和探讨，其兴起源自国外学者对美国宪政设计的反思与剖析以及对既有体制面临的多元文化现实挑战的思考。协商民主理论强调在多元社会现实的背景下，普通公民通过参与，就决策和立法达成共识（陈家刚，2008）。协商民主理论是指在多元社会条件下，为了实现和推进公民有序的直接政治参与而建立的公共协商机制。陈家刚提出，就协商民主理论的产生与发展以及实践而言，它强调的是对民主过程情绪化的制衡，突出的是一种基于公民权利的宪政体制，强调公开利用理性、慎重决策以及对权力的制约。

（三）社会资本理论

社会资本理论是 20 世纪 70 年代以来，在经济学、社会学、政治学等多个学科领域交叉发展起来的一个理论体系。20 世纪 90 年代，社会资本理论逐渐成为学界关注的前沿和焦点问题。社会资本是指个人在一种组织结构中所处的位置的

价值。于群体而言，社会资本是指群体中使成员之间互相支持的那些行为和准则的积蓄。社会资本理论的核心主张是关系网络创造了一种解决社会问题的有价值的资源，并向成员提供集体所有的资本，即成员相互信任的可信度。

第三节　当前乡村"三治合一"治理存在的问题

城乡一体化发展、现代化建设推进虽然给乡村的社会经济发展带来了机遇，但同时也给乡村实现"三治合一"有效治理制造了难题。乡村大量青壮年劳动力的流出、村庄的不规范建设、城乡二元结构的限制等因素导致乡村出现"空心化"的现象；乡村传统"熟人社会"的遗风致使办事强调生疏关系、感情深浅程度，仍未摒弃"熟人好办事"的行为；乡村传统文化价值体系备受城市文化和工业文明的冲击，造成村民对乡村文化缺乏自信、缺少认同。"三治合一"的乡村治理体系构建面临着较大的困境与挑战，以下本书分别从自治、法治、德治的角度出发，阐述当下存在的现实矛盾。

一、自治主体缺位

随着现代化建设的推进和城乡统筹的发展，乡村中越来越多的青壮年劳动力流出，留下老人、妇女、儿童留守，导致乡村"空心化"现象严峻，甚至个别地方出现了"一个人村庄"的极端现象（邓建华，2018）。农村青壮年劳动力向城市流动，对我国的经济发展、城乡一体化发展固然发挥着重要作用，但是乡村中过多的青壮年劳动力流出却不利于乡村自身现代化进程的推进，甚至是阻碍了农村现代化的发展。同时，村庄规划建设不合理导致出现"外扩内空"的情况，宅基地普遍存在"建新不拆旧"的现象，城乡二元结构和户籍制度的限制等，进一步加剧了乡村"空心化"的程度。

从自治的角度出发，乡村"空心化"直接带来的一个难题就是自治主体的缺位。乡村治理的主体是村民，然而大量年轻劳动力的流出，直接从根源上制造了村民自治的困境。流失的年轻劳动力实则很大一部分是乡村的精英力量，留下的是老人、妇女、儿童，他们普遍受教育程度并不高，民主法治的意识并不强，因此他们的自治热情和积极性也大打折扣，并且他们不能有效地进行自治，更无法推进"三个自我""四个民主"的发展与完善，使得村民自治制度面临着巨大的危机与挑战。无法有序高效地进行民主自治，就无法积极推动乡村的有效治理，难以实现乡村的全面振兴，从而陷入一个恶性循环：乡村的治理水平有限→发展速度缓慢→更多的青壮年劳动力（精英力量）选择离开→乡村的现代化建设之路更加难行。

二、法治意识薄弱

乡村"熟人社会"的社会性质虽然在逐渐转变，但在"熟人社会"中形成的办事方式却成为历史遗留问题。中国社会具有乡土性的基本特点，尤其是中国乡村社会受地缘关系、血缘关系的影响颇深，长年形成了"熟人好办事"的风气，办事大多注重和强调彼此之间的生疏关系、感情深浅程度，以"关系"代替"契约"，以"人情"代替"竞争"。我们在访谈中发现，虽然村民对依法治理的观念开始逐渐认同与支持，但是由于乡村"熟人社会"的社会性质历时较长，潜移默化的影响依旧存在，因此村民仍然认为，乡村社会中处理事情大多还是讲关系、重人情的。"熟人社会"向"契约社会"转变的道路依然漫长。

从"法治"的角度出发，"熟人社会"遗留的"熟人好办事"的不良风气造成了依法治理、依法办事的法治意识虽然在乡村中广泛传播，但是并没有深入人心，也并没有被采纳和实践。法治是自治和德治的基础，失去了法治保障，乡村治理工作的开展就会出现许多偏差。例如，民主选举中出现贿选、拉票的行为，导致选举出的村民代表实际上并不能代表大部分人的利益；民主决策、民主管理中出现本着个人喜好的"一人拍板"现象，导致大部分普通村民的民主权利得不到保障；民主监督也可能毫无实质意义与价值；在解决纠纷矛盾时，村民不懂得用法律武装自己；等等。

三、德治效果式微

乡村原有的内生秩序是以乡村传统文化为基础产生的。乡村传统文化的存在，将对人们的行为加以约束，让人们通过自我检视的方式来规范和修正自己的言行举止、生活作风。但是随着乡村的传统文化价值体系受到城市文化和工业文明的冲击，旧有的秩序和规范逐渐瓦解，新的规则尚未建立，村民缺少自律和他律的标准与要求。在城市化进程中出现的享乐主义、功利主义、消费主义的影响之下，乡村社会中的不良风气可能会盛行。

　　从德治的角度出发，乡村传统文化价值体系变得碎片化，没有先进乡村文化的引导，缺少与时俱进的符合社会主义核心价值观的价值体系，就会让村民的精神世界变得空虚，同时也难以让村民对乡村产生归属感和认同感。没有情感纽带的维系，就会导致村民主人翁意识的缺失，对法治、自治乡村治理工作的开展缺少理解与支持，乡村的现代化建设与发展将会变得更为艰难。

第四节　"三治合一"治理体系的优化路径

　　中国乡村正经历着社会转型与人口转变等结构性、历史性的改变，在乡村振兴的背景下，农村与农民的需求维度和层次也在不断扩展。只有全面剖析乡村治理的基本状况及特征，科学构建政府、企业、社会多方参与的多中心协商民主乡村治理体系，才能将合理性的理论探讨转化为有效性的实际应用。自治、法治、德治相结合，意味着乡村自治是德治与法治有效融合的制度环境，德治与法治的有效结合是实现乡村自治的保障，而协商民主仍然是乡村自治的重要实现形式。

一、构建以政府为主导的多中心治理体系

　　要加快乡村现代化建设必须要形成高效有序的乡村治理体系。乡村治理的制度设计应结合内部、外部两个视角，乡村治理的实践需要整合乡村内部、外部两股力量，其中法是外部力量的核心，德则是内部力量的基础。这意味着乡村治理的有效性取决于法治和德治的结合，即德法兼济，而两者的结合则应在当前村民自治的制度框架下进行，从而形成"三治合一"的乡村治理体系。目前，"三治合一"的乡村治理体系面临着自治主体缺位、法治意识薄弱、德治效果式微的困境与挑战，要让"三治合一"发挥作用和效果，必须探索符合我国基本国情和各地实情的创新之路。

　　乡村内部和外部力量的有效整合与利用是实现乡村治理和乡村振兴的重要基础。基层政府和党组织应发挥在乡村治理中的重要作用，尤其是在法治和德治中的作用，同时注意发挥乡村精英的示范作用，因为乡村精英是诞生于乡村内部又体现了外在力量的结合体。协商民主是实现自治基础上的法治与德治的根本途

径。乡村治理的善治并不会自发实现，需要我们从实践层面构建有效的机制。作为村民自治重要实现形式的协商民主，依然是实现"三治合一"的根本途径。

构建以政府为主导的多中心治理体系，在自治的制度框架下实现德法兼济是达成乡村善治的有效途径。村民自治是我国基层民主管理的重要组成部分，乡村有效治理必须坚定不移地进行村民自治，但是村民自治应当是在村党组织领导下的自治。实行自治不能再只关注参与自治的主体，还应该把焦点放在多个方面。例如，党政部门该有何作为，非政府组织又如何能起到正向引导的作用。法作为外部力量的核心，德作为内部力量的基础，双管齐下做到德法兼济，发挥"1+1>2"的效果。法治、德治工作的开展，也应该聚焦于多个主体进行考虑，而不再单单只是针对村民开展，还必须结合以政府为中心的多方力量去实现治理的有效性。

二、村民自治是实现乡村善治的基本制度框架

乡村治理的有效性取决于法治和德治的结合，而两者的结合是在当前村民自治的制度框架下进行的。德是乡村治理的基础性的内部资源，承担着确立乡村特有运作规范、指导社会交往的功能；法是乡村治理的外部的核心资源，是乡村治理的强制性外生力量。自治是乡村治理的制度安排，是现实基础，德治和法治是为了更好地实现自治，为乡村振兴服务。

"三治合一"乡村治理体系必须以村民自治制度为基础，在自治的制度框架下进行有效治理。构建以政府为主导的多中心治理体系的关键就是发展和完善乡村的自治制度。乡村自治的主体是村民，要使乡村能有效自治，首先是要充分发挥自治主体的作用，积极鼓励村民主动进行自治，这就需要培养和增强村民的民主意识，让他们清晰地认识到自己的主人翁地位，主动参与乡村自治。当然，发展和完善自治制度不能仅仅聚焦于村民自治，还应该把焦点转移到其他主体上：第一，聚焦于乡村基层党组织的建设上，让乡村基层党组织去引导村民正确行使自己的民主权利，捍卫集体利益，形成在党组织领导下的充满活力的民主自治机制。第二，聚焦于政府的政策支持上。政府应加大对乡村的教育投入，提高村民的思想道德修养和科学文化水平，让他们用知识武装自己，切实以正确的方式维护自己的利益，行使自己的权利，同时为乡村培养预备力量，培养一批精英力量来作为乡村自治的主要力量。第三，聚焦于市场经济这一开放性特点的推动力量。社会主义市场经济制度的完善为广大村民提供了较多的流动机会，随着经济

发展的冲击，农村原有的社会性质也在不断改变，各类经济精英也在不断涌现，具备了较强的影响力，是乡村自治中的重要力量。同时，随着公开透明的招标机制的建立，社会资本也在不断涌入乡村，为乡村现代化建设提供了资金支持。第四，聚焦于民间组织的影响力扩散上。部分民间组织在乡村中的影响力较大、广受村民认同，组织内部强大的凝聚力和被认可的规则对村民的影响深远，民间组织在乡村中的权威可以引导村民积极、有序地参与民主自治。

三、法治是实现乡村善治的外部力量保障

法治是构建"三治合一"乡村治理体系中的重要部分，其作为外部力量的核心，为乡村的有效治理提供了强有力的保障。构建以政府为主导的多中心治理体系的必由之路是依法治村。

要实现依法治理，就必须培养村民的法治意识、法治理念、法治精神，让村民知法、懂法，更要让村民懂得如何用法律来捍卫自身的合法权益，如何用法律来解决出现的纠纷、冲突，如何用法律规范约束自己的行为底线。同时，农村基层干部要培育和提升法治素养，比如定期参加思想教育和培训，村干部形成依法办事、依程序办事的良好工作作风，为村民树立榜样的作用。要实现乡村法治必然离不开政府的宣传与引导，乡镇一级的基层政府应加强普法工作的开展，大力举办各类普法活动，为村落配置法律顾问等，使得村民有疑问时可以便捷地进行咨询。政府要使法治意识贯穿于各项工作之中，比如继续依靠政府的力量推动乡村法律法规体系的建设与完善，依法建立村民有序参与村务的规章制度，确保村民依法行使自己的民主权利，杜绝选举拉票、贿票等现象，杜绝决策中"一人拍板"现象，保障村民对村落事务的管理权与监督权。

四、德治是实现乡村善治的内部动力来源

德治是构建"三治合一"乡村治理体系中的辅助手段，其作为内部力量的基础，为乡村的有效治理提供了稳固的情感维系。健全乡村治理体系，必须注重村民对乡土人情、德道规范的情感认同，这就需要构建被村民认同的、继承农村优秀传统文化的、符合社会主义核心价值观的、与时俱进的乡村核心文化。健全乡村治理体系需要以核心文化为纽带，弘扬乡村新风气，加强村民对乡村的归属感、主人翁意识，从而推动村民主动参与乡村治理，而不是被动地执行村里下派

的任务、被动地参与乡村的事务管理，要发挥乡村文化在价值引领和行为规范上的作用。同时，健全乡村治理体系需要加强对基层干部的思想培训，让基层干部树立起为人民服务的观念，积极服务村民，为村民谋幸福，为村落谋发展。基层组织还需要经常开展各类文化活动，积极发挥乡村中优秀榜样的示范作用，激励其他村民学习和进步。村民的乡村文化自觉和文化自信不可能一蹴而就，需要农村基础教育工作的推进，需要乡村道德建设的多样化发展。教育为本，各级政府应当继续大力加强对农村教育的财政支持力度，兴办学校，改善学校办学条件，尤其是为农村教育配备良好的教师资源。乡村企业、慈善机构和志愿者组织，也是振兴乡村教育的重要力量，只有多中心参与，协同并进，才能实现乡村善治的目标，实现乡村的振兴。

总体而言，要加快乡村现代化建设，必须要形成高效有序的乡村治理体系，新型乡村治理体系的政策框架需要多学科联动和系统创新。乡村治理的制度设计应结合内部、外部两个视角，乡村治理的实践需要整合乡村内部、外部两股力量，其中法是外部力量的核心，德是内部力量的基础，这意味着乡村治理的有效性取决于法治和德治的结合，即德法兼济。目前，"三治合一"的乡村治理体系面临着自治主体缺位、法治意识薄弱、德治效果式微的困境与挑战，要让"三治合一"发挥作用，需要对现有乡村治理体系进行制度创新，整合多方力量和资源，强化政府的主导作用和乡村精英的示范作用；需要对乡村治理体系进行设计，将城乡二元结构、乡镇政府改革、基层民主治理、组织建设、法治和文化建设等内容纳入分析，综合运用多学科理论，在确保政策可操作性的基础上，形成一个整体的政策框架，走出符合我国基本国情的创新之路。

第六篇

生活富裕

第六章

健康管理

第十五章　全面小康视域下农民生活富裕发展蓝图

第一节　全面小康视域下农民生活富裕发展背景

到 2020 年，全面建成小康社会，实现第一个百年奋斗目标，成为引领中国人民不断奋进的时代号角。"三农"问题是重中之重，进一步解决农民生活富裕问题对于实施乡村振兴战略具有重大战略意义。改革开放 40 多年来，农民的生活水平不断提高，农村居民消费结构不断升级，农村居民可支配收入不断增加，恩格尔系数逐年降低（见图 15-1），政府在农村地区的文化娱乐投入也逐渐增加。如今我国正处于全面建成小康社会的决胜阶段，农民生活富裕成为全面建成小康社会的基本标志和实现乡村振兴的根本目标。农民生活富裕程度作为全面建成小康社会成果的重要评价指标，反映了我国农村经济发展水平。为解决农村发展存在的问题，我们将农民物质生活和精神生活层面作为切入点来探讨农民生活富裕的有效路径并提出优化措施。准确把握农民生活富裕发展路径，有利于加快推进全面建成小康社会奋斗目标的进程。一方面，我们将农民生活富裕分成物质生活与精神生活层面，深入研究如何在提高农民生活富裕的"量"（收入水平）的同时提高农民生活富裕的"质"（生活品质），进一步改善农民生活质量、增强农民的满意度和幸福感。另一方面，明晰物质生活与精神生活层面对农民生活富裕的影响程度，探索完整的、提升农民生活富裕的有效途径，对实施乡村振兴战略，推动农村经济的快速发展有着现实意义。

一直以来，缩小城乡贫富差距，实现农村居民收入增加是社会长期关注的热点话题之一。改革开放以来，农村发生了翻天覆地的变化，村容村貌得到大幅度

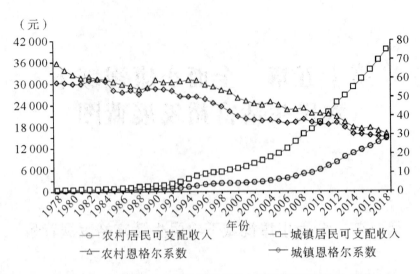

图 15-1 1978—2018 年城乡居民恩格尔系数与可支配收入变化

的改善。2018 年的《中国统计年鉴》数据显示，我国农村贫困发生率从改革开放初期的 97.5% 下降到 2018 年年底的 1.7%。在"两个一百年"奋斗目标和乡村振兴战略交汇的背景下，深入探究农民生活富裕的途径和优化措施可以有效解决农民收入增速放缓的问题，进一步促进农业农村现代化的可持续发展。

现阶段我国主要矛盾已经转化为人民日益增长的美好生活需要和不平衡不充分发展之间的矛盾。农民生活水平不再局限于对"量"的需求，而已经逐步转变为对"质"的追求。现阶段农民精神文化生活也进入了转折期，农民精神文化生活经历了一体化、再一体化到多样化的演变过程（刘小亚，2019）。随着农业农村体制机制改革和城镇化发展，我国农村发展内生动力不断提升，农村居民消费结构不断改善，农村居民收入水平实现稳步提升，农村居民消费水平得到全方位改善（赵颖文、吕火明，2019）。特别是从改革开放以来，我国农村居民人均收入水平从 1978 年的 133.6 元增加到 2017 年的 13 432.4 元，农民收入增速逐渐放缓，远低于同期国内生产总值的增速（吴九兴、黄贤金，2019）。然而，农民的总收入可以细分为工资性收入、家庭经营性收入、财产性收入和转移性收入四大部分，工资性收入和家庭经营性收入占比长期偏高，而财产性收入和转移性收入占比则较低（王小华，2019），不同收入结构对家庭的贡献度也存在着较大的差异。随着农民收入增速放缓之后，农民财产性收入有较大的发展空间和潜力

（陈自芳，2019），比如农村土地资本化和集体经济资本化成为探索农民财产性收入快速增长的有效路径。由于目前我国农村整体消费水平偏低，食品支出下降，农民对医疗保健、交通通信需求弹性较大，因此农民生活幸福指数较低（李丹，曾涛，2018）。消费结构的不合理性促使保障农民增收的同时需要不断优化农民收入结构，引导消费结构升级（温涛等，2013），还需要提升农民教育和医疗服务供给的便利性以及进行农村环境污染治理（李周，2017）。

农民生活富裕不仅包括物质生活富裕还包括精神生活富裕，构建农民生活富裕的评价体系可以有效认清农民生活富裕的现状（张挺等，2018）。康慧和张晓林（2019）认为，收入水平是影响农村居民生活满意度的主要因素，并围绕收入多角度探讨其与生活满意度的相关性，认为实现增收是农民富裕的根本所在。刘乃安、郭庆海等（2017）认为，有效解决农村经济发展速度放缓的问题，就必须把影响农民生活富裕的因素指标量化，选取合理的指标衡量农民生活富裕程度。核心在于增收，我们可以分别从增加农民工资性收入、家庭经营性收入、财产性收入以及转移性收入四个方面讨论实现增收的路径。

综合学者目前的研究，在全面建成小康社会背景下，农民的满足感和幸福指数都有待提高。实现乡村振兴战略的"产业兴旺、生态宜居、乡风文明、治理有效、生活富裕"的要求，不能单单局限于如何有效地实现农民收入的增加从而达到提升农民生活富裕水平的目标。深入研究农民在物质层面（收入水平、生活便利程度以及生活品质）和精神层面（社会保障水平和科教文卫服务）的优化措施，是本章的意义所在，同时也为全面建成小康社会和农业农村体制机制改革创新提供科学依据。

第二节　全面小康视域下农民生活富裕发展现状

一、农村居民物质生活发展现状

伴随着中国经济进入新常态，农村居民在物质生活层面发生了极大的改变。农民可支配收入快速增长，2018 年达 14 617 元（1978 年为 134 元），农民幸福指数大幅度提高，但与城镇居民可支配收入相比，农村居民可支配收入增长仍较为缓慢。为了提高农村居民生活的便利性，政府在 2018 年对农村基础设施的投入已经达到 4 万多亿元，用于加强对交通、信息化基础、物流的建设。政府对农村基础设施的投入与建设几乎做到全方位全覆盖。第三次全国农业普查结果显示，26.1%的农村地区生活垃圾没有进行集中处理，82.6%的农村地区生活污水没有进行集中处理，乡村垃圾、污水处理能力存在严重不足。同时，为破解乡村生态治理难的问题，政府发起了"厕所革命"，力争打造农村生态宜居环境。

尽管政府在改善农民物质生活层面做了很大努力，但仍存在一些问题。例如，在农民可支配收入方面，农村发展的现状仍是以青年劳动力外出务工为主。大量青年劳动力涌入城市，导致城市劳动力趋于饱和，劳动力市场供给大于需求，部分劳动者的工资性收入下降。农民家庭总收入绝大部分来自农产品交换的经营性收入，但目前农村还存在农产品滞销的问题。由于土地产权的界定不明确，土地在市场上的活跃度很低，不能作为"商品"进行交换，使得土地流转率很低。对深度贫困地区的农民来说，政府的转移性支出力度远远不够。在生活便利性方面，农村缺乏专业的技术支持，没有合理地规划基础设施建设，也没有做到专款专用，导致部分深度贫困地区的交通建设滞后，处于外界进不去、农产品出不来的状态，要素市场流动不充分。移动通信基站网络信号的覆盖范围进一步扩大，农村却没有将其使用价值最大限度地发挥，没有将其很好地与电子商务结合。农产品具有季节性、分散性、易腐性等特点，农产品生产之后卖不出去，而农民的自我需求有限，会导致"贱谷伤农"现象的发生，严重损害农民的收益，物流成为农村经济发展的短板。在生活品质方面，恩格尔系数直观反映家庭食品的支出占比及收入水平的高低，一方面农民的可支配收入增速放缓，另一方面农民的消费结构存在不合理的现象。政府加大了对娱乐实施的投入，但农民的使用率很低，娱乐设施如同虚设，没有发挥其最大价值。在农村环境治理方面，农民普遍没有形成保护环境的意识，基层干部没有充分发挥带头作用。

二、农村居民精神生活发展现状

深化农村精神文明建设是满足人民美好生活需求和实现乡村振兴战略的必然要求。习近平总书记强调，农业强不强、农村美不美、农民富不富，决定着全面小康社会的成色和社会主义现代化的质量。农村精神文明建设是建立社会主义现代化新农村的重要内容，只有实现农村精神文明建设水平的全面提高，才能够为我国推动乡村文明提供精神支持，进而激发实现乡村振兴的强大动力，真正实现我国全面建成小康的目标。当前，伴随着我国乡村振兴战略的持续推进和物质生活水平的迅速提升，提高农村居民精神生活发展水平受到了更多重视并取得了显著的成效。一是社会保障能力逐步提升。当前我国不断完善农村社会养老保险、农村医疗保险和农村最低生活保障等社会保障体制机制，基本实现了农村地区社会保障的全覆盖，提高了农村地区社会福利水平，为提升农村居民精神生活水平提供了稳定的物质保障。二是农村居民思想观念不断进步。随着国家和地方各级政府对农村地区资金、政策的倾斜，农村地区的教育水平得到快速发展，农村居民的思想观念和文化素质有了改善，精神文明方面的需求也在持续增加。三是文化基础设施显著增加。近年来，各地不断加大对农村科技、教育、卫生、体育等基础设施的投入力度。除此之外，农村公共健身广场、健身器械等设施也明显增多，农民参与文化、体育活动的热情不断高涨。

农村精神文明建设的重点在于村容村貌、村风民俗、乡村道德、生活方式、平安村庄、文化惠民6个方面。目前我国虽然在这6个方面已经取得了初步的成果，但在持续推进农村精神文明建设这一过程中仍然存在一些问题，主要体现在以下几个方面：一是农村基层干部认识不足，缺乏正确的价值引领。在农村精神文明建设过程中，基层政府对农村居民有着重要的思想引领作用，但是在现实中，部分村"两委"领导班子由于文化素质较低，同时缺乏对农村精神文明建设的系统学习，因此在农村精神文明建设过程中存在认识度、重视度不够和能力有限的问题，导致村"两委"领导班子无法调动村民参与精神文明建设的积极性。二是文化素质普遍较低，思想观念转变缓慢。农村地区长期以来是我国教育发展的短板，农民受教育程度偏低、思想观念传统保守、文化素质整体较低，因此农民普遍对新鲜事物和思想接受较慢。三是法治观念淡薄，乡村治安环境有待提升。农民大多文化程度较低，对法律知识欠缺，当个人利益受到损害时无法利用法律的手段维护自己的正当权利，导致在守法和用法两个方面都对农村治安造成严重的威胁。四是农村文化阵地建设不够，基础设施建设投入力度仍需加大。虽然我国农村地区文化基础设施已经有了很大的改善，但是当前的投入还远远不能够满足农村居民精神文化需求，很多地区仍然存在文化体育场所缺乏、娱乐活动方式单一、基础设施陈旧老化等问题。

第三节 农民生活富裕发展模式镜鉴

一、村集体经济发展助推农民致富模式

农村集体经济是指农村社区成员通过共同享有主要生产资料和共同劳动，从而共同获取劳动收益的经济组织形式。它不仅与农民切身利益息息相关，也关系到我国农村改革和发展的重要进程。在全面建成小康和实现乡村振兴伟大战略的时代背景下，发展农村集体经济能够充分调动村集体和农户个体的力量，提高农民组织化程度，对我国实现农村现代化的转型具有重大现实意义。但是，当前我国村集体经济在快速发展的同时，由于面临集体产权不明确、集体经济效益低下、集体负债严重、政策支持不足、人才队伍缺乏等问题，导致部分村集体经济组织在发展过程中受到严重阻碍，因此我们要继续深化村集体经济模式和制度创新，进一步找到有效克服集体经济发展难题的方法。

近年来，四川省彭州市为突破农业发展缓慢、农民参与度低的局限，将发展农村集体经济作为探索乡村振兴和农业现代化发展的重要路径，成功开创出"集体经济联营制"的全新农业发展模式，通过将改革农村集体资产股份化和创新集体经济相结合，走出了一条极具特色和推广意义的集体经济发展路径。

（一）跨村合作，构建多村联合组织

彭州市在发展集体经济联营制过程中将多个村的集体经济组织联系起来，共同组建了股份经济合作社联合社，从而形成了"两级组织"的体制格局。首先，彭州市在各村先建立起全民合作社，以全体户籍村民为集体经济组织成员。其次，彭州市在集体经济组织中建立起"五户联助、三级联动"的组织机制，即以户为单位确定1位股东，再由5位股东根据自愿原则选出1位互助代表，然后从5位互助代表中选出一位联助代表，每3位联助代表共同与一位全民合作社管理层人员进行对接，从而强化集体经济组织内部的组织性和协同性。最后，多个村的集体经济组织共同组建股份经济联合社，股份经济联合社由股东大会、理事会和监事会组成。

（二）统筹发展，打造四大运营机制

为保障农村集体经济联营制能够正常运营，彭州市在发展过程中探索出了四

大运营机制。一是合作联股机制。村民基于自愿、自主、平等的原则共同参与到村集体经济组织的管理中；同时各村也通过相互联结达成合作，搭建起目标一致、利益相关的联合社。二是跨村协调机制。集体经济联营制的发展离不开各村的配合和参与，但由于各村经济发展、基础设施、社会环境等不同，彭州市建立了跨行政村社区党委，根据各村发展实际情况适度调整相关工作。三是分工协作机制。彭州市集体经济联营制的两个重大经济组织分别为联合社和村集体经济组织，由联合社组建的项目公司主要负责项目的对接和运用，而村集体经济组织主要负责项目的选择和投资，不参与直接经营。四是阶梯分配机制。集体经济联营制包括三级分配，分别是各投资主体对项目收益进行分配、联合社和村集体经济组织对集体收益进行分配、各村集体经济组织对组织成员进行分配。

（三）深化改革，加强产业转型升级

一方面，彭州市重视产业升级，加快发展新型业态。为顺应当前人们对慢生活的需求和美好生活的向往，彭州市把发展农、商、文、旅、体作为集体经济联合社的重点发展方向，打造乡村旅游、农事体验、生态观光、冷水鱼特色产品等新型业态。另一方面，彭州市利用政策便利，不断整合城乡资源。当前，彭州市为引进城市工商资本，不断出台相关优惠政策，支持社会资本和集体经济组织共同持股，鼓励集体经济组织面向社会进行公开招租。

彭州市在发展村集体经济的过程中很好地利用了跨村联合的组织模式，带动了农村整个集体经济的突破式发展，而这种新型村集体经济联营制经验也具有较强的普适性和推广性，为我国发展村集体经济提供了有效的经验借鉴。一是积极促进跨村合作，强化集体组织建设。彭州市加强各村之间的联系和合作，以跨村合作实现资源的互补和整合，打破原有产业规模小、效率低、多样性不足的限制，建立起股份经济合作社联合社和农村集体经济组织，使得各村各户在目标和利益上保持一致。二是实行阶梯分配机制，充分保障村民利益。彭州市借助"三级三次"的收益分配机制，按照持股比例对各投资主体、联合社和村集体经济组织进行分配，让农民能够通过参与多次分红成为集体经济发展的主要受益者，保障了村集体经济的长期发展和农民的稳定增收。三是提高资源整合力度，促进产业融合发展。彭州市充分发挥区域发展条件和城区资源优势，利用政府资金、社会资本合理规划地方特色产业和优势产业，发展集休闲、娱乐、养生等多种功能于一体的乡村旅游业和服务业，实现三次产业的融合发展。

二、田园综合体助推农民致富模式

在我国城乡一体化格局下，随着 2017 年中央一号文件首次提出建设"田园综合体"后，为顺应农业供给侧结构性改革和农业发展转型升级的需要，田园综合体发展模式受到了更加广泛的重视。田园综合体集现代农业、休闲旅游、田园社区为一体，能够充分调动农村各类资源，综合化发展多种产业，对促进农村现代化和美丽乡村建设具有重大意义。与传统农业模式不同，田园综合体是一种"农业+文旅+社区"的综合性发展模式，以发展现代农业产业、加强生态环境保护和促进农民增收为目的，重视农业产业的融合发展和转型升级，通过提高农业产业的多功能性和附加值，进而实现农业经济效益、社会效益和生态效益的统一。

近年来，四川省成都市围绕农村发展新形势，在充分认识到田园综合体的重大意义下，逐步推进田园综合体试点建设，并取得了较为显著的成绩，为我国田园综合体的推广提供了有益的发展经验。在产业模式上，成都市重点发展农业产业，打造出一条农作物从种植、采摘、包装，再到加工、运输和销售全过程的完整产业链。同时，成都市围绕农业耕种、产品销售、文化旅游、休闲服务等相关领域进行拓展，整合农业、生态、自然、文化等资源，形成多个新型业态相结合的多元产业体系。在农业生产上，一方面，成都市加大科技的投入力度、提高自主研发能力，培育了一批高质高产的农作物，创新了农业生产方式，建立了一批优质的农产品生产基地，提高了农产品的多加工、深加工、精加工水平；打造了当地农产品品牌。另一方面，成都市运用物联网、大数据等技术，通过互联网交易的方式拓宽当地产品销售平台。在特色产业发展方面，成都市利用其自身优势和特点，建成了极具地方特色的观光农业、文化艺术馆、特色民宿、特色农庄、特色餐厅等，目前致力于打造大地景观，充分体现了极具川西特色的林盘风貌，整体上提升了成都市发展田园综合体的竞争优势。

田园综合体的发展对我国实现农村现代化和农业可持续发展具有重大作用，而当前我国田园综合体仍然处于发展的初级阶段，因此各地还需要从资金、技术、政策等方面对田园综合体进行支持和推广。具体经验做法表现为：一是加强生态环境保护，实现可持续化发展。首先，政府要加强宣传教育，提高农民对生态环境的保护意识，让村民自觉参与到环境保护的行动中来。其次，政府要加大对农村环境保护的法治建设和监督管理，明确禁止乱砍滥伐、污水乱排放等行为，对违反者进行现金处罚和思想教育。最后，政府要加大投入，积极治理农村污染，对即将被破坏和已被破坏的生态环境采取预防措施，并进行及时修补和完善。二是深度挖掘特色产业，增加田园发展特色。田园综合体的建设需要依赖地方特色产业的开发，充分挖掘各地历史、文化、自然、生态等资源，通过打造特色产品、特色旅游、特色节日等形式，培育田园综合体的新业态。同时，政府要利用好各地特色文化优势，在田园综合体发展过程中融入各地农耕、民俗、美食等地方文化，加快推动农耕文化体验区、特色小镇、特色民宿的建立，提高田园综合体的内在吸引力和竞争力。三是培育农业多功能体系，促进多产业融合发展。田园综合体通过将旅游业、加工业、服务业等产业融入农业中，扩展农业休闲、文化、生活、服务等多种功能，加快三次产业的融合发展，最终实现农业由单一向多元的转变。四是调动多方合作参与，构建协同发展机制。田园综合体的建立需要调动各方力量的参与，尤其是正确处理政府、企业、农户三者之间的关系。首先，政府要继续加大对田园综合体的政策指导和方向把控，完善农村生产和流通的基础设施建设，以引进互联网的方式扩展田园产品的营销渠道。其次，政府要出台相关的优惠政策和补贴政策，吸引更多企业投资，为农村田园综合体的发展提供资金、技术和管理人才。最后，农户是田园综合体的主要参与者，田园综合体的建设与运营要完善利益分配激励机制，保证农民的收益，从而充分调动农民参与的积极性和主动性。

三、土地股份合作化助推农民致富模式

随着我国经济的快速发展，农村土地分散化、农户兼业化、农村"空心化"带来的土地规模小、生产效益低、农民收入方式单一等问题日益凸显，严重阻碍了我国农村经济的发展。为进一步提高我国农业生产的现代化和专业化，国家不断推进农村"三权分置"的土地改革，而农村土地股份合作化作为一种能够极大促进农业规模化经营的重要方式，因此受到了更多关注。农村土地股份合作化是指以促进农民土地增收为目的的，通过建立农村土地股份合作社的方式，对农村土地经营权进行重新配置，盘活农村土地经营权。大力发展农村土地股份合作化不仅能够促进土地规模化经营，而且也能带动农民增加收入，提高农民生活水平。

近年来，随着不断推行改革，崇州市已经初步建立起了比较完善的土地股份合作化体系，为我国农村土地股份合作化的推广提供了有效的发展经验和有益的探索。在农村土地股份合作化改革过程中，崇州市主要从以下几个方面着手。一是遵循自愿原则，引导成立土地股份合作社。崇州市在遵循农户自愿自主、利益共享、风险共担的原则下，通过引导农户将土地承包经营权折资入股，组建起农村土地股份合作社（以下简称"合作社"）。在合作社中，农业生产的经营过程全部由合作社进行管理，合作社成立理事会和监事会对合作社的事务进行统一决策、管理和监督。二是保障运行机制，培育农业职业经理人队伍。合作社的理事会代表全体社员对农业职业经理人进行招聘和培训，培养一支"有知识、懂技术、善经营、会管理"的职业经理人队伍，对符合要求的职业经理人颁发农业职业经理人资格证书，各农业职业经理人需要持有证书才可以竞聘上岗。三是完善分配制度，建立公平的利益联结机制。合作社的分配方式是对除去生产成本后获得的净收入进行分配，合作社、职业经理人和农户分得的比例为 1∶2∶7。其中，10%主要用于合作社的管理费用、公积金和风险预存，20%用于对农业职业经理人的工资，70%用于社员分红。四是加强支持力度，提供农村社会化配套服务。为保证合作社的稳定发展，崇州市重视对合作社的支持力度。崇州市通过不断强化政策导向和补贴力度，吸引了一大批新型农村融资平台进行投资。另外，崇州市加大对基础设施建设的资金和技术投入，建立起了比较完善的农业社会化服务体系，形成了从农产品种植、农资配送、技术指导到农产品加工、储藏、销售的一体化服务流程。

崇州市的农村土地股份合作制，通过以农民土地入股的方式组建起农村土地股份合作社，极大地增加了当地农民的土地收益，为我国构建新型农村经营体系、带动农民创收增收有着重要的启示意义。一是建立利益分配机制，合理配置股权。崇州市正确处理好合作社、职业经理人、社员等多元主体之间的关系，通过合理的股份分配形成各主体之间的利益连接机制，适度给予社员一定的保底分红，坚持以农民为主体，避免各主体之间的利益冲突，从而加强各方分工合作，实现农村收益共享。二是完善组织机构建设，优化资源配置。崇州市建立起由理事会、监事会、职业经理人三方共同组成的运行机制，明确各部门的目标和职能，实现资源的优化配置。理事会要进一步提高对合作社管理和决策的能力，为合作社培育和选拔更多的农业职业经理人；监事会要加大对农业生产和合作社的财务监督，维护社员的合法权利；职业经理人需要继续提高自身知识、技术和管理能力，参与制定并执行合作社做出的决策和计划。三是加强对村职业经理人的培养，提高管理能力。崇州市加强对农业职业经理人的培养，培育农业职业经理人的"企业家精神"，为通过职业经理人培训的人员颁发专门的职业证书，通过竞争应聘的方式，提高职业经理人的能力和专业性，为合作社提供了一批拥有真才实干的人才。崇州市让职业经理人参与到合作社分红中，提高他们的社会福利水平，使得职业经理人的利益与合作社的利益紧密联系，增强他们对农业生产和管理的积极性、效率性。

第四节　探索农民生活富裕的有效路径

一、发挥政府引导职能，提高农民收入水平

（一）鼓励青年劳动力回归农村创新创业

农村的发展需要众多青年劳动力的回流，为农村注入新鲜的血液。青年劳动力的回流带来的不仅是过硬的技术和专业知识，还带来了一定的人脉和资金资源。最重要的一点是青年劳动力利用对农村的熟悉度可以因地制宜发展经济。政府应打破传统的生产—销售模式，增加农民经营性收入，推动农村经济快速发展。

（二）利用互联网拓宽、创新农产品交换渠道

政府对农产品采取了补贴政策，实施最低价格的保护措施，但没有从根本上解决农产品滞销问题。对此政府必须突破传统，拓宽农产品交换渠道。政府应以农民合作社、龙头企业、家庭农场为载体，利用互联网和大数据，准确把握农产品市场的供给和需求，有效结合"互联网+电子商务"的模式将农产品推销出去，并鼓励培养这方面的人才，拓宽农产品销路，充分发挥农民作为市场主体的优势。

（三）将土地资本化，提高土地流转率

土地用于传统种植业时，家庭生产难以形成规模效应，达不到农业现代化发展的要求。将土地看成一种"商品"，以转让承包经营权的形式，将土地交给专门的农村合作社、龙头企业以及家庭农场进行统一管理，进行规模化生产可以降

低成本，进一步提高生产效率。农户可以收取租金或者以入股的方式增加财产性收入，并使得土地在市面上自由流转，盘活土地。

（四）完善惠农政策，推进农村社会保障体系建设

政府应适度提高粮食补贴金额及对农产品的价格支持，确保"黄箱政策"落到实处；同时，加大对"绿箱政策"的实施力度，为农民提供技术支持、技术培训、病虫害防治等服务。针对农村留守儿童、老弱病残等群体，政府应适当提高农村社会保障标准，确保"老有所养，病有所医"，减少农民预防性储蓄，降低农民消费的不确定性。政府应平衡好农村与城镇地区经济发展水平的关系，做到社会保障体系"全方位覆盖"。

二、改善农村居住环境，提升农民生活品质

（一）增加财产性收入，改变消费结构

一是政府应发挥农民合作社、龙头企业和家庭农场的作用，将农民土地资产化，形成集体经营管理经济。政府应鼓励农民因地制宜发展当地特有的生态旅游，推进三次产业融合，增加农民财产性收入。二是政府应降低食品价格的变化幅度，使食品价格维持在一个正常的范围内波动。三是农民要注意有一个合理的消费结构、合理的食品支出，不能铺张浪费，并合理分配文化教育、医疗保健支出。

（二）重视美丽农村建设，调动各类主体积极参与

一是农民应自觉意识到保护环境和生态的重要性，自觉进行垃圾分类，合理排放污水，积极响应"厕所革命"，共同搞好乡村建设。农村干部要在其中起带头作用，调动农民的积极性和自发性，提高农民们的参与感，使之成为美丽乡村环境治理与建设的主体力量。二是基层党组织、能人贤士应积极发挥带头作用，加强与外界的交流和沟通，积极听取专业人士的整改意见，将专业知识与农村现状结合，正确处理和平衡好经济发展与环境保护之间的关系。政府应及时传达农民的诉求，既不能以牺牲环境为代价一味地发展经济，也不能因为要保护环境完全放弃经济发展。政府应因地制宜地治理乡村生态环境问题，推动生态环境治理的进程。三是政府更多的是起引导作用而不是主导作用。农民参与和政府主导的关系必须得到平衡，从而政府最大限度地发挥资源的作用，合理配置资源。政府应定期宣传共同建设美丽乡村的理念，让农民参与农村环境治理。此外，政府应

加大对基础设施建设的投入，如垃圾车、垃圾箱的设置，污水管的铺设，安排人员定期进行处理并做好长期维护工作。

三、加大基础设施投入，优化农民生活便利

（一）加大农村交通等基础设施建设的投入

部分农村地区意识到交通基础设施的重要性，村干部会自发组织农民筹钱修路，进而推动城乡要素市场的双向流动。但深度贫困地区难以自发组织修路，政府需要重视并加大对农村交通基础设施建设的投入，并提供技术支持。资金批准之后，政府要落实整个项目的实施和完成进度，确保资金真正用到交通设施的建设上，并注重基础设施完工后的修理和维护。

（二）加快移动基站的建设，推动电子商务的发展

政府应加强移动基站的建设与投入，在"互联网+"背景下大力发展电子商务，培养专业的电子商务人才，鼓励青年人回村创业；将电子商务和农产品销售融为一体，构建完整的电子商务体系和流程，以此拓宽农产品销路，助推农村物流的发展，增加农民的经营性收入。

（三）引导农村物流点建设，鼓励社会资本参与投资

农产品自身的特点决定了其需要完善的物流体系来保驾护航。目前农村物流的运作成本高、物流需求分散、物流供给严重不足等问题，阻碍了农村物流的快速发展。农村物流应以市场为导向，紧跟城镇物流发展脚步。政府应鼓励更多的社会资本参与投资，鼓励建设更多的物流点，集中发展物流，节约运作成本，提高物流效率。政府应引导传统物流向现代化物流转变，发展农村物流。

四、培育良好乡风民风，提升农民精神文明素质

培育良好乡风民风，提升农民精神文明素质是保障农村提升精神文明建设水平的重要条件，能够为新农村建设提供强大的发展动力。一是推进家风家训建设，提升农民文明素质。政府应积极培育良好家风，通过开展好媳妇、最美家庭等一系列活动，选拔出道德模范、最美人物等先进典型，使典型示范发挥引领作用，引导每家每户在典型示范的带动下养成尊老爱幼、勤俭节约、助人为乐等优秀品质，主张以家风带动整个农村良好风气的养成。二是完善村规民约，破除传统封建陋习。针对农村封建迷信、铺张浪费、大操大办等不良风气，政府应深入

开展移风易俗行动，引导村民树立移风易俗、破除迷信、合理处理红白喜事、远离毒品和赌博等正确观念，抵制不良风气。三是加大宣传引导，丰富村民精神生活。政府应积极推动建成村史馆、村图书馆、文化广场等场所和设施，举行常态化的文化知识讲座、电影放映、文化活动、体育赛事等活动，为丰富村民的精神文化生活提供多种途径。另外，政府应结合乡镇特色，在课程中增添特色教学内容，通过开设红色文化、非物质文化遗产学习课程，加强农村居民对特色传统文化的认识，为农村传统文化的继承和发展创造源源不断的生命力。

五、加强新型职业农民的培育，壮大农村人才队伍

培育新型职业农民是深化农村改革、加强农村精神文明建设的重大举措和关键要素，能够为现代农业发展提供强有力的智力支持，因此推动农村教育的发展更应该重视农村人才技能的培养，为农村发展培育一支本土人才队伍。首先，政府应加强对农民的技能培训，对农户进行农业生产技术的指导，使其掌握最新的农业生产知识和技能。其次，政府应建立起良好的选人用人机制，用提高工资水平、改善工作环境等条件吸引和留住一批专业技术人员，以优惠补贴政策吸引大学生回乡创业就业。再次，政府应继续深化户籍制度改革，打破城乡二元结构体制，让更多来自农村的孩子能够平等享受到城市的教育。最后，政府应合理分配城乡师资力量，引导一批有经验的城市大中小学校教师到农村支教，提高农村教育水平。

参考文献

［1］ BASU P, NAIR S K. Supply chain finance enabled early pay: unlocking trapped value in B2B logistics ［J］. International journal of logistics systems and management, 2012, 12 (3): 334-353.

［2］ BECK T, DEMIRGUC-KUNT A. Small and medium-size enterprises: access to finance as a growth constraint ［J］. journal of banking & finance, 2006, 30 (11): 2931-2943.

［3］ BESANKO D, THAKOR A V. Competitive equilibrium in the credit market under asymmetric information ［J］. Journal of economic theory, 1987, 42 (1): 167-182.

［4］ BRECKWOLDT T. Management of grain storage in old babylonian Larsa ［J］. Archivfur Orient forthcoming, 2007 (5) : 42-64.

［5］ BURGESS R, PANDE R. Do rural banks matter? Evidence from the Indian social banking experiment ［J］. American economic review, 2005, 5 (3): 77-101.

［6］ COSSIN D, HRICKO T. A structural analysis of credit risk with risky collateral: a methodology for haircut determination ［J］. Economic notes, 2003, 32 (2): 243-282.

［7］ D MARSHALL, DPV DONK, E AMBROSE, et al. Buyer supplier perspectives on supply chain relationships ［J］. International journal of operations and production management, 2010, 39 (12): 1269-1290.

［8］ FOWOWE B, et al. The effect of financial development on poverty and inequality in African countries ［J］. Manchester school, 2013, 5 (4): 117-142.

［9］ GC CHOW. Capital formation and economic growth in China ［J］. Quarterly journal of economics, 1993, 108 (3): 809-842.

[10] JEANNENEY S G, KPODAR K. Financial development and poverty reduction: can there be a benefit without a cost? [J]. The journal of development studies, 2011, 4 (1): 87-104.

[11] KHAN A D, AHMAD E, et al. Financial development and poverty alleviation: time series evidence from Pakistan [J]. World applied sciences journal, 2012, 18 (11): 1576-1581.

[12] KING S, LEVINE M. Finance and growth: schumpeter might be right [J]. Quarterly journal of economic, 1993, 108 (3): 61-92.

[13] KLAPPER L. The role of factoring for financing small and medium enterprises [J]. Journal of banking & finance, 2006, 30 (11): 3111-3130.

[14] LEVINTHAL D A, FICHMAN M. Dynamics of inter organizational attachments: auditor client relationships [J]. Administrative science quarterly, 1988, 33: 345-369.

[15] MIDDELBERG S L. Value chain financing: evidence from Zambia on smallholder access to finance for mechanization [J]. Enterprise development & microfinance, 2017 (1-2): 112-129.

[16] ODHIMBO N M. Finance and poverty reduce In China: an empirical investigation [J]. International business economics research journal, 2010, 37 (1): 41-53.

[17] RAJAN R, WINTON A. Covenants and collateral as incentives to monitor [J]. The Journal of finance, 1995, 50 (4): 1113-1146.

[18] SHEARER A T, DIAMOND S K. Shortcomings of risk ratings impede success in commercial lending [J]. Commercial lending review, 1999, 14 (3): 22-30.

[19] SISKIN E. Risks and rewards of asset-based lending toretailers [J]. Commercial lending review, 1997, 13 (1): 10-20.

[20] SUTKOWSKI E F. Inventory financing under the ucc, the secured creditor's dream [J]. Commercial lending journal, 1963, 68 (4): 90-95.

[21] WESSMAN M B. Purchase money inventory financing: The case for limited cross collateralization [J]. The ohio state law journal, 1990, 51 (3): 1283-1447.

［22］WILLIAMSON O E，RIORDAN M H．Asset specificity and economic organization［J］．International journal of industrial organization，1985，3（4）：365-378.

［23］白冰．农村基层组织反腐倡廉机制建设研究［D］．曲阜：曲阜师范大学，2017.

［24］陈斌开，林毅夫．发展战略、城市化与中国城乡收入差距［J］．中国社会科学，2013（4）：81-102.

［25］陈锋．分利秩序与基层治理内卷化：资源输入背景下的乡村治理逻辑［J］．社会，2015（3）：95-120.

［26］陈寒非，高其才．乡规民约在乡村治理中的积极作用实证研究［J］．清华法学，2018（1）：62-88.

［27］陈自芳．提高农民财产性收入的省域特征及战略路径［J］．区域经济评论，2019（1）：118-126.

［28］程开明．从城市偏向到城乡统筹发展：城市偏向政策影响城乡差距的Panel Data证据［J］．经济学家，2008（3）：28-36.

［29］褚保金，莫媛．金融市场分割下的县域农村资本流动［J］．中国农村经济，2011（1）：88-97.

［30］邓家琼．世界农业集中：态势、动因与机理［J］．农业经济问题，2010，31（9）：17-25，110.

［31］董欢．乡风文明：建设社会主义新农村的灵魂［J］．兰州学刊，2007（3）：75-78.

［32］董筱丹，梁汉民，区吉民，等．乡村治理与国家安全的相关问题研究：新经济社会学理论视角的结构分析［J］．国家行政学院学报，2015（2）：79-84.

［33］董运生，张立瑶．内生性与外生性：乡村社会秩序的疏离与重构［J］．学海，2018（4）：101-107.

［34］高帆，李童．中国城乡资本流动存在"卢卡斯之谜"吗？［J］．经济学家，2016（3）：75-86.

［35］高鸣，芦千文．中国农村集体经济：70年发展历程与启示［J］．中国农村经济，2019（10）：19-39.

［36］高其才，池建华．改革开放40年来中国特色乡村治理体制：历程·特质·展望［J］．学术交流，2018（11）：66-77.

[37] 耿国阶，王亚群. 城乡关系视角下乡村治理演变的逻辑：1949—2019 [J]. 中国农村观察，2019（6）：19-31.

[38] 龚坚. 供应链金融的银行信用风险：基于开放经济视角的研究 [D]. 成都：西南财经大学，2011.

[39] 管前程. 乡村振兴背景下民族地区村庄治理的发展走向 [J]. 贵州民族研究，2019（2）：50-55.

[40] 郭庆旺，贾俊雪. 中国经济波动的解释：投资冲击与全要素生产率冲击 [J]. 管理世界，2004（7）：22-28.

[41] 郭晓鸣，张克俊，虞洪，等. 实施乡村振兴战略的系统认识与道路选择 [J]. 农村经济，2018（1）：11-20.

[42] 韩鹏云，徐嘉鸿. 乡村社会的国家政权建设与现代国家建构方向 [J]. 学习与实践，2014（1）：85-93.

[43] 何田利. 新型农村社区建设中文化建设的研究：以西安市为例 [D]. 西安：西北大学，2016.

[44] 何植民，陈齐铭. 中国乡村基层治理的演进及内在逻辑 [J]. 行政论坛，2017（3）：25-30.

[45] 贺菊煌. 我固定资产实际净值率的估算 [J]. 数量经济技术经济研究，1992（12）：30-33.

[46] 贺雪峰. 关于实施乡村振兴战略的几个问题 [J]. 南京农业大学学报（社会科学版），2018（3）：19-26，152.

[47] 胡红霞，包雯娟. 乡村振兴战略中的治理有效 [J]. 重庆社会科学，2018（10）：24-32.

[48] 胡联，汪三贵，王娜. 贫困村互助资金存在精英俘获吗：基于5省30个贫困村互助资金试点村的经验证据 [J]. 经济学家，2015（9）：78-85.

[49] 黄英伟，陈永伟. 金融发展与就业促进：理论和实证 [J]. 劳动经济研究，2015（1）：96-118.

[50] 黄祖辉，邵科. 合作社的本质规定性及其漂移 [J]. 浙江大学学报（人文社会科学版），2009（4）：11-16.

[51] 江小容. 改革开放以来农村经济发展历程研究 [D]. 咸阳：西北农林科技大学，2012.

[52] 姜德波，彭程. 城市化进程中的乡村衰落现象：成因及治理："乡村振兴战略"实施视角的分析 [J]. 南京审计大学学报，2018（1）：16-24.

[53] 姜力，李玉勇. 改革开放以来农村政策的回顾和反思：基于农村经济状况演进视角 [J]. 农业经济，2012（12）：3-5.

[54] 姜松，周虹. 我国农业价值链金融服务需求的影响因素实证研究 [J]. 当代经济管理，2018（12）：77-86.

[55] 姜松. 农业价值链金融创新的现实困境与化解之策：以重庆为例 [J]. 农业经济问题，2018（9）：44-54.

[56] 姜玉欣，王忠武. 我国乡村治理的趋势、问题及其破解路径 [J]. 理论学刊，2016（6）：133-138.

[57] 康慧，张晓林. 农村居民收入质量对生活满意度的影响 [J]. 经济问题，2019（4）：77-84.

[58] 孔祥智，涂圣伟，史冰清. 中国农村改革30年：历程、经验和前景展望 [J]. 教学与研究，2008（9）：19-25.

[59] 孔祥智. 培育农业农村发展新动能的三大途径 [J]. 经济与管理评论，2018（5）：5-11.

[60] 李朝锋，张骋. 观察农村发展的四个阶段：以资金要素为角度 [J]. 社会科学辑刊，2011（6）：158-162.

[61] 李丹，曾涛. 乡村振兴背景下四川省农村居民消费结构的动态分析 [J]. 党政研究，2018（5）：121-128.

[62] 李建伟. 普惠金融发展与城乡收入分配失衡调整：基于空间计量模型的实证研究 [J]. 国际金融研究，2017（10）：14-23.

[63] 李建兴. 乡村变革与乡贤治理的回归 [J]. 浙江社会科学，2015（7）：82-87，158.

[64] 李牧，李丽. 当前乡村法治秩序构建存在的突出问题及解决之道 [J]. 社会主义研究，2018（1）：131-137.

[65] 李小燕. "乡风文明"与乡村特色文化产业的协调发展 [J]. 长春理工大学学报（社会科学版），2019（3）：71-94.

[66] 李鑫诚. 乡村权力下沉治理模式的运行策略及其反思 [J]. 湖北社会科学，2017（4）：22-27.

［67］李毅弘. 习近平新时代"好家风"论述：内涵、价值与建构［J］. 思想理论教育导刊，2019（6）：4-9.

［68］李元勋，李魁铭. 德治视角下健全新时代乡村治理体系的思考［J］. 新疆师范大学学报（哲学社会科学版），2019（2）：70-77.

［69］李增元."社区化治理"：我国农村基层治理的现代转型［J］. 人文杂志，2014（8）：114-121.

［70］李长健，李曦. 乡村多元治理的规制困境与机制化弥合：基于软法治理方式［J］. 西北农林科技大学学报（社会科学版），2019（1）：78-84.

［71］李周. 全面建成小康社会决胜阶段农村发展的突出问题及对策研究［J］. 中国农村经济，2017（9）：17-25.

［72］李祖佩. 项目进村与乡村治理重构：一项基于村庄本位的考察［J］. 中国农村观察，2013（4）：2-13，94.

［73］梁爽，张海洋，平新乔，等. 财富、社会资本与农户的融资能力［J］. 金融研究，2014（4）：83-97.

［74］刘玲. 人民公社难以为继的原因分析［J］. 毛泽东思想研究，2010（3）：151-153.

［75］刘乃安，郭庆海，韩艳红. 农业供给侧结构改革下我国农民增收的路径分析［J］. 税务与经济，2017（2）：35-40.

［76］刘盛. 乡风文明与乡村振兴：重要意义、现实难点与关键举措［J］. 农林经济管理学报，2018（5）：629-634.

［77］刘伟. 政策变革与差序政府信任再生产：取消农业税的政治效应分析［J］. 复旦学报（社会科学版），2015（3）：157-164.

［78］刘西川，程恩江. 中国农业产业链融资模式：典型案例与理论含义［J］. 财贸经济，2013（8）：46-56.

［79］刘玉侠，石峰浩. 农民工回流背景下村治精英互动问题探析［J］. 浙江学刊，2019（2）：195-201.

［80］刘祖云，孔德斌. 乡村软治理：一个新的学术命题［J］. 华中师范大学学报（人文社会科学版），2013（3）：9-18.

［81］龙花楼，屠爽爽. 论乡村重构［J］. 地理学报，2017（4）：563-576.

[82] 娄鹏. 桐梓县创新开展农村思想政治教育的经验与价值 [J]. 理论与当代, 2019 (9): 33-36.

[83] 鲁小亚, 刘金海. 乡村振兴视野下中国农民精神文化生活的变迁及未来治理: 基于"社会结构—精神方式"分析路径 [J]. 农业经济问题, 2019 (3): 61-69.

[84] 马九杰, 罗兴. 农业价值链金融的风险管理机制研究: 以广东省湛江市对虾产业链为例 [J]. 华南师范大学学报 (社会科学版), 2017 (1): 76-85.

[85] 梅立润. 乡村振兴出场的复合性逻辑与可能困境 [J]. 宁夏社会科学, 2018 (5): 107-114.

[86] 缪莲英, 陈金龙. P2P 网络借贷中社会资本对借款者违约风险的影响: 以 Prosper 为例 [J]. 金融论坛, 2014 (3): 9-15.

[87] 彭小辉, 史清华. "卢卡斯之谜"与中国城乡资本流动 [J]. 经济与管理研究, 2012 (3): 65-72.

[88] 任静, 刘丽军, 宋敏. 跨国公司在我国农业领域的技术锁定策略与对策研究 [J]. 中国软科学, 2012 (1): 39-46.

[89] 申明锐, 张京祥. 新型城镇化背景下的中国乡村转型与复兴 [J]. 城市规划, 2015 (1): 30-34, 63.

[90] 申明锐, 张京祥. 政府主导型乡村建设中的公共产品供给问题与可持续乡村治理 [J]. 国际城市规划, 2019 (1): 1-7.

[91] 申云, 彭小兵. 链式融资模式与精准减贫效果: 基于准实验研究 [J]. 财经研究, 2016 (9): 4-15.

[92] 申云, 张尊帅, 贾晋. 农业供应链金融扶贫研究展望: 金融减贫机制和效应文献综述及启示 [J]. 西部论坛, 2018, 28 (5): 30-36.

[93] 申云, 张尊帅, 李京蓉. 农业供应链金融信贷风险防范研究: 综述与展望 [J]. 世界农业, 2018 (9): 39-44.

[94] 申云. 社会资本、二元金融与农户借贷行为 [J]. 经济评论, 2016 (1): 80-90.

[95] 沈费伟, 刘祖云. 发达国家乡村治理的典型模式与经验借鉴 [J]. 农业经济问题, 2016, 37 (9): 93-102, 112.

[96] 孙大伟, 任超. 农村社区新型文化建筑空间对孝文化传承影响分析 [J]. 南方农村, 2017 (5): 49-55.

[97] 孙喜红，贾乐耀，陆卫明.乡村振兴的文化发展困境及路径选择 [J].山东大学学报（哲学社会科学版），2019（5）：135-144.

[98] 谈慧娟，罗家为.乡村振兴战略：新时代"三农"问题的破解与发展路径 [J].江西社会科学，2018，38（9）：209-217，256.

[99] 谭燕芝，彭千芮.普惠金融发展与贫困减缓：直接影响与空间溢出效应 [J].当代财经，2018（3）：56-67.

[100] 谭玉甜，刘淑兰.文化自信视域下培育文明乡风的路径探索 [J].云南农业大学学报（社会科学版），2019（5）：33-37.

[101] 唐兴军，李定国.文化嵌入：新时代乡风文明建设的价值取向与现实路径 [J].求实，2019（2）：86-96.

[102] 田祥宇，景香君.农村基础设施投资公平性研究现状与展望：基于政策保障机制的视角 [J].经济问题，2019（4）：85-91.

[103] 童馨乐，李扬，杨向阳.基于交易成本视角的农户借贷渠道偏好研究：以全国六省农户调查数据为例 [J].南京农业大学学报（社会科学版），2015（6）：78-87.

[104] 童馨乐，褚保金，杨向阳.社会资本对农户借贷行为影响的实证研究：基于八省1 003个农户的调查数据 [J].金融研究，2011（12）：177-191.

[105] 万宝瑞.我国农村又将面临一次重大变革："互联网+三农"调研与思考 [J].农业经济问题，2015，36（8）：4-7.

[106] 汪荣.我国乡村治理模式的历史演进及其发展路径浅探 [J].理论月刊，2013（7）：172-175.

[107] 王刚贞，江光辉."农业价值链+互联网金融"的创新模式研究：以农富贷和京农贷为例 [J].农村经济，2017（4）：49-55.

[108] 王海娟，贺雪峰.资源下乡与分利秩序的形成 [J].学习与探索，2015（2）：56-63.

[109] 王小华.中国农民收入结构的演化逻辑及其增收效应测度 [J].西南大学学报（社会科学版），2019，45（5）：67-77，198-199.

[110] 王筱萍，王文利.农村中小企业集群供应链融资：内生风险治理机制与效应 [J].农业经济问题，2015（10）：34-42.

[111] 王宇翔，陈建华. 中国古代乡村治理模式的影响因素、特点及其变迁 [J]. 西北农林科技大学学报（社会科学版），2011（6）：137-143.

[112] 温涛，田纪华，王小华. 农民收入结构对消费结构的总体影响与区域差异研究 [J]. 中国软科学，2013（3）：42-52.

[113] 温涛，朱炯，王小华. 中国农贷的"精英俘获"机制：贫困县与非贫困县的分层比较 [J]. 经济研究，2016（2）：111-125.

[114] 吴本健，罗兴，马九杰. 农业价值链融资的演进：贸易信贷与银行信贷的替代、互补与互动 [J]. 农业经济问题，2018（2）：78-85.

[115] 吴九兴，黄贤金. 农业减量投入、产出水平与农民收入变化 [J]. 世界农业，2019（9）：30-37.

[116] 席富群. 人民公社时期农村干群矛盾问题探析：以基层政权建设为视角 [J]. 首都师范大学学报（社会科学版），2010（3）：144-147.

[117] 萧子扬，刘清斌，桑萌. 社会工作参与乡村振兴：何以可能和何以可为？[J]. 农林经济管理学报，2019，18（2）：224-232.

[118] 辛祥晶，武翠芳. 我国城乡资本边际生产率差异实证分析 [J]. 求索，2007（7）：22-25.

[119] 邢成举，李小云. 精英俘获与财政扶贫项目目标偏离的研究 [J]. 中国行政管理，2013（9）：109-113.

[120] 徐明强，许汉泽. 村落复权、政党拓展与耦合调整 [J]. 华南农业大学学报（社会科学版），2018，17（5）：104-116.

[121] 徐翔，刘尔思. 产业扶贫融资模式创新研究 [J]. 经济纵横，2011（7）：85-88.

[122] 徐学庆. 乡村振兴战略背景下乡风文明建设的意义及其路径 [J]. 中州学刊，2019（9）71-76.

[123] 徐勇. 民主与治理：村民自治的伟大创造与深化探索 [J]. 当代世界与社会主义，2018（4）：28-32.

[124] 许月丽，翟文杰. 农村金融补贴政策功能界定：市场失灵的弥补意味着什么？[J]. 金融研究，2015（2）：131-147.

[125] 杨静，陈亮，冯卓. 国际农业垄断资本对发展中国家粮食安全影响的分析：兼对保障中国粮食安全的思考 [J]. 中国农村经济，2017（4）：75-87.

[126] 杨军，房姿含. 供应链金融视角下农业中小企业融资模式及信用风险研究 [J]. 农业技术经济，2017（9）：95-104.

[127] 杨一哲，陶珊珊. 乡村振兴：改革经验、现实困境与推进策略：第三届中国县域治理高层论坛会议综述 [J]. 贵州社会科学，2019（1）：162-169.

[128] 姚耀军，李明珠. 中国金融发展的反贫困效应：非经济增长视角下的实证检验 [J]. 上海财经大学学报（哲学社会科学版），2014（1）：69-76.

[129] 叶兴庆. 新时代中国乡村振兴战略论纲 [J]. 改革，2018（1）：65-73.

[130] 尹成杰. 农业跨国公司与农业国际化的双重影响 [J]. 农业经济问题，2010，31（3）：4-10，110.

[131] 尤琳，陈世伟. 国家治理能力视角下中国乡村治理结构的历史变迁 [J]. 社会主义研究，2014（6）：111-118.

[132] 袁金辉，乔彦斌. 自治到共治：中国乡村治理改革 40 年回顾与展望 [J]. 行政论坛，2018，25（6）：19-25.

[133] 苑鹏. 中国特色的农民专业合作社制度的变异现象研究 [J]. 中国农村观察，2013（3）：40-46.

[134] 詹国辉. 社会质量与治理有效的互嵌：乡村振兴战略在地化实践的耦合性议题 [J]. 兰州学刊，2019，305（2）：154-165.

[135] 张德化，胡月英. 我国城乡市场关系的演化与政策含义 [J]. 经济问题探索，2011（12）：19-22.

[136] 张蝴蝶. "三治合一"打造乡村治理新体系 [J]. 人民论坛，2019（4）：76-77.

[137] 张建刚. 农村土地"三权分置"改革将促进农业"第二个飞跃"的实现 [J]. 经济纵横，2018（4）：119-124.

[138] 张敬燕. 农民流动、秩序变迁与乡村治理的重塑：基于河南 G 村的调研 [J]. 求实，2018（1）：99-108，112.

[139] 张军，吴桂英，张吉鹏. 中国省际物质资本存量估算：1952—2000 [J]. 经济研究，2004（10）：35-44.

[140] 张立荣，冉鹏程. 社会资本视角下乡村治理的困境分析与出路探寻：以恩施州利川市律师事务所参与乡村治理为例 [J]. 华中师范大学学报（人文社会科学版），2018（4）：12-18.

[141] 张明林. 农业产业化进程中的产业链成长机制 [M]. 北京：科学出版社，2010.

[142] 张明学. 让农村基层党组织由"弱"转"强" [J]. 人民论坛，2018 (27)：48-49.

[143] 张庆亮. 农业价值链融资：解决小微农业企业融资难的有效途径：从交易成本的视角 [J]. 云南社会科学，2014 (5)：76-80.

[144] 张挺，徐艳梅，李河新. 乡村建设成效评价和指标内在影响机理研究 [J]. 中国人口·资源与环境，2018，28 (11)：37-46.

[145] 张新光. 中国近30年来的农村改革发展历程回顾与展望 [J]. 现代经济探讨，2007 (1)：36-40.

[146] 张艳华. 农村劳动力转移的关联效应与有效治理 [J]. 改革，2016 (8)：54-63.

[147] 赵晶. 乡村振兴视阈下的乡风文明建设探析 [J]. 现代农业研究，2018 (3)：14-16.

[148] 赵晓峰，邢成举. 农民专业合作社与精准扶贫协同发展机制构建：理论逻辑与实践路径 [J]. 农业经济问题，2016 (4)：23-30.

[149] 赵秀玲. 协商民主与中国农村治理现代化 [J]. 清华大学学报（哲学社会科学版），2016，31 (1)：40-52，189.

[150] 赵一夫，王丽红. 新中国成立70年来我国乡村治理发展的路径与趋向 [J]. 农业经济问题，2019 (12)：21-30.

[151] 赵颖文，吕火明. 刍议改革开放以来中国农业农村经济发展：主要成就、问题挑战及发展应对 [J]. 农业现代化研究，2019，40 (3)：377-386.

[152] 郑风田，李明. 新农村建设视角下中国基层县乡村治理结构 [J]. 中国人民大学学报，2006 (5)：126-134.

[153] 郑乐平. 文化扎根乡土乡贤引领新风：昆明市晋宁区积极组织乡贤文化建设工作 [J]. 社会主义论坛，2017 (7)：53.

[154] 郑永君. 农村传统组织的公共性生长与村庄治理 [J]. 南京农业大学学报（社会科学版），2017 (2)：50-58，151.

[155] 周庆智. 乡村治理转型：问题及其他 [J]. 江西师范大学学报（哲学社会科学版），2015 (6)：3-10.

［156］周月书，王悦雯．二元经济结构转换与城乡资本配置效率关系实证分析［J］．中国农村经济，2015（3）：44-55.

［157］周月书，王悦雯．我国城乡资本流动研究：1981—2012：基于城乡资本边际生产率的分析［J］．江淮论坛，2015（1）：41-47.

［158］周振，伍振军，孔祥智．中国农村资金净流出的机理、规模与趋势：1978—2012 年［J］．管理世界，2015（1）：63-74.

［159］朱启臻．把根留住：基于乡村价值的乡村振兴［M］．北京：中国农业大学出版社，2019.

［160］朱一鸣，王伟．普惠金融如何实现精准扶贫？［J］．财经研究，2017（10）：43-54.

［161］邹海霞，李瑞．乡村社会冲突治理困境分析：以桂西北 X 村 G 项目征地拆迁矛盾化解为例［J］．广西大学学报（哲学社会科学版），2018，40（6）：40-45.